관계 중심 목회상담

The Heart of Pastoral Counseling:
Healing Through Relationship

관계 중심 목회상담

초판1쇄 인쇄	2004년 9월 20일
초판2쇄 발행	2010년 10월 25일
지은이	리처드 데이링거
옮긴이	문희경
펴낸이	박영호
펴낸곳	도서출판 솔로몬
등록번호	제16-24호
등록일	1990년 7월 31일

주소 : 서울시 동작구 사당3동 207-3 신주빌딩 1층
TEL : 599-1482 FAX : 592-2104
직영서점 : 596-5225

ISBN : 978-89-8255-424-7 (03230)

This Korean Edition Copyright©2004, Solomon Press, Seoul, Republic of Korea.
이 책은 저작권법에 따라 보호를 받는 저작물이므로 무단전재와 복제를 금지합니다.
이 책 내용의 일부 또는 전부를 사용하려면 반드시 저작권자와 솔로몬 출판사의 서면 동의를 받아야 합니다.

* 정가는 뒷표지에 있습니다.
* 잘못되거나 파손된 책은 구입하신 서점에서 교환하여 드립니다.

관계 중심 목회상담

The Heart of Pastoral Counseling:
Healing Through Relationship

리처드 데이링거 지음 | 문희경 옮김

솔로몬

목차

서문 6
서론 8

제1부 목회적 상담 관계란 무엇인가?

1장 : 목회적 상담 관계의 철학적 토대　15
2장 : 목회적 상담 관계를 위한 이론적 틀　35

제2부 목회상담에서 관계가 어떻게 사용되는가?

3장 : 상담 과정의 시작　69
4장 : 목회적 역할 활용하기　83
5장 : 관계 형성하기　93
6장 : 관찰과 경청　111
7장: 의사소통　119
8장: 부정적, 긍정적 감정 다루기　129
9장: 전이와 역전이 다루기　139
10장: 기독교적인 자원들을 활용하기　149
11장: 문제 중심의 기록들을 활용하기　157
12장: 종료와 종결　173

제3부 목회자들에게 관계는 무엇을 의미하는가?

　　　13장: 아는 사람들을 상담하기 ; 목회자들의 독특한 문제　　*183*
　　　14장: 목회 사역　　*197*

부록A　미국목회상담협회 자격 규정　　*209*

부록B　한국목회상담협회 자격 규정　　*213*

부록C　다축 평가 보고 양식　　*221*

부록D　전반적 기능 평가 척도(GAF)　　*225*

부록E　한국목회상담협회 윤리 강령　　*229*

미주　　*241*

참고문헌　　*265*

서문

나는 박사 과정에서 치료적 관계의 중요성을 처음 발견한 이후 줄곧 그것을 연구해 왔다. 관계는 심리치료에서 극히 중요한 것이라는 사실을 입증하기 위해 계속해서 증거들을 축적하였다. 그것은 모든 치료 이론들에 편재하는 요소다.

목회상담사들과 심리치료사들은 타고난 관계 치료사들이다. 우리는 아무쪼록 몇몇 사람들을 구원코자 여러 사람에게 여러 모양이 되려고 노력한다. 우리는 "우리의 모든 환난 중에서 우리를 위로하사 우리로 하여금 하나님께 받는 위로로써 모든 환난 중에 있는 자들을 능히 위로하게 하시는"(고후 1:4) 하나님과의 관계를 표상한다.

『관계 중심 목회상담』(*The Heart of Pastoral Counseling: Healing Through Relationship*)의 이 개정증보판에서 나는 이 책이 원래 1989년에 발매된 이후 출판되었던 관계에 대한 많은 연구 결과들을 포함시키려고 하였다. 나는 또한 나의 생각의 어떤 부분을 명료화하고 확장하려고 노력하였다.

12권의 책을 쓴 영국의 임상심리학자인 페트루스카 클락슨(Petruska Clarkson)은 심리치료의 모든 주요 이론들에 걸쳐서 나타나는 다섯 가지 종류의 치료적 관계를 확인하였다.

이러한 다섯 가지 양식은 다음과 같이 나타난다. 환자 혹은 내담자가 반대로 가고 싶은 강한 욕구들을 경험할 때라도 내담자와 치료사가 함께 작업할 수 있도록 해주는 내담자-심리치료사 관계의 측면으로서 **작업 동맹**(working alliance), 치료적 협력관계에 전이되는 무의식적인 소망들과 두려움들에 대한 경험으로서 **전이/역전이 관계**(transference/countertransference relationship), 근원적인 양육(혹은 이전의 경험)이 결핍되었던 곳에서 교정해 주고, 회복시키고, 다시 채워 주는 관계나 행동이 치료사에 의해 의도적으로 제공되는 **회복과 발달을 위해 필요한 관계**(reparative/developmentally needed relationship), 대상 관계와는 다른 진정한 관계나 핵심 관계로서 **일대일 관계**(person-to-person relationship), 설명하기가 불가능하지만, 치유적 관계의 영적인 차원을 의미하는 심리치료적 관계의 시간을 초월하는 국면으로서 **초인격적 관계**(transpersonal relationship). 이러한 것들은 내담자가 자신의 독특한 경험들을 해석하는 심리치료나 정신분석(때로는 미묘하게 겹치는)에서 단계(stage)들이 아니라 상태(state)들이라는 점을 기억하는 것이 중요하다.[1]

이러한 다섯 가지 양식이 이 책에서 모두 토론되었다.

나는 또한 목회상담사들을 위해 기록을 남기는 일에 관하여 한 장을 포함시켰다. 이것은 우리의 치료 분야에서 간과되었던 영역인 것 같다. 부록에는 미국목회상담협회(American Association of Pastoral Counselors)의 진단, 윤리, 자격 규정에 관한 정보를 실어 놓았다.

아무쪼록 이 책의 개정판을 통해서 목회상담과 목회 심리치료를 배우는 학생들이나 숙련된 목회자들이 치료적 관계를 형성하고 유지하는 데 도움이 될 수 있기를 기도한다.

서론

 점점 더 많은 목회자들이 상담사로서의 역할을 감당하고 있다. 어떤 목회자들은 자신이 선택해서 훈련을 받고 상담을 한다. 다른 목회자들은 상담사로서의 역할을 해줄 것을 기대하는 사람들에 의해 요구를 받는다. 목회 사역의 영역이 이렇게 확장되는 것이 어떤 사람들이 생각하듯 심리학이라는 팥죽을 나눠 먹기 위해서 신학의 장자권을 넘기는 것은 아니다. 교회사에 나타난 개인들에 대한 돌봄에 관한 연구가 보여주듯이 상담은 목회자들이 비공식적인 방식으로 언제나 수행해 왔다.[1] 오늘날 목회자들은 보다 공식적인 방식으로 상담하도록 기대된다.

 다양한 연구는 사람들이 그들의 문제들을 다른 어떤 전문가들보다도 목회자와 상담할 것이라는 사실을 보여준다. 1961년에 한 연구는 개인적인 문제들에 대해 전문적인 도움을 구하는 사람들의 42%가 목회자와 상담했다고 보고하였다. 29%는 일반 의사와 상담했고, 18%는 정신과 의사나 심리학자를 만났고, 10%는 사회 기관이나 결혼상담소를 찾았다.[2] 1967년에 또 하나의 연구는 응답자의 34%가 목회자를 의지하겠다는 기대를 보였고, 4%가 실제로 목회자에게 도움을 받았음을 보고하였다.[3] 1976년에 수행된 전국적인 조사에 의하면 조사된 사람들의 39%가 목회자들로부터 도움을 받았다고 했고, 다른 전문가는 거의 선택되지 않았음을 보여주었다.4) 1993년에 출간된 갤럽 연구에서는 일반인의 66%가 종교적인 전문 상담사를 선호한다고 말했다.5) 사람들이 목회자들에게 하는 요구는 그들이 상담사로서의 역할을 할 것인지를 결정하도록 허용하지 않을 것이다. 문제는 요구가 있을 때 상담 사역을 어떻게 잘 수행할 것인가이다.

심리치료사들은 비록 그들이 다양한 이론과 치료 방법, 기술에 동의함에도 불구하고 그들의 많은 내담자들이 심리적으로 그리고 개인적으로 잘 적응할 수 있도록 도와준다. 다양한 심리치료 학파들이 유사한 결과에 도달할 수 있는 한 가지 이유는 그 학파들이 치료적 관계 위에 형성되었다는 것이다. 의학과 심리학 양 분야의 박사 학위를 보유한 제롬 프랭크(Jerome D. Frank)는 "모든 성공적인 이론은 관계를 수립한다"6)고 명확하게 말했다.

이스트 루이지애나 주립 병원에서 훈련 받을 때, 나는 정신의학, 심리학, 사회사업 등의 분야에서 온 다양한 집단의 대학원 학생들에게서 정신과 의사가 했던 심리치료의 주제에 관한 강의를 들었다. 그는 학생들에게 "심리치료의 본질이 무엇인가?"라고 질문함으로써 시작하였다. 어김없이 여러 형태의 대답들이 나왔다. "심리치료의 본질은 상담자와 내담자 사이의 관계다." 헬렌 해리스 펄만(Helen Harris Perlman)은 그의 책 『관계: 사람을 도와주는 일의 핵심』(Relationship: The Heart of Helping People)에서 "친절하면서도 능력을 부여하는 방식으로 한 사람이 다른 사람에게 주는 모든 성공적인 노력들에 관류하는 공통적인 요소는 무엇인가? 그 대답은 아마도 '관계' 일 것이다"7)라고 하였다. 더욱이 클라크슨(Clarkson)은 이렇게 말했다. "수많은 연구들이 심리치료의 효과성을 결정하는 것은 다른 어떤 요인보다 내담자와 심리치료사 사이의 관계임을 보여준다"(1997).8) 그러므로 명백히 치료의 매체인 이러한 대인관계는 목회상담에서 첫 번째 관심 주제가 되어야만 한다.

이 책의 목적은 목회상담에서의 치료적 관계에 대해 연구하고 그것이 어떤 기여를 하는지를 확인하는 것이다. 우리는 이러한 관계가 목회자에 의해 상담에서뿐만 아니라 교인들과의 다른 대인관계에서도 크게 사용될 수 있는 방식들을 살펴볼 것이다.

상담에서 관계는 내담자에 대한 상담사의 행동의 대화적, 정서적, 신분적 측면들로 이루어져 있다. 윌리엄 스나이더(William Snyder)와 준 스나이더(June Snyder)는 그들의 책 『심리치료 관계』(The Psychotherapy Relationship)에서 관계를 "심리치료에서 두 사람 혹은 더 많은 사람들이 서로에 대해 가지는 다양한 정동적 태도들(affective attitudes)의 상호작용"[9]으로 정의하였다. 이 용어는 다르게도 정의되지만, 여기에서 이것은 모든 유형의 상담에 공통적인 인간 상호간의 활동을 언급하기 위해서 사용된다.

관계라는 말 앞에는 흔히 치료 혹은 치유 과정을 나타내는 "치료적"(therapeutic)이라는 형용사가 붙는다. "관계"라는 말 역시 때때로 "상담"(counseling), "심리치료적"(pychotherapeutic), "돕는"(helping) 등과 같은 다른 서술적 형용사들에 의해 수정될 수 있다.

나는 목회상담뿐만 아니라 정신의학과 심리학, 결혼상담, 가족치료 그리고 사회사업 분야를 활용하였다. 왜냐하면 이 모든 분야의 전문가들은 때때로 관계에 대해 이론화해 왔기 때문이다. 이 책에서 관계에 관한 많은 이론과 연구가 고찰될 것이다. 나는 치료적 관계가 목회상담을 포함하는 모든 심리치료의 본질이라고 확신한다. 불행하게도 목회상담 관계에 대해서는 체계적인 연구가 거의 이뤄지지 않았다.

내가 연구하는 동안 어떤 중요한 도전들이 주어졌다. 1961년에 **관계** 혹은 **대인관계**라는 말은 "심리학적인 미지의 세계"(a psychological unknown)10)로 생각되었다. 그러한 불가지론은 정당하다고 할 수 없다. 왜냐하면 관계는 알려지고 정의할 수 있는 실체이기 때문이다. 이 책에서 관계는 "사람들이 서로에 대해 가지는 정동적 태도들의 자발적이고 획득된 상호작용"으로 정의될 것이다. 이 정의는 2장에서 구체적으로 살펴볼 것이다.

또 하나의 도전은 관계를 전이와 역전이로부터 구분하는 것이다. 이론상 이러한 현상들은 다소 쉽게 구분될 수 있다. 관계는 사람들 간의 현재의 상호작용으로부터 생겨나기 때문에 의식적이다. 반면에 전이와 역전이는 과거와 이전의 관계들로부터 생겨나기 때문에 무의식적이다. 그러나 실제 상담 과정에서는 하나의 반응을 다른 것으로부터 즉각적이고 정확하게 구분하는 것은 거의 불가능하다.

세 번째 도전은 나의 명제를 관계의 중요성을 어느 정도 평가절하하는 학술지에 보고된 두 편의 연구와 화해시켜야만 하는 것이다. 첫째, 조셉 이튼(Joseph W. Eaton)은 사회사업 분야에서 관계에 관한 이론의 발달에 대한 예리한 평론을 썼다. 그는 관계가 기대하는 변화들을 가져올 만큼 항상 충분한 것은 아니라고 결론지었다.11) 그는 환경의 조작이 때로는 필요하다고 생각하였다.

둘째, 도널드 선드랜드(Donald M. Sundland)와 에드윈 바커(Edwin N. Barker)는 임상심리학자인 피들러(F. E. Fiedler)의 유명한 1950년 연구에서 보고된 결론들을 검증하려고 하였다. 연구들이 피들러의 결과들의 어떤 부분들과 그의 방법의 어떤 측면들에 이의를 제기했던 반면, 피들러의 첫 번째 발견—다른 치료적 이론의 대표자들이 거의 동일한 종류의 치료적 관계를 형성하는 경향이 있었다는—은 의문의 여지가 없었다.

나는 제1부에서 목회상담 관계들의 본질이 무엇이고 그것들이 어떻게 사람들에게 도움이 되는지를 설명하려고 하였다. 제2부에서 나는 목회상담 관계의 차원들을 설명하였다. 제3부에서는 우정과 치료적 관계를 구분하였고, 또한 목회적 관계가 치료 시간을 벗어난 일반적인 목회 사역에서 어떻게 일반화되는지를 설명하였다.

PART I

목회적 상담 관계란 무엇인가?

비록 교육 배경이 다르고 서로 다른 심리치료 학파에 속했다 할지라도 많은 치료사들이 치료적 관계의 중요성에 대해 동의한다. 한 저자는 이러한 결론을 다음과 같이 요약하였다. "심리치료가 환자에게 미치는 영향의 열쇠는 그가 치료사와 맺는 관계에 있다. 이 말은 심리치료가 중요한 일이라고 인정되는 곳이라면 어디서든지 너무나도 폭넓게 받아들여지기 때문에 지극히 당연한 것이 되었다." [1]

관계는 목회자에 의해 수행되는 상담의 핵심이다. 분명히 그러한 상담에는 다양한 방법과 기술이 사용되지만 문제의 해결에 있어서 필수적인 요소는 목회자와 내담자 사이의 치료적 관계다. 관계는 모든 심리치료에서 이토록 중요한 것으로 고려되기 때문에, 그리고 목회자의 사역은 인간적이든 신적이든 상호 관계를 중심으로 하기 때문에, 나는 여기에서 목회적 상담 관계의 적절한 개념을 제시하려고 한다.

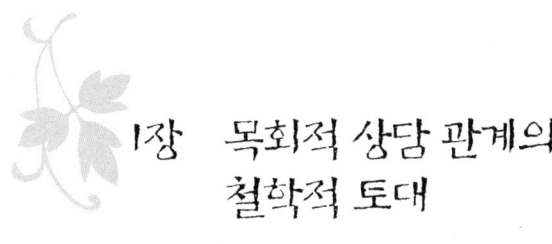

1장 목회적 상담 관계의 철학적 토대

관계 중심 목회상담의 기본 전제와 태도는 유대-기독교적 사고에 기초하고 미국의 민주주의 철학과 문화 전통에 깊이 뿌리를 두고 있다. 보편적인 인권에 대한 18세기적 강조와 고유성과 개별성에 대한 19세기적 가치가 결합하여 이러한 상담 철학의 풍성한 배경을 이루었다. 듀센(Dayton G. Van Deusen)은 이러한 상담 철학의 기본 전제들을 다음과 같이 요약하였다.

> 삶의 대부분은 관계로 이뤄진다. 중력은 물체들의 관계이고, 물질은 분자들의 관계이고, 불은 재료들의 관계이고, 논리는 개념들의 관계이고, 진리는 사실들의 관계이고, 사랑은 영혼들의 관계이고, 종교는 존재의 관계다.[1]

정서적인 문제들은 흔히 대인관계상의 문제들에 그 뿌리가 있다. 거꾸로 사람들의 정신 건강은 그들의 대인관계를 인식하고 조절할 수 있는 정도에 달려 있다. 저명한 심리치료사인 패터슨(C. H. Patterson)이 주장했듯이 "인간관계는 사람에게 알려진 가장 강력한 심리적 행동 수정 기제다."[2)]

이러한 상담 개념에서는 유아기의 좌절(지그문트 프로이트)이나 인간을 움직이는 목적(알프레드 아들러), 원형적 무의식(칼 융)을 이해하는 것보다는 오히려 대인관계 자체를 이해하는 것이 중요하다. 물론 방금 언급된 요소들도 고려되어야 하겠지만, 그것들은 현재 경험하는 것에 비해서는 부수적이다. 치료 경험의 가치는 그것의 정직성과 창조성에 있는데, 그것들은 내담자가 그들 자신을 풍요롭게 하도록 해줄 수 있다. 나는 목회상담사인 찰스 거킨(Charles Gerkin)의 다음과 같은 말에 동의한다. "치료 관계의 일차적인 목표는 … 변화를 촉진하는 것이다."[3)]

프로이트로부터 이탈했던 철학적 심리학자 오토 랑크(Otto Rank)는 치료적 관계 개념을 치료와 성격 발달 모두에서 결정적인 고려사항으로 보았다. 그는 상담에서 해석보다는 관계를 강조하였다. 랑크의 접근 방식은 색다른 것이었는데, 왜냐하면 분석 기간 동안에 산출된 재료가 과거와 관련해서만이 아니라 내담자와 치료사의 관계에도 관련되는 것으로 이해되었기 때문이다. 그래서 랑크의 치료는 거의 전적으로 감정 수준에 머물렀는데, 여기에서는 정서적 경험들이 중심이 되고 고유한 개별성의 자발적인 표현들이 성장 의지의 표시로서 그리고 자기 자신에 대한 이해의 방식으로서 보완되었다.[4)]

이러한 치료적 관계는 행동수정, 게쉬탈트 치료, 대상관계 치료, 교류분석, 부부 및 가족치료에서의 체계 이론 등 심리치료에 대한 보다 최근의 이론적 접근 방식들의 핵심이기도 하다. 이러한 이론들이 모두 통찰을 성격과 행동 변화의 열쇠로서 강조하는 것은 아니다. 상담가와 내담자 사이의 상호관계는 치료의 토대다.

인간에 대한 이해

목회상담사들은 인간을 이해함에 있어서 자연스럽게 예수 그리스도의 가르침에 의존한다. 그들은 또한 철학, 심리학 그리고 사회학의 영역들을 공부한다. 인간에 대한 나의 이해는 개인적인 경험과 이러한 영향들을 종합한 것인데 그것은 다음의 원리들로 요약될 수 있다.

1. **인간에게는 고유한 가치와 존엄성이 있다.** 이것은 사람들 속에 있는 "하나님의 형상"이다. 그것은 지적으로 의사소통할 수 있고, 자기 자신을 초월할 수 있고, 미래를 조망할 수 있고, 책임감 있게 선택할 수 있고, 유머를 경험할 수 있는 능력으로 나타난다.
2. **인간에게는 지고의 가치가 있다.** 사람들에게는 제도적이거나 도덕적인, 혹은 다른 가치들을 넘어서는 지고의 가치가 있다. 개인은 그들의 완전한 자기의 견지에서나 그들이 속한 사회에서의 위치에 의해 과소평가되어서는 안 된다. 사람들은 서로를 단지 목적을 위한 수단으로 이용해서는 안 되며, 마르틴 부버의 "나와 너"[5]의 개념을 따라 서로 관계를 맺어야만 한다. 인간 존재는 하나님의 지고의 피조물이다.
3. **인간에게는 욕구들이 있다.** 모든 사람에게는 어떤 타고난 욕구들(needs)이 있다. 이러한 욕구(동기, 충동, 욕동)들의 목록은 다양할 수 있다. 집회서 39장 26절은 "사람이 사는 데 제일 필요한 것은 물과 불과 쇠와 소금이며, 밀가루와 우유와 꿀, 그리고 포도즙과 기름과 의복이다"[6]라고 말한다. 다음의 목록은 아마도 가장 기본적인 욕구들을 포함할 것이다: 공기, 음식과 물, 휴식과 수면, 운동과 활동, 청결, 교제와 대화, 사랑과 성. 이러한 것들은 선택할 수 있는 것이 아니다. 이것들은

생존과 안녕을 위해 필요한 것들이다. 선택할 수 있는 것들은 사람들이 이러한 욕구들을 만족시키기 위해 사용하는 방법들이다. 그림 1.1.은 아브라함 매슬로우(Abraham Maslow)의 유명한 욕구들의 위계를 보여준다.7)

4. **인간에게는 목표가 있다.** 사람들은 사물들에 대해 다른 가치들을 부여하고 그들이 가치 있게 여기는 것들을 얻기 위해서 스스로 목표를 세운다. 사람들은 이러한 목표들을 떼어놓고서는 심리적으로 이해될

그림 1.1. 매슬로우의 욕구들의 위계

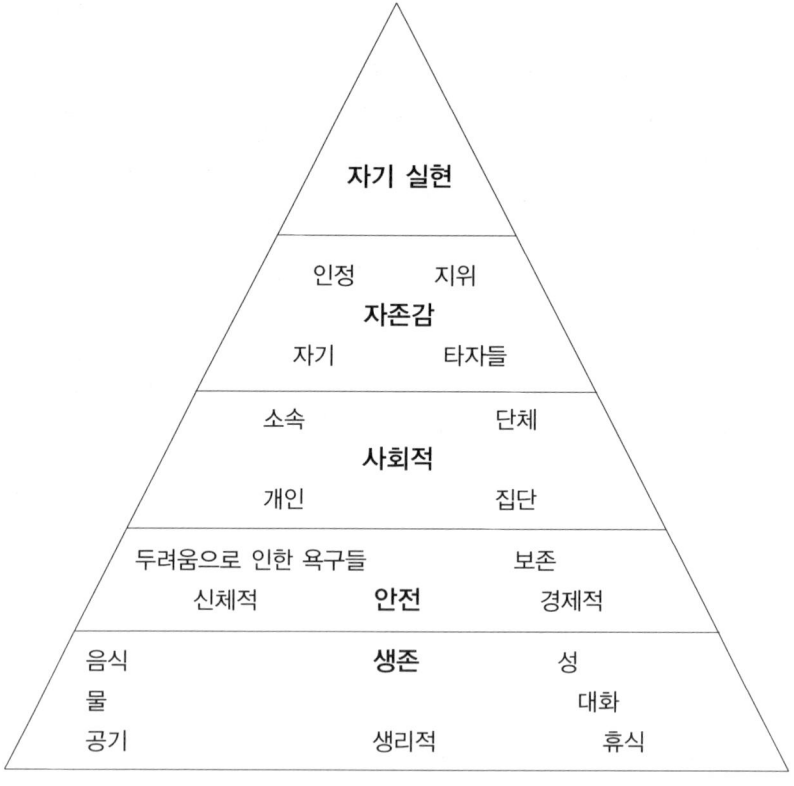

수 없다. 왜냐하면 정신 과정과 그에 따르는 신체 활동은 언제나 어떤 가치의 약속을 제공해 주는 목표들을 지향하기 때문이다.

5. **인간은 서로 관계를 맺는다.** 관계성은 개인들이 그들의 인간됨을 실현하는 상태로서 상호작용의 필요성을 전제한다. 폴 존슨(Paul Johnson)은 "만약 어떤 사람이 다른 사람들로부터 완벽하게 고립되어 있다면 인간의 인격이 발달할 수 있을지 의심스럽다"[8]고 하였다. 실제로 세상에 태어난 모든 사람에게는 대인관계를 형성할 수 있는 능력이 있다. 사람들은 매일 그러한 상호작용을 해야 할 필요가 있다. 수도원 운동에서처럼 집중적이고 장기적인 묵상과 공부에 대한 열망 때문에 스스로 대인관계를 부정하는 것조차도 부자연스럽게 보이고 매우 어려울 수 있다. 장기적인 고립은 너무나도 강력한 것으로 생각되었기 때문에 독방 감금은 감옥에서 특별한 처벌의 형태로 사용된다.

6. **인간에게는 자유가 있다.** 각 사람에게는 결정을 하고 사생활을 영위할 고유한 권리가 있다. 인간에게는 지혜롭게 선택하고, 자발적이고, 자기 실현적이고, 자기 초월적인 삶을 살 수 있는 잠재력이 있다.[9] 인간에게는 잘못할 수 있는 권리마저도 있다. 물론 이러한 자유는 정부와 같은 사회 제도들에 의해 통제되거나 억제될 수 있다.

7. **인간에게는 책임이 있다.** 각 사람은 각각의 개인적인 선택에 대해 책임을 져야 한다. 사람들에게는 무엇을 결정할 때마다 그들의 삶에 대해 책임이 있고, 하나님과 동료 인간들에 대해 책임이 있다. 그러므로 사람들에게는 인간과의 관계와 하나님과의 관계에 참여하고 그것들을 유지해야 할 책임이 있다.

8. **개인은 사랑을 통해서 성장한다.** 수 세기에 걸쳐 사랑은 예언자들과 교사들과 시인들의 주제였다. 보다 최근에 행동과학자들은 사랑이 없

는 삶은 치명적으로 결함을 입게 된다고 주장했다. 원치 않은 아이, 비행 청소년, 신경증적인 성인, 노망한 노인은 사랑이 없는 절망의 상태를 분명하게 보여준다. 폴 존슨은 사랑이 있을 때 이러한 비극들은 피할 수 있지만, 사랑이 부족할 때 심리적 성장은 저해되거나 왜곡된다고 지적하였다.[10]

9. **개인은 하나님과 관계를 맺을 수 있다.** 사람들은 인간관계에 대한 이해가 성숙해지면서 하나님과의 인격적인 관계를 발전시킬 수 있는 잠재력을 인식하게 된다. 사람들은 죄책감으로 인해 그러한 관계를 추구하게 될 수도 있다. 왜냐하면 그 속에 하나님의 용서가 암시되어 있기 때문이다.

이러한 9가지의 원리는 인간을 이해하는 데 필요한 기본적인 철학적 전제들을 나타낸다. 다음으로 나는 목회상담사가 그들의 내담자들을 이해하는 진단과 치료 방식들에 대해 논의할 것이다.

상담의 절충주의적 견해

자신의 이론적 입장을 "절충주의적"(eclectic)이라고 설명하는 상담사들은 다양한 상담 체계들로부터 그들이 생각하기에 가장 좋은 것들을 취사선택한다. 문자적으로 말하자면, 많은 자료들로부터 모은 가장 좋은 것들의 복합물이 잘 만들어지기를 기대할 수 있다고 생각하기 때문에 이러한 귀인은 그러한 상담사들을 다소 호의적으로 보이게 한다. 그러나 전에는 상담 혹은 심리치료 분야에서 절충주의는 호의적이지 않은 의미를 담고 있었다.

최근에도 절충주의적 상담사들은 그들의 동료들에 의해 뒤죽박죽이거나 "체계적이지 못한" 것으로 생각되었다. 대부분의 치료사들은 특정한 치료적 그룹의 노선을 받아들이도록 강력하게 압력을 받았다.

의학과 심리학 양 분야에서 박사 학위가 있는 프레드릭 쏜(Frederick C. Thorne)은 다음과 같이 말했다. "모든 과학적 자료를 진정으로 절충적인 것이 될 수 있고 전세계적으로 실천의 표준화를 위한 토대를 제공하는 하나의 실천 '체계' 안에 포괄적으로 통합하는 일이 긴급하게 요청되고 있다."11) 쏜은 그러한 하나의 '체계'를 제시하려고 시도했지만, 그것이 전세계적으로 상담을 위한 표준으로 받아들여지지는 않았다. 아마도 진정으로 긴급한 필요는 개별적인 상담사들이 그들에게 유용한 과학적 자료를 그들의 성격에 맞는 절충적인 실천 체계 안에 포괄적으로 통합하는 일일 것이다. 이 체계는 세상 어디에서든 각 상담사의 실천을 위한 토대를 제공해 줄 것이다. 다른 말로 하자면, 개인의 차이들에 대한 이론은 이론과 실천이 개인화될 것이라는 점을 의미하기 때문에, 상담사들은 그것을 인정하는 것이 좋을 것이다.

현대 심리학은 다양한 철학적이고 방법론적인 관점들로부터 유래하는 많은 심리치료의 체계들 혹은 학파들을 낳았다. 로버트 하퍼(Robert Harper)는 쉽게 36개의 체계들을 규정했지만,12) 250개 이상의 다양한 치료법들이 소개되었다.13) 그러나 패터슨(Patterson)은 이미 1971년에 "상담과 심리치료에 학파들의 시대가 도래하고 있다"14)고 주장하였다. 1986년에 그는 『치료적 관계: 절충주의적 심리치료를 위한 토대』(The Therapeutic Relationship: Foundations for an Eclectic Psychotherapy)를 출판하였다.

윌리엄 오글스비(William Oglesby)는 심리치료법을 세 가지 유형으로 유용하게 분류하는 것을 제안하였다: 앎(knowing)에 우선순위를 부여하는 것들, 행동(doing)에 우선순위를 부여하는 것들, 존재(being)에 우선순위를 두는 것들. 정신분석(psychoanalysis)과 교류분석(transactional analysis)은 앎을 강조하는 치료법들이다. 현실치료(reality therapy)와 행동치료(behavior therapy)는 행동을 강조하는 치료법들이다. 그리고 내담자 중심 치료(client-centered therapy)와 게쉬탈트 치료(Gestalt therapy)는 존재를 강조하는 치료법들이다.[15] 대조적으로 해롤드 엘렌스(Harold Ellens)는 모든 이론들을 네 가지 유형으로 분류하였다: 합리적인 것, 정서적인 것, 관계적인 것 그리고 생물학적인 것. 합리적-정서적 치료(rational-emotive therapy)는 첫 번째의 예이고, 내담자 중심 치료는 두 번째, 게쉬탈트 치료는 세 번째, 행동치료는 네 번째의 예이다.[16]

　심리치료의 이러한 체계들을 비교하는 것은 상담자-내담자 관계에 영향을 줄 수 있는 상담 국면들의 상당한 편차를 보여준다. 예를 들어, 상담사의 역할이 얼마나 다양해야만 하는가에 대해 견해 차이가 있다. 프로이트주의자들은 이러한 연속체의 한쪽 극단에 있고, 지시적 상담사들은 다른 극단에 있다. 두 번째 차이는 상담사의 온정(warmth)이나 무관심이다. 이 점에 있어서 칼 로저스(Carl Rogers)와 프로이트는 스펙트럼의 반대편에 서 있다. 세 번째 차이는 누구는 내담자들에게 과거를 기억하는 작업을 하라고 말하고(프로이트), 누구는 현재의 문제들을 해결하는 것을 목표로 하라고 말하는 것이다(펄스, Frederick Perls). 네 번째 차이는 특정 상담사들의 능동성이나 수동성이다. 이 양식은 지시적 상담사에서 로저스주의자까지 이른다. 다섯 번째 차이는 어떤 상담사들은 내담자들의 인지보다는 정동(affect, 정서적 톤)에 더 초점을 맞춘다는 것이다. 로저스주의자들과 프로이트주의자들은 이 연속체의 한 극단에 있고, 인지치료사들은 다른 극단에 있다. 그림 1.2.는 4개의 심리치료 체계들에 대한 비교를 보여준다.

절충적 상담사들은 체계적인 이론의 현실적 한계들을 알기 때문에 그들의 개인적인 경험에 기초해서 심리치료의 이론들 사이에 있는 요소들과 갈등들을 통합하고 이론적으로 설명하기 위해서 노력한다. 그들은 그들의 관찰과 가설들을 유연하면서도 실행할 수 있고 일관성 있는 입장으로 구성하기 위해 끊임없이 노력하기 때문에 새로운 사실적인 자료에 비추어서 기꺼이 개정하려고 할 것이다.

1982년에 한 연구에서는 다수의 심리치료사들이 절충주의적이라고 지적하였다.[17] 다음의 저자들은 그들의 저작들이 참고문헌에 열거되어 있는데 그들은 자신들의 입장을 절충주의라고 하였다: 로렌스 브래머(Lawrence M. Brammer)와 에버렛 쇼스트롬(Everett L. Shostrom), 브리스터(C. W. Brister), 로버트 카크허프(Robert R. Carkhuff)와 버나드 베렌슨(Bernard G. Berenson), 앨버트 엘리스(Albert Ellis), 제롬 프랑크(Jerome D. Frank), 프리다 프롬-라이히만(Frieda Fromm-Reichmann), 버나드 구어니(Bernard G. Guerney), 해리슨 잉햄(Harrison V. Ingham)과 리노어 러브(Lenore R. Love), 에드가 잭슨(Edgar N. Jackson), 노크로스(J. C. Norcross), 웨인 오우츠(Wayne E. Oates), 패터슨(C. H. Patterson), 윌리엄 슈나이더(William U. Snyder)와 준 슈나이더(June B. Snyder), 버나드 스타인조(Bernard Steinzor), 프레데릭 쏜(Frederick C. Thorne), 레오나 타일러(Leona E. Tyler), 레슬리 웨더헤드(Leslie D. Weatherhead).[18]

목회상담 분야에 있는 어떤 저자들은 목회상담사들을 위한 절충적 접근 방식을 옹호한다. 예를 들어, 웨인 오우츠는 그의 접근 방식은 어떤 순간에도 치료적 관계 안에서 지속되는 자기-직면의 형태에 의해 평가된다고 하였다. 그는 모든 상황에서 어떤 특정한 접근 방식을 배타적으로 사용하는 것은 그 방법의 노예가 되는 것이라고 믿었다. 그는 "우유부단한 절충주의"

그림 1.2. 5가지 치료 양식들의 치료적 관계 비교

치료양식	강조되는 관계의 측면	치료기술	치료사의 태도	치료사의 역할	내담자의 과제
정신분석적	정동에 대한 강조와 전이-역전이	전이의 해석	중립적	대리 부모	자유 연상
내담자 중심적	진정한 관계	무조건적인 긍정적 존중	믿을 만한	전문가적 친구	자기 수용
행동적	작업 동맹	과제부여와 함께 부적응 행동 변화시키기	지시적	훈련자	행동 수정하기
인지적	가르치는 관계	기록하면서 잘못된 생각 분별하기	직면적	교사	생각 바꾸기
체계적	가족과 합류	조언, 과제부과, 역설	적극적, 비지시적	코치	가족관계 바꾸기

가 아니라 대인관계의 원리들에 대한 적절한 지식에 근거하여 임상적으로 결정하는 것을 제안하였다.[19] 브리스터는 "목회자는 상담 관계에 관심을 가지고 있기 때문에 일반적으로 하나의 상담 체계나 치료 기술을 경직되게 고수하지는 않는다"[20]고 하였다. 에드가 잭슨은 다음과 같이 말했다.

> 기독교적 관점으로 볼 때 어떤 학파나 철학도 인격에 대한 충분한 개념을 가지고 있지 않기 때문에 다양한 자료들로부터 가져와서 교구 목사의 목적에 도움이 되도록 융합시키는 것(amalgammation)이 필수적이다.[21]

아래에서는 치료적 관계에 대한 초기 연구의 역사를 살펴볼 것이다.

많은 연구에서 절충주의와 상담자-내담자 관계는 연구자들이 씨름해 온 복면한 "2인조" 상대가 되었다. 앞에서 인용되었던 연구에서 피들러(F. E. Fiedler)는 다른 체계들을 신봉하고 있는 치료사들이 치료적 관계의 본질과 중요성에 대해 많이 동의하고 있음을 발견하였다. 그는 또한 같은 학파의 좀더 숙련된 신봉자들과 덜 숙련된 신봉자들 사이보다는 다른 체계들의 숙련된 임상가들 사이에 더 많은 동의가 있다고 결론지었다. 더구나 피들러의 기록 면담에 대한 연구는 같은 체계 속에 있는 전문가들과 초심자들보다 다른 체계들 속에 있는 전문가들이 서로 더욱 유사한 관계를 형성한다는 사실을 보여주었다.[22]

피들러의 연구에 기초하거나 그것과 유사한 다른 연구가 이어졌다. 한 연구는 다음과 같이 결론을 내렸다. (1) 치료의 결과로 내담자에게 나타나는 변화는 어떤 면에서는 다른 체계들에서 치료받았을 때 나타난 방식과 다르지 않았다. (2) 내담자가 경험하는 변화들과 그 변화들에 대해 책임이 있는 것으로 이해되는 치료사의 행동 속에 있는 요인들은 같은 체계를 가졌는가

와 상관없이 서로 관계가 있다.[23]

다른 연구는 모든 치료의 기본적인 요소들은 다음과 같다고 제안하였다. (1) 치료사와 내담자 사이의 친밀관계(rapport), (2) 치료사에 의한 내담자의 수용(혹은 인정), (3) 내담자의 지지, (4) 치료사의 우월한 지위 그리고 (5) 조절되고 제한된 상호작용.[24]

다른 연구자는 치료 전과 치료 후에 내담자와 치료사가 이상적인 치료 관계를 묘사하는 방식을 비교하였다. 이 연구를 통해서 보다 숙련된 치료사들이 이상적인 관계에 대해 유사한 개념들을 많이 가지고 있음이 밝혀졌다. 성공적인 사례에서 실제 관계는 치료사와 내담자의 지각에서 점점 더 더욱 이상적인 것이 되었다.[25]

시간이 흐르면서 많은 연구가 이뤄진 후에 절충적 상담사들은 정신의학과 심리학, 사회사업, 결혼 및 가족상담 영역에 있는 동료 심리치료사들 사이에서 폭넓은 인정을 얻게 되었다. 실제로 새로운 잡지인 *Journal of Integrative and Eclectic Psychotherapy*가 1987년에 발행되었다. 앨버트 엘리스는 다음과 같이 말했다. "상담과 심리치료의 미래에 대해 글을 쓸 때 나는 자연스럽게 편향된 관점을 가지고 치료가 발달하고 있는 방식이 절충적이고 통합적이기 때문에 그 미래는 상당 부분 그렇게 될 것이라고 주장할 것이다"(1997).[26]

또한 많은 상담 사역자들이 절충주의를 좋아하고 다양한 치료 방법들로부터 주어지는 단서들을 사용한다. 목회 심리치료를 위해서는 체계적이고 규범적인 절충주의가 필요하다. 그러한 절충주의는 목회 심리치료사들이 일시적 유행에 희생되지 않도록 하기 위해서 모든 새로운 발달에 대해 열려 있는 절충주의적 방향과는 다를 필요가 있을 것이다. 유능한 치료사들은 어떤 지식을 토대로 가져야만 한다. 예를 들어 그들은 정신약리학자들이

리튬 카보네이트가 양극성 정동장애를 가진 내담자들에게 강력하게 권유되고 있다고 주장한다는 사실을 알아야만 한다. 그리고 강박적 증상들을 가진 내담자는 행동치료에 가장 잘 반응할 것이라는 점도 알아야만 한다.

나는 나의 목회상담 사역에 많은 치료 이론들과 기술들을 도입하고 있다. 나는 정신분석으로 시작하였고, 오늘날까지도 다른 때보다 프로이트를 읽을 때 더 많은 꿈들을 기억한다는 사실을 발견하였다. 뉴 오를리언즈 침례교 신학교에서 나는 내담자-중심 치료를 소개받았다. 두 이론 모두 나의 상담에 지속적으로 영향을 미치고 있다. 나는 교류분석, 게쉬탈트, 행동치료, 인지치료, 가족치료 등의 이론들에 하나씩 익숙해졌다.[28] 이러한 이론들에서 제시된 상담 기술들은 나의 호기심을 자극했고, 나는 그것들이 편안하게 느껴지고 나의 성격에 맞는다면 주저하지 않고 그것들을 사용하였다. 그러나 이런저런 심리치료 이론들의 숲에서 나를 인도해 준 나침반은 치료 관계를 매우 존중하는 것이었다. 그러한 초점은 내가 특정 내담자들에게 이론과 기술을 사용하는 데 도움을 주었다.

관계의 신학

대인관계의 관점에서 볼 때 종교 생활은 하나님과의 관계를 추구하는 것이다. 사람의 기본적인 욕구들 가운데 하나는 반응을 주고받는 만남에 대한 것이다. 생애의 시작부터 마지막까지 유한한 인간은 혼자서는 불완전하기 때문에 다른 사람들과 관계를 맺으려고 애쓴다. 종교적 믿음에서 인간 존재와 하나님의 인격과의 만남은 개인의 가치를 높여 주고 삶의 의미를 확장시켜 준다.

목회상담사의 의미와 목적, 그리고 기능에 관한 몇 가지 신학적 원리들은 중요하다. (1) 하나님은 인간을 인간과의 관계와 하나님과의 관계를 위해 창조하셨다. (2) 그리스도는 하나님과의 관계와 인간과의 관계를 가장 잘 증거하였다. (3) 인간은 인간의 상호작용에 대한 욕구는 인정했지만, 일반적으로 삶을 충만케 하는 하나님과의 관계의 질에 대해서는 의문을 가졌다. (4) 하나님은 다른 사람의 도움을 통해서 한 사람과의 관계를 이룬다.

하나님의 창조

하나님은 사람들을 다른 사람들과는 유형의 관계를, 하나님 자신과는 무형의 관계를 맺을 수 있도록 창조하였다. 모든 사람에게는 언제, 어떻게, 누구와 관계를 맺어야 할지를 선택할 수 있는 하나님이 주신 자유가 있다. 심지어 사람은 하나님이나 다른 사람들과 관계를 맺어야 할지 아니면 전혀 맺지 않아야 할지까지도 선택한다. 성경에 의하면 하나님이 인간에게 베푸시는 관계의 중심 특징은 바로 은혜의 관계라는 것이다(참조. 롬 5:1-12; 눅 15:11-24; 요일 3:1-2, 16, 24).

관계의 신학의 목적은 사람들이 창조주로서 하나님과의 관계를 알도록 하는 것이다. 그러한 이론은 매우 적절한 것인데, 왜냐하면 삶의 어떤 부분도 그것이 미치지 않는 것은 없기 때문이다. 그것은 모든 사람의 행동이 하나님에게 중요하다고 전제한다. 관계의 이론은 현실적인 삶으로부터 떨어져 있지 않다. 그것은 다양한 개성들과 혼란스러운 인간관계, 그리고 그들을 둘러싸고 있는 우주적 힘과의 만남 속에서 의미를 찾으려는 사람들의 매일매일의 투쟁과 연관이 있다.

삶은 역동적이다. 관계의 신학은 삶이 각 사람을 지탱시켜 주고 참된 성취로 나아가도록 해주는 정체성들을 실현해 가는 과정이라고 전제한다. 올바른 관계의 최종 목적은 생명의 관계 안에 있는 하나님의 뜻을 구하는 것이다.

그리스도의 증거

나사렛 예수는 어떻게 하나님과 그리고 사람과 의미 있는 관계에 들어갈 수 있는가에 대한 가장 심오한 증거를 보여주었다. 예수는 제자들에게 그가 계시한 진리들을 실천하도록 격려함으로써 자신의 관계의 신학을 표현하였다.

예수는 상담자로서 목회자의 이상을 구체화하였다. 그의 삶에 대한 복음서의 설명은 사람들의 필요와 문제에 대해 독특한 통찰력을 가지고 있던 자에 대한 놀라운 기록을 보여준다. 예수는 "친히 사람의 속에 있는 것을 아셨다"(요 2:25). 인류는 예수에 대해 "죄인들의 친구"라고 했던 대적들의 조롱을 영광의 기호로 만들었다.29)

예수는 내면의 태도를 교정해야 할 필요성을 주장했기 때문에 외적 행위에 대해 강조하는 것을 결코 받아들이려고 하지 않았다. 그는 참으로 사람들의 심층에서 어떤 일이 일어나고 있는가에 관심이 있었다. 그렇게 하면서 그는 인격 안에 있는 신성한 요소를 강조하였다.

그리스도에게 있어서 종교는 적극적인 관계의 문제였다. 사실 그는 다음과 같이 관계의 측면에서 모든 성경을 요약하였다.

> 예수께서 가라사대 네 마음을 다하고 목숨을 다하고 뜻을 다하여 주 너의 하나님을 사랑하라 하셨으니 이것이 크고 첫째 되는 계명이요 둘째는 그와 같으니 네 이웃을 네 몸과 같이 사랑하라 하셨으니 이 두 계명이 온 율법과 선지자의 강령이니라(마 22:37-40).

예수의 초점은 누가복음 15장에 나오는 깨어진 관계에 대한 세 가지 비유들 속에 분명하게 나타난다. 우연히 동전을 잃어버렸다. 그것은 오직 관계 속에서만 의미를 가진다. 그것이 발견되고 올바른 관계로 돌아왔을 때 그것의 의미가 회복되었다. 또한 이것은 삶에 의미를 주는 사회 구조로부터 격리된 사람에 대해서도 마찬가지인 것 같다. 부주의로 인해 양을 잃어버리게 되었다. 지탱해 주는 관계는 부주의한 방랑으로 인해 깨어졌다. 관련된 사람은 삶이 의도되었던 대로 기능할 수 있도록 본질적인 관계를 회복하는데 관심이 있었다. 아들은 선택에 의해 잃어버리게 되었다. 관계의 의미 있는 구조로부터 분리되었기 때문에 그는 제정신을 찾게 되었고 적절한 관점에서 그 자신을 다시 세우게 되었다.[30]

인간의 부분적인 인정

대부분의 사람들은 그들의 유일성을 어떤 방식으로 표현하려고 애쓴다. 많은 사람들이 자기 자신을 다른 사람들로부터 분리하고 싶어한다. 왜냐하면 문제들이 흔히 서로에게 아주 가까이 있는 사람들로부터 생겨나기 때문이다. 정서적 상해는 종종 개인적인 상호작용을 통해서 사람들에게 생겨난다.

그럼에도 불구하고 사람들은 관계에 대한 욕구를 인정한다. 역사를 통해서 사람들은 가족과 부족, 공동체에서 살았다. 형법상의 독거에 대해 사용된 히브리인들의 심리적 표현은 공동체에 대한 욕구를 인정하는 것이다. 그런 사람은 "생명의 땅으로부터 단절되었다."[31]

그래서 사람들은 분리와 관계를 향한 두 개의 방향으로 동시에 향하게 된다. 이 긴장의 중심에는 인간이라는 의식은 다른 사람과의 관계에 들어감으로써 크게 고양된다는 생각이 있다.

그러나 사람들은 때때로 하나님과의 좋은 관계를 실현하는 것을 부정한다. 사람들이 때때로 자기 의를 추구하는 만큼 상호간의 외적인 갈등과 과거의 오류들과 미래의 목표들에 대한 내적인 불안이 지속적으로 그들을 괴롭힌다. 일단 사람들이 그들 스스로 의롭다고 할 수 없다는 것을 발견하면, 그들은 부모, 배우자, 선배 혹은 친구와 같은 인간의 모습이나 가족, 모임, 국가 혹은 교회와 같은 집단에서 구세주를 찾으려고 하면서 서로를 향해 좀 더 의지하려고 한다.

하나님의 관계 형성

하나님은 상호간의 관계 속에 있는 사람들을 자기 자신을 드러내는 도구로 사용하신다. 사람들은 그들이 하나님의 도움을 구할 때도 그들의 독립성을 증대시키는 직접적이고 수직적인 방식으로 하나님과의 만남을 추구한다. 그러나 좀더 현실적으로 인간관계는 종종 형체가 없으시고 초월하신 분의 인상과 개념을 받아들이는 통로임이 드러난다. 그래서 많은 경우에 인간의 상호작용이 먼저 있고, 하나님과의 관계 수준은 인간의 수준을 통해서 인식된다.

인간 상호간의 대화는 그것이 성공적일 때는 타자성(otherness)과 연대성(togetherness) 모두를 인정하는 것을 포함한다. 존슨에 따르면 이것은 사람과 사람의 참된 만남에도 해당된다. 사람들은 모두 적극적인 관계 속에서 그들을 대면하는 사람들과 동반자 관계를 형성한다. 심리적이고 종교적인 성취는 한 사람이나 다른 사람 혼자서 이룰 수도 없고, 그들의 정체성을 덮어 버리는 대중 집단 안으로 몰려드는 그들 모두가 이룰 수도 없다. 오히려 그러한 성취는 대화를 통해서, 함께 이야기를 나누며 살아가는 그들 사이에서 이뤄진다. 진정한 대화 속에서 사람들은 개방적이고 정직하게 의사소통을 하고 그들 정신의 일부분을 함께 나눈다. 그렇게 해서 모든 사람들은 다른 사람들과의 관계 안에 서게 되고 이러한 관계는 종교 생활에 필수인 것이다.32) 사람들은 대개 그들의 인간 실존의 딜레마에 대한 신학적인 대답을 얻기 위해서 목회상담사를 찾는다. 목회자는 사람들에게 모든 사물을 신학적으로 보려는 사람과의 관계를 제공한다. 목회자는 내담자들이 삶의 의미를 찾으려고 하다고 빠지게 되는 곤경 속으로 내려감으로써 그들이 믿음을 가지도록 도울 수 있다. 찰스 윌리엄 스튜어트(Charles William Stewart)는 목회자는 "그가 치유되고 회복된 하나님과의 관계라는 천국으로 올라갈 수 있기 전에 때로는 교인과 함께 지옥으로 내려가야만 한다는 것을 안다"33)고 하였다.

개인적인 관계로부터 유익을 얻는 사람들은 그 안에 있는 사랑으로 인해 도움을 받는다. 단순히 진리를 나누어 주는 것으로는 아무 것도 변화되지 않는다. 인간의 상호작용을 통해서 정서적으로 상처를 입은 사람들은 아마도 대인관계를 통해서 가장 잘 치유될 것이다. 반 듀센(Van Deusen)은 "관계를 제외하고는 그 무엇도 인간 사이의 것이든 하나님과의 것이든 중재 과정의 양 측면의 필요들을 채울 수 없을 것이다"34)라고 주장했다.

순교한 독일 신학자 디이트리히 본회퍼(Dietrich Bonhoeffer)는 목회상담 관계에 의미가 있는 목회의 준궁극적인 형태(penultimate form of ministry)를 제안했다. 준궁극적인 것에는 하나님이 사람들에게 올 때 거쳐 오는 통로를 제공하는 데 도움이 되는 것들을 포함된다. 그러나 마지막 말 바로 이전의 말은 마지막 말이 말해질 때 알 수 있을 뿐이다. 하나님-인간의 만남의 길을 예비하는 것은 회상해 볼 때만 예비했던 것으로 드러난다. 하나님의 자기 충족성, 자기 주도성, 자기 계시성은 목회의 준궁극적인 형태를 받아들이는 주요 이유들이 된다. 상담 관계에서 목회자는 하나님의 말씀을 다

른 사람들에게 제시하지 않는다. 아마도 그들은 그 길을 예비하겠지만 하나님은 스스로 오신다.[35]

성령에 대한 신약의 가르침에는 목회상담을 수행하는 데 있어서 없어서는 안 되는 지혜가 담겨 있다. 특별히 개역개정판(RSV) 성경에서 헬라어 이름 *paraclete*을 "상담자"(the counselor)로 번역한 것은 적절한 일이다. 사실 성령은 모든 대인관계에서 상담자다.[36] 전통적으로 이것은 그리스도 안에서 이뤄진 하나님의 성육신과 유사한 목회적 관계의 이미지다. 내담자는 사실상 하나님의 손 안에 있다는 것을 앎으로써 목회자는 상담사의 역할을 보다 안전하게 감당할 수 있다. 성령은 언제나 관계 속에서, 특히 목회자와 내담자 사이에 존재하는 대화의 틈 속에서 역사한다. 또한 성령은 기억과 해석, 영감을 인도해 주기 위해서 현존한다.

기독교 상담사들의 궁극적인 목적은 그들의 내담자들이 그리스도 안에 계신 하나님으로 말미암아 하나님의 용서와 구속을 발견할 수 있도록 해주는 것이다. 사람들이 희망하는 하나님과 인간의 관계는 그리스도의 대속적인 죽음에 의해 수립된다.

# 2장 목회적 상담 관계를 위한 이론적 틀

이제 관계의 치유적 힘에 관하여 알려지거나 제안되었던 것들을 찾아서 그것들을 목회상담의 영역과 서로 연관짓는 일이 필요하다. 이러한 이론적 틀은 앞서 진행된 인간에 대한 이해와 상담에 대한 절충주의적 관점, 그리고 관계의 신학에 대한 토론들에 기초한다.

정의적 서술

목회상담 관계에 대해 정의적으로 서술하는 것이 정확하게 정의하는 것보다 좋은 목표가 될 것이다. 목회상담 관계(pastoral counseling relationship)라는 말은 두 개의 부분으로 나누어질 것이다. 나는 먼저 목회상담이 의미하는 바를 설명하고 관계의 측면에서 그것에 대해 토론할 것이다.

목회상담

실제로 목회상담이라는 말에서 "목회적"이라는 서술적 형용사는 어떤 오해를 불러일으킨다. 일반적으로 대중은 "목회적"이라는 역사적인 용어를 대체하거나 갱신하기 위해서 "영적"(spiritual)이라는 용어에 호의적인 것 같다. 목회자(pastor)라는 말은 사제(priest)나 설교자(preacher)와 함께 목회의 특정 기능들을 언급하기 위해서 사용된다. 성직자(clergy)나 목사(minister)라는 용어는 좀더 일반적으로 전문적인 종교 실천가(religious practitioner)를 말하는 것이다. 지역 교회를 섬기는 목사(minister)를 함축하면서 목회자(pastor)라는 말을 사용하는 것은 신학적으로 훈련을 받은 많은 전문가들을 배제하는 것이다. 이러한 전문가들에는 다양한 기관과 군대의 목사들뿐만 아니라 종교교육, 음악, 목회적 돌봄, 청소년 사역을 맡아서 사역하는 목사들, 그리고 종교적 상담기관에서 사역하는 목사들이 포함된다. 그럼에도 불구하고 목회자라는 말은 어디서든지 사람들을 인도하고 목양한다는 전통적인 의미를 담고 있다. 목회상담(pastoral counseling)이라는 말에는 이러한 생각들이 포함되어 있다.

시워드 힐트너(Seward Hiltner)와 로웰 콜스톤(Lowell Colston)은 그들의 책 『목회상담의 맥락』(The Context of Pastoral Counseling)에서 목회적(pastoral)이라는 말을 정의하면서 다음의 내용을 포함시켰다. (1) 상담에 대한 지식과 기술과 함께 관계 형성과 관련된 특정 신학의 전문 영역, (2) 도움을 구하는 사람은 나타난 문제들이 신학적 전문 영역에 관계된다고 생각하기 때문에 상담사에게 올 것이라는 인식, (3) 이러한 특정한 전문 영역은 전인적인 욕구들과 관련되어야만 한다는 인식.[1]

상담이라는 말은 1930년경에 목사들의 사역과 관련하여 사용되기 시작했다. 심리치료(psychotherapy)가 인간의 심리에 대한 연구에 있어서 전문적인 치료사와 관련되기 때문에 신학적 치료사(theological therapist)는 하나님에 대한 연구에 있어서 전문적인 치료사와 관련된다. 치료(therapy)라는 말은 "종"(servant)을 의미하는 헬라어 명사와 "시중들다"(to wait)는 동사로부터 파생되었다. 다행스럽게도 이 말은 영어로는 아무런 동사 형태도 없고 누군가에게 무엇인가 해야 한다는 개념을 제안하지 않는다. 오히려 치료는 단지 실제 현상을 다루는 것이 아니라 지속되는 과정 – 관찰하고, 이해하고, 도와주는 – 을 의미한다. 외형상 점증하고 있는 목회상담 전공 목회자들은 전문가들이 수행하는 것을 일반적으로 목회자들이 수행하는 상담과 구분하기 위해서 목회 심리치료사(pastoral psychotherapist)라는 용어를 선호하는 것 같다.2) 연역적으로 신학적 치료 관계(theological therapy relationship)라는 말이 이 연구의 주제에 대한 표현들 가운데 가장 적절하다. 그럼에도 불구하고 목회상담은 목회자에 의해 행해지는 모든 치료를 포함하는 말로 폭넓게 사용된다.

비록 일반 상담과 유사하기도 하지만 목회상담은 독특한 면을 가진다. 첫째, 그것은 신학적인 토대를 가진 사람만이 관여한다는 점에서 다르다. 하나님의 소명을 경험하고 신학을 공부하고 안수를 받거나 상담 사역에 승인을 받은 사람들 – 종교 집단에 의해 인정받고 확인받은 사람 – 에 대해서만 목회상담을 한다고 말할 수 있다. 둘째, 안수나 승인은 하나님에 의해 종교 집단을 통해서 목회자에게 주어진 권위를 상징한다. 이 권위는 그것 자체를 넘어서서 하나님의 능력을 암시한다. 셋째, 안수에 의해 주어지는 목회자의 사회적이고 상징적인 역할은 사회에 의해 승인을 받는다. 이 역할은 목회자가 세례식, 결혼식, 성찬식, 장례식 등과 같은 다른 사람들을 위한 공적 의식과 축하, 통과 의례를 수행할 수 있도록 능력을 부여하는 오랜 역사적 전통을 갖고 있다.

넷째, 목회자는 교회와 관계가 있는 맥락 속에서 상담을 한다. 모든 교회는 그들의 영원한 운명과 관계되는 신앙적 전통과 실천을 구현하는 선택받은 사람들의 교제다. 다섯째, 목회자는 그들의 내담자들과 공동체뿐만 아니라 교회와 하나님에 대한 그들의 행위에 대해서 책임을 진다. 여섯째, 목회자는 상담하는 동안에 성령의 임재와 인도를 믿는다. 일곱째, 목회자는 그들의 내담자들을 지지하기 위해서 사용할 수 있는 기도, 성경, 교회의 의식들, 공적 예배, 봉사 계획, 교육 집단들이나 교제 집단들과 같은 자원들을 사용할 수 있다. 여덟째, 목회자는 비밀 보장, 정직, 하나님의 피조물로서 개인들에 대한 존중, 행동에 대해 하나님께 책임을 지는 것 등과 같은 어떤 가치들에 헌신한다. 목회자와 자신들의 문제들에 대해 상담하기로 선택한 사람들은 그들이 그러한 가치들을 존중하고 일반 치료사들이 그들에게 동의해 주는 것을 확신할 수 없기 때문에 흔히 그렇게 한다.

아홉째, 목회자는 단지 인간적인 위로보다는 오히려 하나님의 용서와 구속을 포함하는 상담 목표들을 내세운다. 이러한 특성들은 모두 목회상담의 과정이 다른 치료의 형태들이 종종 생략하는 어떤 활동들을 포함할 것임을 암시한다. 여기에는 예를 들면 종교 역사 탐구, 성경적 가르침에 대한 편견과 고정관념 평가하기, 결혼 서약의 의미 규명, 죽음의 두려움이 행동에 어떻게 동기를 제공하는지 생각하기, 내담자의 윤리에 대해 탐색하기, 죄를 고백하고, 하나님의 용서를 받고, 하나님의 축복을 구할 필요성을 고려하기 등이다.

관계

브래머(Brammer)와 쇼스트롬(Shostrom)은 그들의 책 『치료 심리학』(Therapeutic Psychology)에서 "관계의 질이 인격적인 변화의 본질뿐만 아니라 상담이 지속될 것인지도 결정한다"3)고 결론을 내렸다. 인정받는 두 심리학자는 그들은 관계가 상담에 있어서 치유하는 힘이라는 점을 더욱 분명하게 확신한다고 하였다. 존 패튼(John Patton)은 "만약 목회상담을 통해서 어떤 치유가 일어난다면 그것은 관계를 통해서 일어난다"4)고 하였다. 칼 로저스(Carl Rogers) 역시 항상 "성장 경험으로서 치료적 관계 자체에 대해"5)많이 강조하였다. 사회사업가인 헬렌 해리스 펄만(Helen Harris Perlman)은 그녀의 주목할 만한 책인 『관계: 사람을 도와주는 일의 핵심』(Relationship: The Heart of Helping People)에서 관계에 대해 정의하고 세분화하는 데 한 장 전체를 할애하였다.6) 쉘돈 캐쉬던(Sheldon Cashdan)의 책 『대상 관계 치료: 관계를 사용하기』(Object Relations Therapy: Using the Relationship)에서는 치료사-내담자 관계에 대해 최대한 강조하는 치료 방식을 기술하고 있다.7) 마이클 칸(Michael Kahn)은 하인즈 코핫(Heinz Kohut)을 "관계 치료사"라고 하였다.8)

로저스는 관계(relationship)와 전이(transference)를 분명히 구별하였다. 그에게 있어서 관계는 "상호적이고 적절한 그 무엇인 반면에, 전이 혹은 역전이는 특성상 일방적이고 상황의 현실에 적절하지 않은 현상이다."9)

전이와 역전이와는 대조적으로 관계는 상담사와 내담자의 현재 상호작용에서 의식적이고, 자발적이고, 현실적이고, 적절하고, 합리적이고, 적법하게 애써서 얻은 서로에 대한 그들의 반응들이다. 그것은 두 사람 혹은 그 이상의 사람 사이에서 그들의 의사소통 행위 때문에 작동하는 정서적인 힘이다. 그렇다면 **관계는 사람들이 서로에 대해 가지고 있는 정동적 태도들을 자발적으로 애써서 나누는 상호성**이다. 물론 관계를 전이와 구별할 때의 어려움은 언어적이고 비언어적인 의사소통에서 잠재의식적이고 무의식적인 자료로부터 의식적인 자료를 구별하는 일의 실제적인 어려움과 유사하다. 이러한 구별이 개념적으로는 가능하겠지만, 상담 실제에서 전이와 관계를 분리하는 것은 때때로 거의 불가능하다.

또한 많은 다른 사람들은 전이와 관계가 같은 것이 아니라는 입장을 취했다. 융(Jung)은 "일단 투사가 그렇게 인식되면 … 전이는 끝나게 되고 개인적인 관계들의 문제가 시작된다"[10]고 하였다. 랑크(Rank)는 "치료적 관계는 실제적인 감정 경험을 나타낸다 … . 우리는 과거로 돌아갈 필요가 없다"[11]고 하였다. 로저스는 그의 "치료는 개인의 과거보다 지금의 상황을 더 많이 강조한다"[12]고 하였다.

정신분석, 신프로이트주의적 분석, 지시적 상담, 내담자-중심 상담 등과 같은 다양한 관점을 가진 치료사들은 치료에서 성공적인 결과를 위해 관계의 질이 중요하다는 점에 대해 폭넓게 동의한다. 다양한 심리치료 학파들 사이에 내담자-치료사 관계에 대한 차이점이 있음에도 불구하고 많은 학자들이 다양한 치료법들 사이의 공통적인 요소는 관계 그 자체라고 주장하였다.[13] 그러나 어떤 사람들은 목회상담 관계의 본질에 대해 경험적이거나 이론적인 연구를 하였다.

아더 베커(Arthur H. Becker)는 목회상담 관계의 기능에 대한 실험적인 연구를 완수하였다. 이 연구의 분명한 초점은 목회상담에서 치료적 관계에 대한 종교적인 관심의 영향을 측정하는 것이었다. 베커는 선도적인 치료 학파들의 심리치료사들에 의해 분류되고 피들러에 의해 작성된 일련의 항목들을 도입해서 수정된 "Q-분류법"(역주-주로 특정 자극에 대해 비슷한 태도를 가진 사람들을 분류하기 위한 방법으로 사용되거나 특정 집단 사람들이 비슷한 태도를 지니고 있는 자극이나 대상을 분류하는 기법으로 직접 응답자의 태도를 알아보기 위한 것)을 사용하였다. 그는 11명의 목회상담사들에게 이 항목들을 보내서 분류하도록 하였다. 이리하여 분류된 것들은 심리치료사들의 그것들과 비교되었다. 신뢰와 종교적 분위기의 차원들을 포함하는 75개로 이뤄진 두 번째 일련의 항목들이 작성되었다. 이리하여 11명의 목회상담사들은 이 항목들을 분류하였고, 그것은 종교적 요인들 없이 분류한 결과들과 비교되었다. 이것은 이러한 요인들의 관계에 대한 영향을 측정하는 것이었다. 그 다음에 베커는 75개 항목들의 분류에 기초하여 면담 분석일 람표를 작성하였다. 관계의 질, 기능의 수행, 목표의 성취를 측정하기 위해서 44개의 원목 면담들—22개는 "충분한" 것으로 알려졌고, 22개는 "불충분한" 것으로 알려진—이 이 일람표를 사용한 4명의 심사원들에 의해 평가되었다.

베커는 다음과 같이 결과와 결론을 제시하였다.

1. 심리치료사들과 목회상담사들은 치료사의 의사소통과 정서적 거리, 그리고 신분의 차원들을 고려해서 이상적인 치료적 관계의 본질에 대하여 광범위하게 동의하였다.
2. 목회상담 관계에는 5가지 차원이 있다: 의사소통, 신분(status), 신뢰, 정서적 거리, 종교적 분위기.
3. 일반 상담 관계와 목회상담 관계에는 모두 세 가지 기능이 있다: 그 관계는 기본적 욕구들을 만족시켜 주고, 사회적 학습을 위한 기회로 작용하고, 교정적 경험과 대인관계의 모델을 제공한다. 그러나 목회상담 관계에는 이러한 각 기능들에서 분명히 나타나는 명백한 종교적 의미들이 있다.

4. 4개의 주요 목표들은 두 관계 유형에 공통적인 것이다: 인격의 통합, 자기-수용, 건강한 대인관계의 회복, 삶의 새로운 의미 발견. 목회상담에서 이것들은 궁극적인 종교적 가치들에 비추어서 이해된다.
5. 종교적인 항목들과 비종교적인 항목들을 함께 고려했을 때 "Q-분류법"에서 목회상담의 종교적 차원은 다른 것들보다 우월했다. 종교적 차원의 영향은 순서상 의사소통, 신뢰, 신분, 정서적 거리의 영향을 능가했다.
6. 목회상담사들은 의사소통의 차원을 종교적 차원과 밀접하게 통합하였다. 이상적인 목회상담 관계의 가장 전형적인 것으로 고려된 항목들은 목회적 관계 속에서 하나님의 수용과 용서에 대하여 나누는 것과 목회적 관계에서 하나님의 구원 과정에 대해 인식하는 것을 다룬다.[14]

두 번째로 주목할 만한 연구는 피들러에 의해 수행되었다. 그는 어떤 심리치료 체계에 헌신하는가 보다는 얼마나 숙달되어 있는가가 치료사가 상담자-내담자 관계를 위해 수립하는 목표의 유형을 결정한다는 전제로 시작하였다. 치료사들은 모두 이상적인 관계를 형성하기 위해 노력한다. 만약 단지 하나의 관계 유형만이 실제로 치료적이라면 숙련된 치료사들은 이상적인 관계의 개념에 대해 일치해야만 할 것이다.

피들러는 그의 실험에서 10명의 심사원을 사용하였다. 세 명은 정신분석적 지향을 가졌고, 세 명은 내담자-중심적 지향을 가졌고, 한 명은 애들러 학파이고, 세 명은 일반인이었다. 이 심사원들은 "Q-분류법"을 사용해서 이상적인 치료적 관계에 대해 기술하도록 요청 받았다. 관계의 가능한 측면에 대해 기술한 75개의 진술들은 각 심사원들에 의해 이상적인 관계에 가장 특징적인 것으로부터 가장 덜 특징적인 것에 이르기까지 7개의 범주들로 분류되었다. 결과는 심사원들이 모두 이상적인 관계를 유사한 용어들로 기술하려고 한다는 점을 보여주었다. 같은 지향을 가진 전문가들과 비전문가들 사이에서보다는 지향과는 상관없이 훌륭한 치료사로 인정을 받는 전문가들 사이에서 더 높은 상관관계가 있었다. 일반인조차도 전문가들의 용어들과 상관관계가 높은 용어들로 이상적인 치료적 관계를 기술하였다는 사실은 가장 좋은 치료적 관계는 일반적으로 좋은 대인관계와 관련이 있을 수 있음을 보여주었다.[15]

목회상담사는 보통 종교적인 관점을 가지고 관계에 들어간다. 목회자에게 있어서 하나님의 사랑은 목회자와 내담자 양자를 묶어 주면서 관계에 개입한다. 목회상담 관계는 심리치료적 관계와 마찬가지로 좋은 사회의 축소판을 형성하려고 시도한다. 목회상담사들은 하나님이 개인들에게 제공하는 관계를 무색하게 하는 것이 아니라 오히려 확장시키고 조명해 주는 대인관계를 제공하려고 노력한다. 이리하여 목회상담 관계는 다른 것들과 마찬가지로 상담자와 내담자가 정동적인 태도들을 자발적으로 애써서 나누는 상호성이다.

목회상담사에게 이러한 관계는 내담자가 자기와 다른 사람들, 하나님과의 관계에서 겪는 갈등들을 해결하는 것을 돕기 위해서 사용된다. 이러한 갈등들은 무력감, 고통, 불안으로 부정적으로 표현된다. 치료사들의 지향이 어떤 것이든지 간에 그들은 다른 사람들과 서로 만족시켜 주는 관계를 수립할 수 있는 내담자의 능력을 향상시키려고 애쓴다.

목회상담사들에게는 내담자들이 하나님의 은혜를 경험할 수 있도록 해 주는 추가적인 목표가 있다. 베커는 그의 연구에서 목회상담사들은 심리치료사들과 몇 개의 목표들을 공통적으로 가지고 있음을 발견하였다. (1) 인격의 통합, (2) 자기-수용, (3) 건강한 대인관계의 회복 그리고 (4) 삶의 의미를 발견하도록 도와주는 것.16) 그러나 목회상담사들과 심리치료사들은 때때로 다른 방식으로 이러한 목표들을 성취하려고 시도한다.

특성들

관계의 특성들은 무엇인가? 우선 첫째로 목회상담사는 그것의 독특한 특성들에 초점을 두고 있지만, 실제로 각각의 관계는 독특하고, "그" 관계에 대해서 많은 것들이 다루어져 왔다. 그러므로 관계는 하나의 범주라기보다는 공유된 경험이다. 그럼에도 불구하고 관계의 어떤 특성들을 서술하기 위해서 많은 사람들이 이 관계들을 양적으로 연구해서 어떤 경향들을 발견하였다. 한 정신과 의사는 심리치료에 있어서 환자-의사 관계에 대한 분석에서 "실제로 의사-환자 관계는 심리치료의 도구나 수단이 아니다. 그것은 일차적인 과정 그 자체다. 그것은 무대요 연극이지 단지 대사가 읽혀지는 방식이 아니다"17)라고 하였다.

관계의 특성들 속에는 어떤 심리학적 전제들이 중요한 부분으로 자리하고 있다. 이런 전제들은 다음과 같이 간략하게 요약될 수 있다. (1) 깊이 분석해 보면 모든 행동에는 의미가 있다. (2) 사람들은 초기의 가족 경험들을 좀더 후기의 관계 속에서 재현하는 경향이 있다. (3) 인격 성장은 갈등을 회피하는 것이 아니라 갈등을 건설적으로 다루는 과정을 통해서 이뤄진다.

웨인 오우츠는 안전한 상담 관계를 수립하기 위해서 주의를 요하는 네 가지 요소들을 제시하였다. 첫째, 상담사의 역할은 명확하게 규정되고 이해되어야만 한다. 둘째, 회기의 횟수와 기간이 동의되어야 한다. 셋째, 사적 자유의 공간이 마련되어야만 한다. 그리고 마지막으로 상담사와 내담자는 이 모든 것을 정리하는 주도권을 책임감 있게 공유해야만 한다.18)

관계 중심 목회상담의 경험들에 기초해서 천 개가 넘는 수많은 사례들의 역사를 되돌아보면 관계에서 어떤 경향들이나 단계들이 있음을 보여준다. 이러한 단계들은 다음과 같이 서술될 수 있다.

1. 문제의 인정과 도움의 요청
2. 상황의 규정과 계약 수립
3. 위험의 제거와 자유로운 감정 표현
4. 부정적인 감정과 긍정적인 감정의 탐색
5. 상호 이해와 수용
6. 가치들과 목표들의 명료화
7. 관계의 구체화와 종료

관계 중심 목회상담의 절충주의적 입장은 여러 이론적 체계들로부터 일관성 있게 접근될 수 있다. 그러한 접근 방식에 토대가 되는 것은 인격 발달과 전이에 대한 정신분석적 개념들, 인간관계에 대한 대인관계 체계 이론, 온정과 수용에 대한 내담자-중심적 접근의 강조, 인간 이해에 대한 학습이론의 기여 등이다. 이 상담 유형은 온정을 강조하고 정화(catharsis)와 통찰을 포함하고 학습이론과 정신분석의 개념들과, 행동치료와 인지치료, 가족체계치료, 게쉬탈트치료, 교류분석의 기법들에 기초하는 절충적이고, 자아를 강화시키고, 관계 중심적인 목회상담 유형이라고 할 수 있을 것이다.

관계 중심 목회상담의 실제에서 상담사와 내담자는 다음과 같은 일을 함께 한다: 감정 명료화하기, 지적 통찰력 키우기, 해석하기, 고무하기, 질문하기, 과거의 사건들과 현재의 문제들 고려하기, 어떤 생각이나 행동, 읽기 혹은 기록하기를 과제로 부과하기. 아래는 절충적인 방법들을 제안한 것이다.

1. 일반적으로, 가능하면 수동적인(비지시적인) 방법들을 사용하라. 수동적인 기법들은 정서적 방출을 허용하고 내담자가 자신의 이야기를 할 수 있도록 하기 위해서 초기 단계에 선택되는 방법들이다.
2. 특별한 지시를 할 때만 적극적인(지시적인) 방법들을 사용하라. 일반적으로 치료 목표들은 지시적인 개입을 최소화함으로써 성취될 수 있다.
3. 절제의 원리를 지키라. 좀더 단순한 방법들이 실패하기 전에는 복잡한 방법들(특별한 지시들과 함께 사용되는 것은 예외로 하고)을 시도하지 말라.
4. 모든 치료는 내담자 중심적이어야만 한다. 이것은 내담자의 관심이 우선적인 고려사항임을 의미한다.
5. 모든 내담자에게 자신의 문제들을 비지시적으로 해결할 수 있는 기회를 주는 것이 바람직하다. 내담자가 비지시적인 방법들에 대한 반응에서 치료적으로 진행시키지 못할 때, 그것은 좀더 지시적인 방법들이 필요함을 나타내는 것이다.
6. 지시적인 방법들은 흔히 다른 사람들의 도움이 있어야 해결될 수 있는 상황적인 부적응을 보일 때 제안된다.

상담 문헌에서는 치료적 관계의 특성을 설명하기 위해서 많은 단어들이 사용되었다. 대표적인 것들을 뽑아 보면 다음의 15가지 말을 포함한다: 수용, 신뢰(confidence), 일치(congruence), 대화, 공감, 성장, 관심, 호감(likableness), 한계, 상호성, 허용, 친밀관계(rapport), 존중, 감수성, 이해. 브래머와 쇼스트롬은 관계를 파악하기 위한 수단으로서 연속체(continnum)를 제안했다. 이 연구자들에게 관계는 (1) 독특성과 공통성, (2) 객관성과 주관성, (3) 인식할 수 있는 감정과 내포되어 있는 감정, (4) 모호성과 명료성, (5) 책임성과 무책임성 사이의 균형으로 서술된다.19)

 이상적인 치료적 관계에 대한 피들러의 경험적 연구는 이 점에 있어서는 아마도 다른 어떤 연구보다 더 많은 정보를 제공해 주는 것일 것이다. 그가 발견한 두 극단은 아래에 열거되었다. 치료적 관계를 가장 잘 보여주는 특성으로 평가되는 진술들은 다음과 같다.

1. 공감적 관계가 존재한다.
2. 치료사와 내담자가 관계를 잘 형성한다.
3. 치료사는 내담자의 문제들에 전념한다.
4. 내담자는 그들이 원하는 것을 말하는 것을 자유롭게 느낀다.
5. 상호 신뢰와 비밀 보장의 분위기가 존재한다.
6. 친밀관계(rapport)가 뛰어나다.
7. 내담자가 적극적인 역할을 맡는다.
8. 치료사는 내담자가 스스로 자유롭게 선택할 수 있도록 한다.
9. 치료사는 내담자가 표현하는 모든 감정을 온전히 정상적이고 이해할 수 있는 것으로 수용한다.
10. 관대한 분위기가 존재한다.
11. 치료사는 이해하고 있다.
12. 내담자는 대부분의 시간에 자신이 진정으로 이해받고 있다고 느낀다.
13. 치료사는 진정으로 내담자를 이해할 수 있다.
14. 치료사는 내담자의 감정들을 이해하려고 성실하게 노력한다.

이상적인 관계에 해당되지 않는 특성으로 평가되는 진술들은 다음과 같다.

1. 치료사가 처벌적이다.
2. 치료사가 내담자로 하여금 거절당했다고 느끼게 한다.
3. 치료사가 내담자를 전혀 존중하지 않는 것 같다.
4. 비인격적이고 냉정한 관계가 존재한다.
5. 치료사는 흔히 내담자를 치료사의 자리에 있게 한다.
6. 치료사가 내담자의 비위를 맞춘다.
7. 치료사가 내담자에게 그의 기술이나 지식으로 좋은 인상을 주려고 애쓴다.
8. 치료사가 내담자를 아이처럼 취급한다.[20]

베커는 목회자들과 치료사들이 치료적 관계를 기술하기 위해서 같은 항목들을 추려내었을 때 그가 받은 자료에 기초해서 목회상담사들과 일반 치료사들은 관계라는 용어를 동일하게 이해하고 있다고 결론지었다. 그러나 목회상담사들은 그들의 종교적 지향을 분명히 표현한다. 이것은 목회상담 관계에 존재하는 부가적인 신학적 특성을 나타낸다. 이러한 관계에서 목회자와 내담자는 모두 하나님의 임재와 그분의 구속 능력을 알게 된다. 목회자들은 그들의 내담자들에 대한 태도와 반응에서 하나님의 수용과 용서를 전달한다. 그들은 도덕적 요인들을 인정하고 영적인 자원들을 활용한다.[21]

기능들

목회상담 관계의 기능들 가운데 많은 부분이 일반상담 관계의 기능들과 유사하다. 한 가지 기능은 사랑, 소속감, 안전감, 자존감 등과 같은 기본적인 대인관계상의 욕구들을 채워 주는 것이다. 이러한 것들이 부족하면 내담자에게 불안이 생겨난다. 관계 안에서 이러한 욕구들이 충족되기 시작할 때 내담자는 상담자를 신뢰할 수 있다. 심리치료사 윌리엄 숀필드(William Schonfield)는 "정서적으로 장애가 있는 사람에게 성공적인 치료를 위한 더 이상 축소할 수 없는 최소한의 요구사항은 다른 사람을 수용해 주고, 이해해 주고, 도와주는 치료적 관계를 제공하는 것이다" [22]라고 하였다.

신뢰할 수 있는 치료적 관계는 대인관계 학습을 위한 뛰어난 환경을 제공한다. 내담자들은 방어적이거나 불안하게 되지 않으면서 개인의 욕구들과 감정들을 인식하는 것을 배우고, 그렇게 함으로써 그들 자신에 대한 통찰을 얻는다. 상담자와의 이러한 관계에서 내담자는 개인적인 목표들을 확장할 수 있을 뿐만 아니라 새로운 사회적 기술들과 가치들을 배울 수 있다. 예를 들어 내담자는 하나님이나 목회자, 성경, 교회 혹은 신학에 대해 이전에 가지고 있던 어떤 생각들을 버리고 다시 배울 필요가 있을 수 있다.

치료적 관계의 또 다른 기능은 내담자에게 이전에 상처가 되었던 상황에 대해 새로운 반응 양식들을 개발할 수 있는 기회를 주는 모델을 제공하는 것이다. 상담자-내담자 관계에서 내담자는 자신의 특징적인 대인관계 행동을 재현하거나 재활성화하고, 이것은 건설적인 행동과 반응 양식을 검증할 수 있는 무대 혹은 실험장을 제공한다. 그러면 그 관계는 치료 밖의 상황에서 건강한 인간관계를 위한 하나의 양식이나 지침이 될 수 있다.

상담 관계의 즉각적인 기능은 한 사람의 자아나 자기, 혹은 의식적인 의지와 이상을 강화시키는 것이다. 그 과정에서 상담자들은 그들의 내담자들에게서 우유부단함이 다양한 형태의 방어들을 초래하는 것과 그 약점으로 인해 갈등으로부터 벗어나려고 시도하는 것을 보게 될 것이다. 관계는 신뢰하는 사람이 그러한 것들을 직면할 수 있도록 적절한 상황과 태도, 도움을 제공한다. 이리하여 상담자는 하나님이 모든 사람을 사랑한다는 사실을 전달하려 하게 되고, 그렇게 함으로써 내담자들이 자유롭게 선택하도록 하고 그들의 선택을 존중해 준다.

관계는 충분한 격려와 지지를 제공해서 내담자들이 그들 자신을 직면하고 상담자의 해석과 통찰을 다룰 수 있도록 도와준다. 목회상담에서는 상담자들이 내담자로 하여금 그들 자신을 이해하도록 도와주거나 그들을 통찰을 향해 자극하려고 할 때 종종 관계 그 자체가 대화의 주제가 된다. 예를 들어, 나는 한 내담자에게 이렇게 말했다. "제가 생각하기에 부인께서는 남편을 주도하려고 하는 경향이 있습니다. 왜냐하면 부인께서 심지어 제가 무엇인가 말하려고 할 때조차도 계속해서 말씀을 하셔서 지속적으로 저를 주도하려고 하기 때문입니다."

일반화(generalization)는 상담에서 총체적인 기능적 목표다. 내담자들은 상담 관계에서 그들의 새로운 행동양식을 상담 상황 밖에 있는 사람들에게 일반화시키는 법을 배운다. 관계 안에서 내담자들은 보다 적절한 정서적 반응들을 배우고, 그것을 다시 그들의 다른 관계에서 외면화한다. 한 고등학생은 그의 목회상담 집단에서 "여러분이 알다시피 제가 이 집단에서 배웠던 것들 가운데 어떤 것은 내가 학교에서 친구들과 좀더 사이좋게 지내는 데 도움이 되었습니다"라고 하였다.

그러나 목회상담에는 그것만의 독특한 종교적 지향이 있고, 이 사실은 관계의 기능들에 관한 공통적인 개념들을 초월한다. 베커는 "목회상담 관계의 일차적인 기능은 하나님이 인간에게 베푸는 관계를 모델로 하는 관계 속에서 하나님의 구속 행위에 대해 인식하도록 하고 수용과 용서를 전달하는 것이다"[23)라고 하였다.

관계 중심 목회상담사

목회상담 관계의 질은 많은 부분이 자연스럽게 개별적인 목회상담사들과 그들의 기술에 달려 있다. 하워드 클라인벨(Howard Clinebell)은 목회자들을 "자연스러운 관계상담사들"[24]이라고 하였다. 상담 사역은 단순히 가르치거나 기술을 사용하는 것 이상의 것이다. 상담사가 내담자와 진리에 대해 토론할 때 그 진리는 관계 속에서 구체화되어야만 한다. 그리스도의 삶은 그의 말에 의미를 부여했다. 관계 중심의 목회상담사도 마찬가지다.

인격

목회상담사들의 사회적 역할과 인격은 그러한 상담사와 자신들의 문제를 논의할 수 있다고 느끼는 사람들에게 매력을 느끼게 한다. 만약 목회상담사의 인격에 대해 일종의 분석이 이뤄질 수 있다면 다음과 같은 요소들이 발견될 수 있을 것이다: 영적이고 신체적인 생명력과 능력, 품위와 균형, 낙관주의, 신뢰감 그리고 통제력. 심리학 문헌에서 가장 공통적으로 언급되는 특성들은 다음과 같다. (1) 심리학적인 과업에 대한 동기, (2) 적절한 자기조정, (3) 내담자들의 욕구들에 대한 방향감각, (4) 적절한 사회적 적응, (5) 지적인 유능함, (6) 정직 그리고 (7) 치료 능력.[25]

목회상담사들에게는 적절한 자기-인식(self-knowledge)이 있어야만 한다. 유능하기 위해서 그들은 그들 자신의 삶의 문제들을 마땅히 해결했어야만 하거나, 적어도 그것들이 적극적으로 경청하는 능력에 방해가 되는 것을 피하기 위해서 그것들에 대해 충분히 인식해야만 한다. 사도 바울은 이렇게 말했다. "형제들아 사람이 만일 무슨 범죄한 일이 드러나거든 신령한 너희는 온유한 심령으로 그러한 자를 바로잡고 네 자신을 돌아보아 너도 시험을 받을까 두려워하라"(갈 6:1). 대부분의 상담사들은 이러한 수준의 자기-인식에 이르기 위해서 개인 상담의 기간을 거칠 필요가 있을 것이다.

한 경험적 연구를 통해서 잘 적응하지 못하고 능력이 불충분한 상담사들은 내담자들이 이 상담사들을 모델 삼아 맞추도록 유도하는 경향이 있음이 밝혀졌다. 반대로 치료사들이 잘 적응하고 능력이 있다면 내담자들이 치료에서 그들의 치료사들로부터 독립적인 적응을 성취하는 것으로 드러났다.[26] 잘 적응한 목회 심리치료사 지망생들은 내담자로서 도움을 받아 보는 경험을 해야만 한다. 미국목회상담협회(the American Association of Pastoral Counselors)는 이 경험을 모든 회원들에게 권하고 있다.[27]

전문적인 상담사는 인간의 본질에 대해 이해하고 전문적인 상담 기술을 숙달할 것이다. 유명한 저자인 얄롬(Yalom)은 "'관계가 치유한다'는 격언은 치료사가 배워야만 하는 단 하나의 가장 중요한 교훈이다"[28]라고 하였다. 또한 인간의 행동과 그것을 결정하는 신체적, 사회적, 심리적 요인들에 대한 전반적인 지식이 필요하다. 이러한 교과과정의 중요한 내용에는 다음의 것들이 포함되어야만 한다.

- 종교적 토대들
- 인간의 성장과 발달
- 사회, 문화, 인종, 성적 토대들
- 부적응 행동과 정신병리
- 개인에 대한 평가와 진단
- 부부 및 가족 치료
- 상담 이론들과 기법들
- 목회상담 이론들과 기법들

- 집단 역학 및 상담
- 물질 중독
- 상담가의 전문적, 윤리적, 법적 책임들
- 생활방식과 진로 발달
- 연구 조사와 평가
- 실습 및 인턴십

이러한 지식은 대학원 공부와 임상목회 교육(clinical pastoral education), 상담 지도를 통해서 축적될 수 있다. 목회 심리치료사들은 다른 심리치료사들과 같은 지식과 기술의 자원들을 숙달해야만 한다. 그들은 인격을 배우는 학생들로서 다른 치료사들만큼 기민해야만 한다. 이러한 공부 과정을 통해서 상담학 석사를 취득하고 적절한 지도 감독(supervision)과 경험을 쌓게 되면 그 사람은 전문적인 상담가로서 인가받을 수 있는 자격을 얻게 된다.

물론 목회상담사들은 "하나님의 사람들"이다. 그들은 변명의 여지없이 기독교 공동체의 일원이다. 목회상담 관계의 목적은 일반적인 의미에서 성례전적이다. 모든 목회상담사들은 실재가 이 세상을 초월하는 것이라 할지라도 그것을 분별하는 데 관심이 있다. 그들은 기능이 신학에 의해 형성되는 전통을 지지한다. 그들은 모든 사람들에게 하나님과 이웃에 대한 사랑을 증진시키는 일에 헌신한다.

목회상담사들은 사람들과 관계를 맺고 상담 관계의 요소들을 분별할 수 있는 탁월한 능력을 필요로 한다. 캐롤 와이즈(Carroll Wise)는 두 가지 이유 때문에 목회사들이 관계에 대해 생각하기 어렵다고 하였다. (1) 관계는 무형으로 존재하고, (2) 관계에 대해 생각하는 것은 목회자들이 그들 자신의 감정과 태도에 대해 생각하도록 한다. 또한 와이즈는 관계를 지배하는 원리들을 안다고 해서 그러한 관계를 형성할 수 있는 능력이 보장되는 것은 아니라고 경고하였다. 어떤 사람은 그러한 원리들을 지적으로는 이해하지만 자신의 인격의 역동을 인식하지 못함으로 인해서 전혀 다른 관계를 형성하는 자기 자신을 발견할 수 있다.[29] 자격이 있는 사람의 수퍼비전은 이러한 문제를 해결하는 데 도움을 준다. 에드가 잭슨(Edgar N. Jackson)은 다음과 같이 간명하게 말했다. "자기 안의 올바른 관계는 모든 다른 관계들을 위해 필수적인 것이다."[30]

관계의 원리들을 따라 살 수 있는 상담가의 능력은 자신의 삶 속에서 분명하게 나타나야만 한다. 동일한 내담자들을 다루었던 두 정신과 의사의 경험적인 연구는 자신의 동료들이나 직원들과 더 좋은 관계를 형성했던 의사(그들에게 더욱 관대하고, 존중하고, 지지적이고, 자신 있는 것으로 기술된)가 다른 의사보다 그의 내담자들과 더 좋은 치료적 관계를 형성했음을 보여주었다.[31]

또한 상담하는 목회자들에게는 의사소통 능력이 있어야 한다. 베커는 그의 연구에서 다음과 같은 결론에 이르렀다.

1. 의사소통은 심리치료 관계에서처럼 목회상담 관계에서도 가장 중요한 요소이다.
2. 의사소통은 상담뿐만 아니라 어쩌면 모든 목회 사역에 있어서 목회자의 역할의 핵심으로 드러난다.
3. 목회상담에서 의사소통은 비언어적인 부분이 있지만, 심리치료에서보다는 언어적인 것이 좀더 강조된다.
4. 통찰은 심리치료에서보다는 목회상담에서 좀더 강조된다.

5. 목회상담에서 적절한 의사소통은 일차적으로 목회자 자신의 책임이다. 그는 적절한 의사소통이 이뤄질 수 있는 관계를 형성해야만 한다.
6. 삶의 다른 국면들도 동시에 의사소통되어야 하겠지만 의사소통의 내용은 이상적으로는 언어적인 수준뿐만 아니라 비언어적인 수준에서 관계 안에서 하나님의 수용과 용서를 전달하는 것과 하나님의 임재를 인식하는 것을 포함하는 종교적 본질에 관한 것이다.[32]

태도들

로저스에 따르면 "상담가의 필수적인 자격은 지적인 것보다는 태도와 정서, 통찰의 영역에 일차적으로 있다."[33] 많은 태도들이 관계 중심 목회상담을 위해 필수적이다. 그러나 이것들은 이 책의 다른 곳에서 다뤄졌고 또한 다른 저자들에 의해 충분히 다뤄졌기 때문에 여기에서는 그것들을 단지 열거하려고 한다.

- 공감(다른 사람의 감정에 대한 감수성)
- 관대함(내담자들이 그들 자신이 되고 그들의 생각을 말하도록 허용하는 것)
- 수용(무조건적인 긍정적 존중)
- 유연성(경직된 체계나 기술에 의존하지 않으려는 것)
- 자발성(진정한 감정들을 즉각적으로 표현하는 것)
- 구체성(지레짐작이 아니라 세부적인 내용들을 사용하는 것)
- 직면(말과 행동 사이의 모순을 특별히 언급하는 것)
- 자기 노출(내담사의 경험이나 감정과 유사한 것들을 드러내는 것)

제롬 프랭크(Jerome D. Frank)에 의하면 사람들은 그들이 치료 중에 있다는 사실을 알 때 그것이 어떤 다른 이름으로 위장될 때보다 더 치료 과정에서 잘 한다. 만약 그들의 치료사들이 그들의 능력과 체계나 기술에 대해 확신하고 있다면 그들은 더 많은 도움을 받는다. 또한 그들은 그들의 치료사들이 치료의 좋은 결과에 대해 확신하고 있고 그들에게 도움을 받을 수 있다고 확실히 말할 때 더욱 잘 한다.[34]

거의 모든 상담가들이 적절한 자기 탐색, 감정의 인식, 표현의 자유, 인격 발달과 같은 것에 대해 지지를 표현하면서 가치 판단을 내담자들에게 넘긴다. 치료사가 아무런 의견이나 신념, 태도도 없는 도덕이나 문화와 무관한 체하는 것은 불필요하다.[35] 사실 한 심리학자는 놀랍게도 그녀의 가설과는 반대로 "상담가가 좀더 판단적인 것으로 생각될 때 내담자가 감정에 대해 더 많이 토론한다"[36]는 사실을 발견하였다.

실제로 평가(evaluation)는 치료 과정의 핵심이라고 할 수 있다. 왜냐하면 치료는 개별적인 내담자들이 그들 자신과 그들의 세계에 대해 새롭게 평가하게 될 때 일어나기 때문이다. 만약 이 내담자들이 관계에서 판단을 받고 있지만 그럼에도 불구하고 수용될 수 있음을 경험하지 못한다면, 그들은 수용이 진정한 것인지 아니면 단지 묵과하고 짐짓 친절하게 대하는 것인지 의아하게 여길 수 있다.

목회자인 브리스터(C. W. Brister)에 의하면, 특히 교회의 목사들은 사람들이 그들 자신의 역량에 맞게 성장하도록 허용하고 하나님에 대한 그들 자신의 신앙을 확언하면서도 흔히 권위적인 인물이 되고 싶은 욕구와 융통성 있는 사람이 되어야 하는 필요성 사이에서 양극적인 긴장을 느낀다.[37] 로저스는 "인간 상호간의 의사소통을 가로막는 주요 장애는 다른 사람의 말에 대해 판단하려는 우리의 자연스러운 경향이다"[38]라고 제안했다. 반대로 칼 메닝거(Karl Menninger)는 "어떤 분석가도 자신이 내담자가 할 수 있는 것에 대해 아무런 도덕적 입장도 취하지 않는 것처럼 해서는 안 된다"39)고 하였다.

확실히 관계 중심 목회상담사는 비난하는 태도를 보이는 것도 원하지 않고 조급하게 판단을 내리는 것도 원하지 않는다. 상담사는 내담자가 공상하거나 언급하거나 심지어 묵상하는 것에 대해서도 판단해서는 안 된다. 이럴 때 허용하는 것은 내담자가 그들의 문제들에 대한 해결책을 찾는 데 더 도움이 되는 것 같다. 현재의 관계를 강조하는 것은 단지 목회자들이 내담자들에게 기대하는 것처럼 그들의 참된 감정들에 대해 더욱 정직해야 함을 말하는 것이다. 하나님은 보통 자연스러운 인과율적 삶의 과정이라는 점에서 보면 실제로 판단하시는 분이다.

때때로 목회자들에게는 성령이 내담자의 중심에서 이미 역사하고 있는지를 알기 위해서 그들이 기다리지 못한다는 사실을 비난하려는 강한 욕구가 있다. 확신의 과정은 목회자가 아니라 성령의 역사다. 하나님이 주시는 확신은 목회자가 완전히 개인적인 판단을 피할 때 생겨날 수 있다.

관계를 형성하는 것에 대한 로저스의 생각을 간결하게 요약하는 것은 관계에서 목회상담사의 역할에 대한 적절한 결론적 요약이 된다.

- 나는 다른 사람에게 어느 정도 깊은 의미에서 신뢰할 수 있거나 의지할 수 있거나 혹은 일관성이 있는 것으로 인식될 수 있는가?
- 나는 인간으로서 충분히 표현하기 때문에 내가 누구인지 모호하지 않게 전달될 수 있는가?
- 나는 나 자신이 다른 사람을 향한 긍정적인 태도들―온정, 돌봄, 좋아함, 관심, 존중의 태도들―을 경험하도록 할 수 있는가?

- 나는 다른 사람에게서 분리될 수 있을 만큼 개인으로서 충분히 강한가?
- 나는 이러한 분리를 허용할 수 있을 만큼 내 자신 안에서 충분히 안전한가?
- 나는 나 자신에게 내담자의 감정과 개인적인 의미의 세계에 충분히 들어가서 이것들을 내담자가 보는 것처럼 보도록 할 수 있는가?
- 나는 내담자를 있는 그대로 받아들일 수 있는가? 나는 이러한 태도를 전달할 수 있는가?
- 나는 충분히 민감하게 행동함으로써 관계에서 나의 행동이 위협으로 받아들여지지 않도록 할 수 있는가?
- 나는 내담자를 외적인 평가의 위협으로부터 자유롭게 할 수 있는가?
- 나는 다른 사람을 형성 과정(process of becoming)에 있는 인간으로서 만날 수 있는가, 아니면 나는 내담자의 과거와 나의 과거에 묶여 있을 것인가?[40]

내담자와 환경

보통의 경우 사람들은 외적 혹은 내적 긴장이 지나치게 커져서 자존심을 버리고 행동하기로 결정하기 전까지는 도움을 구하려는 동기가 부여되지 않는다. 흔히 그들은 어떤 도움을 구해야 하고 어떤 전문가에게 찾아가야 할지 모른다. 어떤 형태이든 상담을 원했던 사람들의 거의 절반은 먼저 목회자를 찾아갔다.[41] 내담자들은 종종 다소 모호한 방식으로 그들의 목회자들을 찾아간다. 그들은 도움을 구하고 있지만 보통의 경우 무엇이 그들을 괴롭히는지 규정하지 않는다. 그들은 단지 그들이 정서적으로 괴로워하고 있음을 알 뿐이다.

의사 마르틴 보어하우스(Martin G. Vorhaus)는 다음과 같이 말했다.

> 어느 날엔가 누군가—당신이든, 나이든, 우리 가운데 누구이든—가 계속해서 그의 일을 하고, 그의 삶을 살면서 좋은 느낌을 가지고 있었다. 다음날 변화가 시작되었고, 빠르게 혹은 점진적으로 어떤 일이 일어나고, 혹은 일이나 느낌에서 무엇인가 달라졌다는 것에 대한 인식이 뚜렷해지고 변형이 일어났다. 한 사람이 환자로 변했다.42)

그러나 내담자의 형성 과정에 수반되는 변화는 아마도 보다 점진적이고 덜 격렬할 것이다. 점진적으로 그 사람의 내부 세계는 외부 세계보다 더 중요해졌고, 내담자는 정서적 문제들에 관해서 자기 탐구에 더욱더 많은 시간과 관심을 쏟았다.

마침내 목회자를 찾아온 내담자들에게는 의지하고 싶은 욕구, 무조건적인 수용과 이해에 대한 욕구, 고통스러운 느낌과 생각을 덜고 싶은 욕구, 협력적인 인간관계에 대한 욕구 등과 같은 어떤 욕구들이 있다. 웨인 오우츠는 상담을 위해 목회자들을 찾아오는 사람들을 7개의 다른 집단으로 분류하였다. (1) 종교적 의심이나 갈등을 가진 사람들, (2) 하나님의 용서를 구하는 사람들, (3) 그들의 치료를 위해 종교적인 차원을 추구하는 회복기의 정신과 환자들, (4) 일반 심리치료사들을 두려워하는 사람들, (5) 심리치료가 필요하지만 그것을 받을 수 있는 여유가 없는 사람들, (6) 치료가 필요한 것이 아니라 지지를 원하거나 필요로 하는 사람들 그리고 (7) 목회자들이 기적을 행하기를 바라는 사람들.43) 이러한 사람들은 개인의 문제와 부부간의 문제, 가족의 불화, 대인관계 부적응, 교육적인 혼란, 직업 결정상의 문제,

정신 신체적 장애, 노화의 문제를 포함하여 매우 다양한 문제들을 목회자에게 내어놓는다.

목회자가 상담에 할애해야 하는 시간의 양이 제한되어 있기 때문에 아마도 선택을 위한 지침들을 개관하는 것이 그들이 가장 잘 도와줄 수 있는 내담자를 선택하는 데 도움이 된다.

1. 신체적으로 건강이 양호하고 적절한 지적 능력이 있는 사람이 좋다.
2. 젊은 사람들은 책임져야 할 일이 그리 많지 않고 중대한 결정을 해야 할 일도 그리 많지 않기 때문에 그들이 더 낫다.
3. 좋은 결혼 배우자나 전망을 가진 사람들. 결혼한 사람들이 더 나은데, 왜냐하면 성적인 문제의 경우 그들은 공동체의 전반적인 승인을 얻어서 성적인 반응을 실행할 수 있기 때문이다.
4. 취업을 원하는 사람들이 선호되는데 그들은 진지하게 살기 때문이다.
5. 만약 장애가 배우지 못한 것이라면, 그것은 신체 기관의 장애가 아니라 기능적인 것임에 틀림없다.
6. 상담은 불가피하게 두려움을 일으키기 때문에 사람들은 치료에 대해 강하게 동기 부여가 되어 있어야만 한다.
7. 증상들이 강력하게 강화되면 될수록, 그것들은 더욱 제거하기 힘들어지고, 예후(豫後)는 더욱 안 좋아진다.
8. 개선으로 인해 내담자가 받게 될 개인적인 보상이 많으면 많을수록 예후는 더욱 좋아진다.
9. 언어를 사용하고 언어에 반응할 수 있는 최소한의 능력이 필요한데, 상담은 대화를 통해서 이뤄지기 때문이다.
10. 만약 내담자가 신경증의 기간보다 더 많은 기간 동안 잘 적응했었다

면 상담은 좀더 용이해진다.
11. 의심, 교만, 수동성과 같은 태도들은 상담을 방해한다.
12. 입원이나 감금의 필요성과 자살 가능성도 고려되어야만 한다.[44]

매우 깊게 관계를 연구했던 심리학자 윌리엄 슈나이더(William Snyder)는 내담자의 어떤 특성들은 치료 관계를 형성하는 데 도움이 되지만 어떤 특성들은 관계에 방해가 된다고 결론지었다. 그는 이러한 특성들을 다음과 같이 요약했다.

> 내담자의 바람직한 성격적 특성들에 관한 심리학 문헌의 개관은 인내, 친절, 개방성, 충분한 자아 강도, 인격적 통합이나 자기 이해, 적절한 지성, 창조성, 성실성 등과 같은 특성들에 대한 선호를 나타냈다. 열거된 바람직하지 않은 특성들은 적대감 혹은 공격성, 반항성, 불안, 성적 불안, 지배, 저항, 회피성, 의존성, 부적절감, 병리적 경향들이다.[45]

세 개의 범주들은 명백한 이유들로 목회상담 관계의 범위를 넘어선다. 소위 반사회적 성격을 가진 사람들은 내적으로는 상대적으로 만족하면서도 그들 자신의 잘못된 행동의 결과를 피하기 위해서 상담을 요구하거나 상담을 받게 된다. 정신질환이 있는 사람들은 목회자에 의해 인정이 되고 정신과 의사들에게 의뢰되어야만 한다. 신체 기관의 질병으로 인해 고통당하는 사람들은 외과의사에게 의뢰되어야만 한다.

치료적 관계에 대한 내담자의 시각은 상담자의 그것과는 사뭇 다른 것 같다. "성장하고 있는 한 연구 단체는 배경, 계급, 교육, 가치 측면에서의 적합성과 같은 요인들을 고려하면서 내담자와 심리치료사 사이의 관계에 대해 관심을 기울이고 있다."46) 내담자들은 처음에 그것을 의식하지 못할 수도 있지만, 그들은 허용적인 태도에 대해 반응한다. 상담 관계에서 그들은 종종 개인의 행동을 정당화하기 위한 습관적인 심리적 방어기제들이 그들에게 필요하지 않다는 사실을 발견한다. 결과적으로 이러한 내담자들은 어떤 경우에는 그들 인생에서 처음으로 진정한 그들 자신이 된다. 그들은 상담자와의 관계에서 그들의 욕구와 행동, 갈등과 선택, 과거의 양식들과 현재의 문제들을 좀더 정확하게 평가할 수 있다.

상담을 위해서 목회자를 찾아오기로 결정한 사람들은 목회자의 역할에 대해 기본적인 전제들을 가지고 있는 것 같다. 아마도 그들은 목회자들에 대해 사람들을 평가하고 그들에게 삶의 방식을 가르쳐 주려고 하는 전통의 일부분인 종교적인 사람들이라고 생각한다. 일반인들은 일반적으로 목사들이 무엇이 옳고 그른가에 대한 명확한 생각을 가지고 있다고 본다. 이러한 기대들은 중요하다. 왜냐하면 "모든 성공적인 치료적 관계의 토대는 치료사가 그에게 도움을 줄 수 있다는 내담자의 신앙이나 최소한의 희망이기 때문이다."47)

개별적인 내담자들은 목회자들을 그들의 개인적인 과거 경험에 따라 이해한다. 임상적인 연구들은 내담자들이 관계를 다음의 방식들 가운데 하나로 볼 수 있음을 보여준다.

- **하나님-성도 관계**. 치료사가 거의 신이나 신의 대리인으로 생각될 때 흔히 나타나는 전이의 유형이다.
- **부모-자녀 관계**. 어떤 내담자는 "나는 그분[정신과 의사]이 지혜롭게 나를 인도해 주고 내가 필요할 때 위로를 주는 온유한 아버지 같다는

생각이 들어요"라고 말함으로써 이러한 태도를 표현했다.
- **교사-학생 관계**. 많은 내담자들이 상담자의 지혜에 대해 과장되게 존경하고 그를 학자나 교사로 생각한다.
- **애정-대상 관계**. 특히 만약 상담사들이 적합한 애정의 대상이 될 정도로 충분히 매력적이라면 애정이나 성적 표현을 갈망하는 내담자들은 상담자들을 잠재적인 연인으로 볼 수 있다. 내담자들의 욕구는 순수한 우정에 대한 바람에서 성적인 친밀함에 대한 솔직한 요구까지 다양할 수 있다.
- **판사-피고 관계**. 죄책감을 가진 내담자들은 도덕주의를 상담 상황에 투사하는 경향이 있다. 내담자들은 그들이 자신들의 행위로 인해 재판을 받고 비난을 받고 있다고 느끼기 때문에 방어적인 반작용을 보인다.
- **경찰-범인 관계**. 상담자들은 법적 강제력이 있는 것으로 생각되고 그래서 두려움의 대상이 된다. 이러한 관계는 심리학자가 훈육의 기능을 맡거나 조정 행정에 관계가 있는 모든 상황에서 발달한다.
- **의사-환자 관계**. 이상적으로 내담자들은 상담자들을 때와 장소에 맞는 가장 뛰어난 능력으로 문제를 해결해 주는 친근한 전문가로 생각한다.[48]

내담자가 상담자를 어떻게 보는가는 치료의 효과에 강한 영향을 미친다. 한 경험적 연구에서 내담자들은 정신분석 치료사나, 애들러학파의 치료사, 내담자-중심 치료사를 만났는데, 그들은 치료에 도움이 되는 주요 요인들에 동의하였다. 그들은 다음에 나오는 관계의 측면들이 그들에게서 일어나는 변화들의 원인이 되었다고 하였다: 그들이 치료사에게서 느끼는 신뢰감, 치료사의 이해, 그들이 독립적으로 선택하고 결정한다는 느낌. 그들이 가장 유익이 되는 것으로 발견한 치료사의 치료 절차는 내담자가 막연하게 머뭇거리면서 접근했던 감정들을 명료하게 해주는 것이었다.[49] 때때로 내담자들은 사전 통지도 없이 갑자기 상담을 그만둔다. 이것은 대개 상담자들을 난처하게 한다. 내담자의 퇴행의 원인에는 다음과 같은 것들이 있다.

- **증상의 경감**. 많은 내담자들이 증상이 경감되면 치료가 성공적이라고 느낀다. 첫 번째 면담 후에 내담자들이 전화를 해서 그들이 너무 좋아졌다고 느끼기 때문에 두 번째 방문을 계획하는 것이 필요하지 않을 것이라고 말하는 것은 흔히 있는 일이다. 내담자들의 문제가 전혀 다뤄지지 않았다 할지라도 그들은 이것을 이해하지 못한다.
- **친밀관계의 실패**. 만약 충분한 친밀관계(rapport)가 발달하기 전에 치료 과정이 너무 고통스럽다면, 혹은 그들이 상담자의 신뢰를 전혀 얻지 못한다면, 내담자들은 돌아오지 않을 수 있다.
- **지시의 세련되지 못한 형태**. 일반적으로 내담자들은 무엇이 진행되고 있는지에 대해 이해해야만 한다. 그렇지 않으면 그들은 충분한 신뢰를 발달시키지 못해서 치료를 계속 할 수 없을 것이다.
- **전이를 적절하게 다루지 못함**. 만약 상담자가 나타나고 있는 전이를 이해하지 못한다면, 그것은 잘못 다루어져서 심각한 결과를 초래할 수도 있다.
- **재정상의 문제**. 어떤 내담자들은 치료비를 준비하는 것에 대해 너무 걱정을 하게 되어서 계속하는 것을 견딜 수 없다.
- **통제할 수 없는 환경적 요인들**. 취업이나 학교 배치, 결혼 상황, 주거와 같은 문제들에 변화가 생기면 내담자들이 계속 하는 것이 어렵거나 불

가능해질 수 있다.
- **저항**. 내담자들은 그들의 신경증적인 삶의 방식을 방어하기 위해 저항을 드러냄으로써 퇴행하거나 협력하는 것을 거부할 수 있다. 가장 큰 저항은 중요한 콤플렉스가 막 드러나려고 하는 결정적인 순간에 나타날 수 있다.50)

내담자가 도움을 구하는 환경(setting)과 상담자가 목회자라는 그들의 인식은 목회상담 관계에서 중요한 요인들이다. 오우츠는 "목회자들은 권위주의적인 사회적 환경과 허용적인 환경에서 활동한다"51)고 하였다. 목회자들과 그들이 전통적으로 나타내는 가치들은 권위주의적인 것으로 남아 있지만, 그들의 내담자와의 관계는 허용적인 것이다. 에드가 잭슨은 "내담자는 이미 자신의 존재 가치를 세워 준 분위기에서 자기 수용에 대한 욕구와 함께 자기 자신을 드러낸다. 그는 종교적인 공동체에서 사람들이 그들 자신을 믿을 수 있도록 도와주기 위해서 사람을 믿어 주는 목회자들로부터 그것을 구한다"52)고 하였다.

교회 건물은 종종 목회상담이 이뤄지는 자연스러운 공간이다. 시설이 지방에 위치하고 있는지 혹은 도시에 위치하고 있는지는 상담에서 많은 차이를 가져온다. 도시 목회자들의 상담 사역은 그들이 자문을 구할 수 있거나 의뢰할 수 있는 근접한 전문 치료사들에 의해 유지될 수 있다. 그러나 지방 목회자들은 흔히 수 마일 안에서 전문적인 훈련을 받은 유일한 사람들이다.

교회 건물을 상담 환경으로 사용하는 것은 현대 목회상담 운동 그 자체만큼이나 오래된 것 같다. 역사적으로 목회자들은 심방을 하면서 교인들의 가정에서 그들을 상담하였다. 일반적으로 목회자들은 아마도 교회 건물에서 상담을 하는 것만큼이나 사택이나 병원에서도 많은 상담을 할 것이다. 목회 심리치료사들은 대개 목회상담 센터에서 상담을 하고, 기관목사들은 군대의 다양한 환경에서뿐만 아니라 매우 다양한 기관에서 상담을 한다.[53] 이 모든 상담을 "목회적" 이게 하는 것은 상담자들의 사회적 역할과 그들의 신학적 지향, 상담에 있어서 그들의 목표들과 함께 목회자로서 그들의 개인적인 정체성이다. 힐트너는 다음과 같이 설명했다.

> 목회상담의 목적은 어떤 의미에서 교회 그 자체의 목적과 동일하다. 즉 사람들을 그리스도에게 또는 기독교인들과의 사귐으로 이끌어 그들이 죄를 깨닫고 회개하며 하나님의 자유로운 선물인 구원을 받아들이도록 도와주고, 또 그들이 형제의 사귐과 사랑을 가지고 친구와 함께 살아가도록 도와주며, 이전의 의심과 불안 대신에 신앙과 확신을 가지고 행동할 수 있게 하며, 불화가 지배하던 곳에 평화를 가져오는 일을 목적으로 하는 것이다.[54]

『목회상담의 맥락』(The Context of Pastoral Counseling)에서 힐트너와 콜스톤은 다른 조건들이 거의 같다면 목회자로부터 상담의 도움을 얻으려는 사람들은 같은 양의 시간에 대학 상담 센터에서 도움을 얻으려는 비슷한 사람들보다 조금 더 많이 그리고 더 빠르게 진행되는 경향이 있다고 하였다.

아마도 성령의 거룩한 임재와 인도, 내담자들의 호의적인 기대들, 그리고 기독교 사역자의 정체성과 역할, 목표들이 차이를 가져오는 것 같다.

PART 2

목회상담에서
관계가 어떻게 사용되는가?

성격은 상담사와 내담자 사이의 치료적 관계에 의해 변화된다. 관계를 증진시켜 주는 상담사의 많은 활동들이 심리치료 분야의 다양한 저자들에 의해 선택되었다. 이러한 활동들은 목회상담에도 적용될 수 있고 그렇게 함으로써 목회자들이 내담자들과 좀더 유익한 상담 관계를 촉진하도록 도움을 줄 수 있다.

오토 랑크(Otto Rank)는 상담사들이 기술보다는 치료적 역할을 개발하는 데 집중하는 것을 더 잘한다고 주장하였다.[1] 목회자들은 하나님의 사람으로서 그들의 역할에서 내담자들이 그들의 개인적 가치를 하나님의 시각으로 이해하도록 도와줄 수 있다. 많은 내담자들이 목회자들이 그들에게 보여주는 존중과 관심, 그리스도의 사랑을 인식함으로써 하나님의 사랑에 대해 무엇인가를 알게 된다.

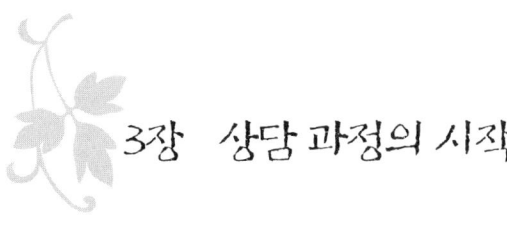
3장 상담 과정의 시작

약속을 하고 그것을 지키는 것은 관계에 중요한 것이다. 목회자들이 약속을 잡을 때 그것은 이 목회적 대화에 특별한 성격이 있을 것임을 암시하는 것이다. 사람들이 예배 후 교회를 떠날 때나 주간의 우연한 만남에서 목회자와 토론하기 위해서 진지한 문제들을 제기하는 것은 흔히 있는 일이다. 사람들에게 심각한 문제들은 집중해서 생각할 필요가 있음을 재치 있게 상기시키는 목회자들은 대개 약속을 잡을 수 있다.

목회자는 내담자가 높은 동기를 가지고 있고 그 필요성이 드러났을 때 가능한 한 곧 약속을 잡아야만 한다. 전화로 요청이 왔을 때 목회자들은 얼마나 급박한지를 분별할 필요가 있다. 어떤 사람의 배우자나 가족에게 말을 해 달라고 요청받은 목회자들은 요청한 사람과 먼저 얘기하기 위해서 약속을 하는 것이 좋을 것이다.

상담실의 물리적인 배치와 비품들은 관계에 영향을 줄 수 있다. 예를 들어, 목회자가 책상 뒤에 앉는가? 목회자는 상담 환경에 권위주의적인 분위기를 조성하는 많은 증서들과 자격증들, 전문서적들, 대가들의 그림들 그리고 다른 장식물들을 진열해야만 하는가?

물론 목회자들은 공동체에서 권위를 가진 인물로서 그들의 지위를 알고 있다. 이것은 부정될 수 없다. 사실 성경이나 십자가, 예수의 그림과 같은 종교적인 상징들을 사용하는 것은 내담자에게 자기 자신을 드러내는 데 이로울 수 있다. 하지만 아무리 그들의 역할이 권위적이라고 할지라도 목회자들은 내담자들에게 그들 자신을 권위주의적인 사람으로 투사하는 것을 최소화하려고 노력해야만 한다.

친밀관계의 형성

친밀관계(rapport)는 "공통의 목표들에 대한 상호 이해와 관심의 상태로 정의되었다. 친밀관계 기술의 중요한 목적은 관계의 다리를 세우는 것이다."[1] 두 사람의 주요 관심사와 목표가 일치할 때, 그들은 마음이 맞았다고 얘기된다. 상담자들은 그들이 내담자들에게 그들의 호의를 확신시키고 그들의 신뢰를 얻었다고 느낄 때 내담자들과 좋은 친밀관계를 형성했다고 말할 수 있다. 캐롤 와이즈(Carroll Wise)는 "만약 한 사람이 다른 사람에게 안전하고 신뢰할 수 있다는 느낌을 갖지 못한다면, 그 사람은 그의 삶의 심층적이고 본질적인 측면들을 다른 사람과 나눌 수 없다"[2]고 하였다. 그러나 상담에서 친밀관계가 초기에 쉽게 형성될 수 있다고 생각하는 것은 옳지 않다.

친밀관계를 상담 과정의 초기에 먼저 이뤄져야만 하는 "어떤 것"으로 보는 개념이 있는 것 같다. 결과적으로 상담자들은 상담이 시작될 수 있도록 하기 위해서 친밀관계를 형성하기 위해 고안된 방책들을 얻으려고 의도적으로 혹은 비의도적으로 애쓸 것이다. 친밀관계는 상담 관계가 가지는 상호성(mutuality)의 한 측면이다. 그것은 관계로부터 서서히 발달하는 것이다. **그것은 먼저 형성될 수 있는 어떤 것이 아니다.**[3]

내담자들이 상담실에 도착했을 때 상담자들이 내담자들을 허물없이 맞이하는 태도는 상담 관계에서 친밀관계에 영향을 미친다. 일반적으로 내담자들은 마치 상담자의 집으로 초대받은 듯이 환영을 받아야만 한다. 상담자들은 그들에게 진심 어린 환영을 베풀고, 따뜻한 악수를 나눠야만 하고, 이름을 생각해내야만 하고, 그들을 기다렸다고 말해야 하고, 자리에 편안히 앉으라고 권해야만 한다. 인사는 비서가 할 수도 있지만 상담자가 다시 할 수도 있다. 이것들이 중요하지 않은 것처럼 보일 수도 있지만 그렇지 않다. 예를 들면, 언젠가 한 내담자가 나에게 왜 그 사람의 이름을 그토록 좀처럼 불러 주지 않는지 물었다.

그러나 목회자는 인사를 지나치게 하거나 의도된 것보다 더 많이 하려고 하지 않도록 조심해야만 한다.

상담자가 환영을 길게 하고, 불쑥 부적절한 대화를 하고, 고정된 절차로 친밀관계를 형성하려고 하고, 다소 평가적인 의견들을 즉각적으로 드러내고, 그의 전문적인 자격 사항들을 나열하고, 자주 내담자를 중단시키기 때문에, 종종 내담자는 그의 어려움들을 표현하는 데 방해를 받거나 실망하게 된다.[4]

상담하는 목회자는 대개 위기로 인해 첫 번째 면담이 재촉된다는 점과 내담자들은 상담자들과 처음으로 얼굴을 대할 때 어느 정도의 불안을 경험할 것이라는 점을 염두에 두어야만 한다. 정말로 상담을 원하는 사람들은 거의 없다. 그것은 사람들이 삶의 상황을 극복할 수 없는 무능력을 인정하는 위협적인 경험이다. 그것은 도움을 구하는 것이다. 내담자들은 만약 그들이 "목회자를 만나고 있다"는 사실을 자신들의 친구들이 알게 된다면 사회적인 낙인이 찍힐 것에 대해 두려워할 수 있다. 어떤 정당한 수단으로든 공개적으로 상황적인 불안을 인정하고 토론하는 것이 적절하고 내담자의 불편함을 많이 완화시켜 줄 것이다.

  첫 번째 면담 초기에 목회자는 내담자가 자진하여 왔는지 아니면 부모나 배우자, 판사 혹은 교인의 강요로 왔는지 확인해야만 한다. 어떤 사람들은 자신들을 인정해 주기를 몹시 원하는 누군가의 강요로 인해 목회자를 찾는다. 목회자는 억지로 온 사람과 있기 때문에 마지못해 하는 내담자가 상담에 대한 개인적인 필요를 느낄 수 있는 분위기를 조성해야 하는 어려움을 안게 된다. 강압은 인식되어야만 한다. 내담자에게는 원한다면 강압에 대해 토론하거나 혹은 다른 주제들을 다루면서 약속된 시간이 다 가도록 그대로 있을 기회를 줄 필요가 있다. 어떤 방식이든지 내담자들은 그들 스스로가 기꺼이 도움을 구하려고 할 때 목회자들이 그들을 기꺼이 도와주려고 애쓰고 있음을 이해하게 될 것이다.

  롤로 메이(Rollo May)에 의하면 친밀관계는 각 사람이 상담 상황에서 편하게 있는가에 달려 있다. 내담자들이 편하게 있도록 도와줄 수 있는 가장 좋은 방법은 상담사가 편하게 있으면서 그것을 보여주는 것이다. 상담사들은 불안한 매너리즘에 빠지지 말고 편하게 앉아 있어야만 한다. 내담자들을 향한 그들의 태도에서 그들은 감수성과 강건함의 균형을 이뤄야 한다.

결국 목회자들은 경직된 전문가적 태도를 피해야만 한다. 이것은 친밀관계 형성에 중요한 장벽이다.5)

  법적으로 목회상담사는 정확한 기록을 남겨야 한다. 상담 사역의 초기 몇 년 동안 나는 면담 중에 기록을 하지 않으려고 했다. 나는 이러한 행동이 친밀관계를 방해할 것이라고 확실하게 느꼈다. 그러나 나의 상담 작업량이 증가하면서, 상담 시간들 사이에 혹은 그날의 마지막에 기록하는 것은 더욱 부담스럽고 덜 정확해졌다. 나는 필사적으로 내담자가 있는 상황에서 기록하기 시작했다. 내담자들은 내가 기록하는 것을 허락하는 데 별 어려움을 느끼지 않았다. 사실 새로운 절차로 인해 나는 그들에게 기록을 하고 있음을 알려 주고 그렇게 함으로써 윤리에 대한 어떤 가능한 문제들이 해결되었다. 그리고 나는 실제로 내가 좀더 주의하여 경청한다는 사실을 알게 되었다. 또한 내가 기록을 남기는 것은 내담자들에게 그들이 말할 때 그 누구도 기록했던 사람이 없었기 때문에 이러한 대화들이 우리의 특별한 상담 관계의 일부분이라는 사실을 분명히 해주었다. 내가 문제 중심의 기록 체계를 발견하기 전까지 나의 차트는 썩 잘 구성되지는 않았다. 나는 그것을 모든 목회상담사들에게 추천했다.6) 11장에서 이 기록 방법이 설명되고 있다.

  드물게 내담자가 비밀 보장의 이유로 무엇이든 기록하지 말 것을 요청할 것이고 그러한 요청을 존중해 주는 것은 아무런 문제가 없다. 만약 내담자들이 내가 기록하는 것에 대해 궁금해 하면, 나는 그들에게 그 기록지를 읽어 보라고 한다. 그러면 어떤 사람은 우리가 다음 약속을 잡는 동안 내가 기록한 것을 읽어 보는 습관을 가지게 된다. 또 다른 경우 내담자는 대개 사실을 언급했던 것들과 관련해서 수정을 제안하기도 한다.

  목회상담을 위해 오는 사람들은 때때로 "종교적인" 문제로 시작한다. 그들의 처음 질문들은 성경이나 신학과 관계가 있는 것일 수 있다. 이러한 질문들은 때때로 진정한 것일 수 있지만, 때로는 표면적이고 좀더 깊고 심각한 장애들을 숨기려는 노력의 일환으로 사용된다. 그런 사람들은 목회자들이 그들의 깊은 욕구에 어떻게 반응할지에 대해 확신하지 못하기 때문에 진짜 주제를 다루기 전에 목회자의 반응을 검증하기 위해서 소위 종교적 문제를 제기한다. 목회자들이 인내와 이해심을 갖고 기다리고 경청해 줄 때 내담자들은 대개 깊은 문제들이나 혼란스러운 삶의 양식에 대해 설명하려고 한다.

목회적 평가

전문직 가운데 목회자들만큼 다양한 욕구들을 채워 주도록 요구받는 사람들은 없을 것이다. 그러므로 목회자들은 의사들처럼 때로는 진단을 수행해야 하는 책임을 진다.[7] 목회자는 제기된 모든 문제를 해결하기 위해서 너무나도 자주 삼중의 처방에 의존했다. "성경을 읽고, 기도하시고, 교회에 나가세요." 이 처방은 어떤 사람에게는 유용한 것으로 검증되었지만, 분명히 그것이 무차별적으로 제시되었던 모든 사람들에게 유용한 것으로 검증되지는 않았다. 의학에서 돌팔이 의사는 진단도 없이 만병통치약을 처방해주는 사람이다. 이것은 어떤 목회상담가들에게도 해당될 수 있다. 한 나라의 목회자들과 정신과 의사들의 표본 추출을 통해서 이뤄진 진단에 대한 비교 연구에서 한 정신과 의사는 두 전문직의 판단 사이에 두드러진 불일치가 있음을 보고하였다.[8]

목회자요 정신과 의사로서 훈련을 받은 에드가 드레이퍼(Edgar Draper)는 목회자들이 진단 절차를 활용하도록 권유하였다.

목회적 진단(pastoal diagnosis)은 동정심(감성)과 객관성(지성)을 포함하여 목회자의 모든 자원을 이용하여 이뤄지는 목회적 문제들에 대한 규칙이 있고 구조화된 접근이다. 그것을 통해서 문제가 무엇인지에 대해 잠정적인 결론이 나오고, 적절한 행동(목회적 치료)을 위한 길이 열린다. 이상적으로 목회자는 징후들(객관적인 장애의 신호들)을 배제할 만큼 교인들의 증상들(주관적인 불평들)에 의해 지나치게 영향을 받지 않을 것이다. 적절한 치료는 정확한 진단에 달려 있다는 명제는 의사만큼이나 목회자에게도 유용하게 도움이 되어야만 한다.[9]

그러나 아무리 정확히 이뤄졌다고 해도 형식적인 진단이 항상 상담 관계에 유익한 것은 아니다. 내담자로부터 병력을 강제로 끌어내는 것은 상담자와 내담자 사이의 정서적인 교류에 해가 된다. 스스로를 "관계상담사"라고 하는 글렌 램지(Glen V. Ramsey)는 진단은 전체 상담 경험을 통해서 다소간 치료와 함께 동시에 발달해 가야만 하는 지속적인 과정(ongoing process)이라고 설명한다.[10] 나는 목회적 진단보다는 목회적 평가(pastoral appraisal)라는 말을 선호하는데, 그것은 이 말이 의학적 의미들을 피하고 상담에서 진단에 대한 논쟁에 수반되는 어떤 오해들을 초월하기 때문이다.[11]

목회상담사들은 대개 도움을 구하러 온 사람들에 대한 평가에 기초해서 어떤 결정들을 내려야만 한다. 그 가운데 하나의 결정은 의뢰(referral)와 관련이 있다. "내가 이 사람을 도와줄 수 있는가, 아니면 이 사람을 다른 누군가에게 의뢰해야만 하는가?" 이 질문에 대한 답은 부분적으로는 정신과 의사나 다른 전문 상담가가 가까이 있는가에, 부분적으로는 내담자가 명백하게 그러한 의뢰를 기꺼이 받아들 수 있는가 혹은 그렇지 않은가에 달려 있다. 그러나 보다 기본적인 질문은 "내가 이러한 종류의 문제에 대해 토론할 수 있을 만큼 충분히 안전한가, 그리고 나는 이 사람이 그 문제에 대한 해결책을 찾도록 도울 수 있는 능력이 있는가?"이다. 상담을 하는 목회자는 각 내담자와 함께 제기된 심리적 장애의 종류와 그 심각함의 정도를 새롭게 분별해야만 한다.

다른 종류의 진단적 결정은 내담자의 문제가 가진 심각함의 정도와 직접적으로 관련이 있다. "나는 이번 면담에서 이 문제를 충분히 다룰 수 있는가, 아니면 다른 한 번의 혹은 여러 번의 면담을 더 계획해야만 하는가?" 이 질문에 대한 정확한 대답은 제기된 증후군의 유형과 내담자가 그것에 얽혀있는 정도를 적절하게 평가할 수 있는 각 목회자의 능력에 달려 있다.

또한 상담자들은 왜 특정 내담자들이 지난주나 전날, 혹은 미래의 어느 때가 아니라 특정 시간에 도움을 구하러 왔는지 알려고 한다. 내가 레지던트로 있는 동안 이 질문은 너무나도 자주 무엇인가를 드러내는 것으로 검증이 되었기 때문에 이스트 루이지애나 주립 병원의 사회사업과 직원은 친척들을 포함하는 가족 구성원들과 면담할 때 그것을 계속 질문하였다.

문제를 안고 있는 교인들을 돌볼 때 성경은 전통적으로 목회자들에게 도움이 되었다. 시카고 대학의 연구 프로젝트에서 에드가 드레이퍼는 종교적인 개념들로부터만 정확한 성격 평가와 임상적 진단을 할 수 있음을 보여주었다. 이 연구에서 55명의 내담자들은 종교적인 관심, 행위, 투자, 신념을 불러일으키는 방식으로 면담이 되었다. 각 내담자는 좋아하거나 가장 중요한 성경 인물과 성경 구절, 그리고 성경 이야기에 대해 말하도록 질문을 받았다. 또한 모든 내담자는 내세와 세상에서의 악의 현존에 대해 어떻게 생각하는가와 더불어 그들이 믿기에 가장 종교적인 개념과 사람들이 범할 수 있는 가장 나쁜 죄가 무엇인지를 확인하였다.

이러한 질문들에 대한 대답들은 종교적으로 뿐만 아니라 심리적으로도 내담자에 대한 소중한 정보를 드러낼 수 있다. 드레이퍼는 이 연구를 통해서 각 내담자의 심리적 기질과 성격 구조, 성격 강도와 갈등을 확인할 수 있다고 믿었다.[12]

성경을 평가 도구로서 사용하는 것은 성격 발달과 정신병리 분야에서 집중적인 훈련을 받은 사람들에 의해서만 가능하다. 이러한 사람들에게 정서적으로 장애가 있는 사람의 이야기의 흐름에 나타난 성경적 자료는 그 사람이 겪는 고통의 어떤 역동적인 원인들을 이해하는 수단이 될 수 있다. 오스카 피스터(Oscar Pfister)는 그의 책 『기독교와 두려움』(*Christianity and Fear*)에서 "당신이 성경에서 찾은 것을 나에게 말해주십시오. 그러면 당신이 어떤 사람인지 내가 말해 드리겠습니다"[13]라고 하였다.

그러므로 꿈의 상징이나 무의식적 의사소통이 정신분석가들에게 진단 도구가 되고 투사적인 검사들이 임상심리사들에게 진단 도구가 되는 것처럼, 성경은 적절하게 훈련을 받은 목회자들에게 진단 도구가 될 수 있다. 이 원리를 염두에 두면 어떤 상황에서는 성경에 대한 해석의 주관적인 특징이 해석자의 성격에 관한 어떤 것을 보여줄 수 있음을 고려하는 것은 흥미로운 일이다.

상담하는 목회자들은 성격 발달과 이상 심리학에 대한 실용적인 지식을 축적해야만 한다. 또한 『정신장애의 진단 및 통계편람』(*Diagnostic and Statistical of Manual Mental Disorders, DSM-IV*)[14]를 자주 참고하는 것은 진정으로 도움을 주는 데 필요한 상담 목표들을 수립할 수 있을 만큼 분명하게 사람들의 문제들을 이해하는 데 중요하다. 목회적 평가에서 DSM-IV와 관련하여 사용하는 양식들은 부록에 포함되어 있다.

심리 검사는 비록 그것이 절대 확실한 것은 아니라 할지라도 평가에 있어서 또 다른 보조수단이다. 칼 로저스는 상담 초기에 검사를 사용할 때 안 좋은 점들은 완전한 병력을 알 때의 안 좋은 점들과 유사하다고 지적하였다. 둘 다 모두 상담사들이 내담자들의 문제들에 대한 해결책을 제공할 것이라는 점을 암시한다. 그러한 암시들은 진정한 것도 아니고 내담자들에게 깊이 있는 도움이 되지를 않는다. 오히려 그것들은 내담자들을 화나거나 지나치게 의존하게 만든다. 검사는 상담 과정에서 후기에, 특히 내담자가 그것을 요구할 때 효과적으로 사용될 수 있다.[15]

가능하면 모든 목회상담사는 첫 번째 면담이 끝날 때까지 적어도 다음의 질문들에 대한 대답을 얻어야만 할 것이다.

1. 내담자가 진술한 문제는 무엇인가?
2. 내담자는 언제 그것을 처음으로 알게 되었는가?
3. 내담자가 다른 곳에서 도움을 받았었는가?
4. 왜 결국 내담자는 목회자를 찾아오게 되었는가?
5. 내담자가 의학적 검사를 받은 지 얼마나 오래되었는가?
6. 누가 이 내담자를 가장 잘 도와줄 수 있는가? 내가 지금 도우려고 할 것인가, 아니면 여러 회기에 걸쳐 도울 것인가? 나는 의뢰해야만 하는가?

목회적 평가는 잠정적인 진단이 이뤄질 수 있는 수단이다. 물론 이 평가는 정신과적 진단과 동등한 것으로 생각되어서는 안 되고, 오히려 목회자가 현실적인 상담 목표들을 수립할 수 있는 토대로서 이해되어야 한다.

언약 세우기

상담의 과제 가운데 하나는 상담 과정과 방법에 대해 내담자들을 교육하는 것이다. 상담 문헌에서는 이러한 설명 과정을 "구조화"(structuring)나 "계약"(contract) 수립으로 언급한다. 브래머와 쇼스트롬은 구조화를 "상담자가 일반적인 상담 과정과 이제 이뤄지는 특별한 관계의 본질과 한계들, 목표들을 규정하는 것"[16]이라고 정의하였다. 구조화는 내담자들에게 상담을 위한 방향감각과 틀, 합리적인 계획을 제공해 준다.

책임 있는 목회상담을 위해서는 어느 정도의 구조가 필요하다. 그러나 목회자는 전통적으로 창세기 31장 44-53절에 나오는 미스바의 언약과 같은 언약관계에 익숙하기 때문에 인간의 계약들 속에 하나님이 현존함을 인정한다. 하나님의 현존에 대한 인정은 이 사역의 독특한 특징들 가운데 하나이고 "구조화"라는 말 속에서는 나타나지 않는 것이기 때문에, 나는 목회상담에서 "언약 세우기"(covenant making)를 "구조화"보다 더 적합한 표현으로서 좋아한다.

계약과 언약은 여러 가지 면에서 다르다. 계약은 외면적이고 율법주의적인 경향이 있다. 언약은 내면적이고 돌봄을 제공함에 있어서 은혜로의 경향이 있다. 계약은 편의상 이행되도록 맺어진다. 언약은 성장을 촉진하고, 관계를 제한하기보다는 강화한다. 또한 언약의 개념은 목회자들이 사회적 한계 안에서 한 사람에 대한 전문가적인 책임을 질 수 있도록 해준다. 반대로 우정 모델(friendship model)은 한 사람의 교회에 대한 더욱 큰 의무들을 무색하게 하는 배타적인 관계를 의미할 수 있다.[17]

목회자들은 대개 상황의 중요함을 인식할 때 언약 세우기를 고려하고, 그 다음에 상담 약속 잡는 것을 제안한다. 대개 그들은 첫 번째 면담 동안에,

특히 목회자와 내담자가 행동의 방향을 결정하려고 하는 마무리 시간에 언약적 관계에 공을 들인다. 대개 대화 속에서 언약에 대한 토론이 자연스럽게 진행되고, 결과적으로 각 사람은 각자의 역할과 책임을 알게 된다. 이 과정은 의료 윤리의 고지(告知)에 의한 동의(informed consent)와 유사하다: 상담이 어떻게 진행될 것인지 미리 설명하는 것.

이해하고 협력하는 분위기를 제공하는 것은 상담자의 책임인 반면, 면담의 내용을 결정하는 것은 내담자의 특권이다. 상담의 지속 여부는 이 실존적인 만남의 구조에 대한 내담자의 수용과 이해에 달려 있다. 한 심리학자는 지그문트 프로이트(Sigmund Freud)와 카렌 호니(Karen Horney), 해리 스택 설리반(Harry Stack Sullivan), 칼 로저스(Carl Rogers)를 비교 연구한 후에 "치료자와 치료적 과제와 상황이 분명하고 일관된 정도까지, 그 정도까지 점진적으로 내담자는 치료사에게 현실적으로 반응해야만 한다"[18]고 하였다.

두 번째 면담에 대해서 웨인 오우츠는 "두 번째 면담 계획을 잡는 상징적인 행위는 그 사람에게 많은 다른 것들을 말해 줄 수 있다"고 주장하였다. "나는 그렇게 바쁘지 않기 때문에 당신의 문제를 진지하게 받아들일 수 있습니다" 혹은 그것은 "나는 당신의 문제가 심각하다고 생각합니다"라고 말해 주는 것일 수도 있다. 혹은 그것은 "나는 당신이 나의 '대답'을 듣기 위해서 온 것으로 알지만, 나는 내가 한 가지를 생각해 낼 수 있을 때까지 그저 현상 유지를 하고 있습니다"라고 말해 주는 것일 수도 있다.[19] 두 번째 면담은 상담 언약을 맺어 주고 신뢰 관계를 형성한다.

상담 상황에는 불가피하게 어떤 제한들이 있다. 아마도 시간의 제한이 가장 중요할 것이다. 다른 상담사들처럼 목회자들은 각 면담을 위해 주어진 시간의 양에 제한을 둔다. 그러므로 그들은 면담 과정이 시작될 때 내담자들에게 얼마나 많은 시간을 사용할 수 있는지를 설명해 주어야만 한다. 때때로 시간의 제한이 얘기될 때 내담자들은 주어진 시간 안에 가능하면 많은 것을 이루기 위해서 서두른다.

또한 행동의 제한이 요구된다. 상담사들은 언어적인 표현이 아무리 불합리하고, 부당하고 혹은 어리석게 들려도 그것을 제한해서는 안 된다. 그러나 그들은 어떤 극단적으로 부정적이거나 긍정적인 감정들을 적극적으로 표현하는 것은 허용할 수 없다. 예를 들어 내담자들은 가구나 비품을 파괴해서는 안 된다. 그들은 상담자가 싫다고 말할 수는 있지만 그를 신체적으로 공격해서는 안 된다. 상담자는 내담자를 도와줄 수 있을 것 같은 소수의 사람들 가운데 한 사람이기 때문에 상담자를 다치게 하는 것은 깊은 죄책감과 불안을 불러일으킬 것이다.

책임의 제한도 역시 필요하다. 지혜로운 목회상담사들은 그들이 내담자들의 문제와 행동에 대해 책임을 지게 될 한도를 분명하게 공식화한다. 그들은 각자가 개인적으로 책임을 다할 수 있다면 내담자들이 더 많은 도움을 받게 된다는 사실을 분명히 한다.

관계 중심 목회상담사들의 또 다른 제한은 너무 빨리 너무 많은 것을 고백하는 데서 생겨날 수 있는 지나친 정서적 노출로부터 내담자들을 보호하는 것이다. 내담자들은 개인적인 문제들에 관한 가장 중요하고 적합한 자료를 얻을 수 있는 방향으로 자유롭게 이끌어 간다고 느껴야만 한다. 그러나 상담 관계가 형성되기 전에 끔찍한 죄들을 드러내는 것은 지혜롭지 못한 것이다. 그러한 고백들은 내담자의 다시 오려는 동기를 감소시키거나 내담자로 하여금 너무 많은 것이 드러났다고 느끼게 하고, 결국 너무 죄책감을 느껴서 목회자를 다시 만날 수 없게 하는 것 같다.

반대로 목회자는 상담 상황에 극단적으로 협소한 구조나 직접적인 영향력을 강제하지 않을 것이라는 약속으로 지나친 노출에 대한 염려의 균형을 잡을 필요가 있다.

  제한들을 두는 것은 지속적인 언약 세우기 과정의 일부분이고, 적절한 때에 더 많은 지침들을 제공하는 것이 중요하다. 이 과정은 내담자들에게 치료 경험에 참여할 수 있는 기회를 줌으로써 상담의 전체적인 경험처럼 내담자에게 설명뿐만 아니라 실연을 통해서도 전달되어야 한다. 상담자들은 때때로 다음과 같은 방식들로 언약을 확장해야 할 필요가 있을 것이다. 내담자에게 기록이나 녹음을 해야 하는 상담자의 필요성에 대해 알려주기, 예기치 않은 지연뿐만 아니라 치료적 과정을 위해 필요한 시간을 받아들이기, 모든 토론들에 대해 비밀 보장이 되어야 하는 본질을 이해하기, 감정적인 표현이나 신체적 접촉과 선물에 대한 지침을 제시하기, 지속적인 지각이나 약속을 지키지 않는 것, 그리고 빈번한 약속의 취소 등과 같은 행동들을 수정하기.

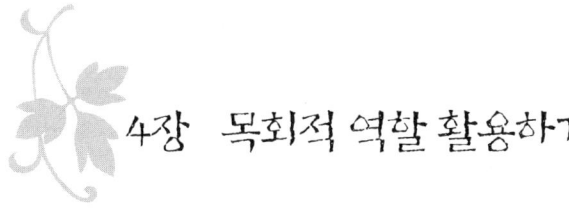

4장 목회적 역할 활용하기

    찰스 윌리엄 스튜어트(Charles William Stewart)는 "역할의 개념은 상담 관계 그 자체에서 중심이 된다"[1]고 하였다. 그가 역할에 대해 정의한 것처럼 그것은 **"행위자 혹은 나와 사회적 대상 혹은 다른 나로 구성된 가족과 같은 사회 체계 내에서의 대인관계다."**[2] 이러한 정의에 기초하여 나는 역할 기대(role expectations)를 행위자가 사회적 대상에게 기대하는 요구들로 정의할 것이다. 역할 상호작용은 다른 상대방의 성격에 적응하거나 영향을 받는 각 상대방의 드러난 행위들이다.

    목회적 역할에 대한 내담자의 기대들은 종종 목회자 자신의 그것에 대한 개념과 다르다. 아마도 내담자는 고유한 인격으로서보다는 사회적 역할 속에서 목회자와 좀더 관계를 형성하려고 한 것이기 때문에(특히 처음에) 목회적 역할은 관계 중심 목회상담에 대한 연구에서 고려되어야 할 필요가 있다. 처음에 목회자들은 내담자들에게 그들의 종교가 그들에게 의미하는 모든 것을 설명하려고 하겠지만, 그것은 목회자의 종교와는 사뭇 다를 수 있다. 그러나 심리학적으로 세련된 목회자는 상담에서 이러한 현상을 이해하고 그것에 반드시 동의하지 않는다 할지라도 그것을 사실로 받아들인다.

목회적 역할의 차원들

목회적 역할은 다차원적이다. 이 다차원적인 역할은 수행되는 과제들의 폭과 다양성과 밀접한 관계가 있다. 목회상담사는 이러한 특별한 역할을 수행하는 것이 타당한가를 알아낼 수 있다.

종교적 역할

종교적인 상담사들에게는 일반 상담사들에게는 없는 신분과 자원들이 있다. 목회자들은 상담에 신앙의 차원과 예배와 기도의 자원들을 가져온다. 그들은 우주적인 가치와 중요성을 가지는 삶의 방식을 드러내려고 노력한다. 그들은 사람들이 그들 자신을 하나님의 시각에서 가치 있는 존재들로 인식할 수 있도록 도와준다. 브리스터(C. W. Brister)는 다음과 같이 말했다.

> 목회자의 자원들은 (1) 하나님의 사람으로서의 정체성과 사역을 위한 신학 교육, (2) 목회자는 기독교의 믿음, 사랑, 소망의 공동체를 대표한다는 사실, (3) 돌봄을 구하는 사람이나 가족에 대한 믿을 만하고 감상적이지 않은 관심, (4) 그 사람의 관심사에 대하여 기도와 하나님의 말씀을 치료적으로 사용하는 것, (5) 목회적 실천을 위한 악과 고통에 대한 신정론 그리고 (6) 인류의 비극적인

투쟁들 너머에 있는 영원한 하나님나라에 대한 헌신이 포함된다. 목회자의 전체 사역은 영원히 지속될 가치들과 관계들을 명백하게 하는 것을 지향한다 (히 11:27; 12:1-2; 13:14). 3)

조직적 역할

목회자의 역할은 교회로 알려진 조직―사람들의 집단―과 밀접한 관계에 있다. 목회자들은 신앙과 실천의 조직체를 가진 이 단체를 대표한다. 그러한 위치는 자산이 되는데, 왜냐하면 많은 내담자들이 집단 관계를 추구하면서 무의식적으로 목회자를 찾아오기 때문이다. 그들에게 교회는 보호 집단이나 하나로 묶어 주는 집단, 혹은 신분 집단으로 이해될 수 있다. 그 단체와 관련하여 각 목회자는 해석자와 조언자로서의 권위를 포함하여 권위를 부여받는다.

때때로 목회자들은 사려 깊고, 참을성 있고, 용기 있고, 선구적인 종교 및 윤리 교육자로 인식된다. 기독교 단체의 지도자로서 그들은 역동적이고 예리하면서도 또한 이해심 많고 격려해 주는 사람이어야만 한다. 또한 그들은 다른 사람이 일하고 서로 섬길 수 있도록 격려하면서도 단호하지만 사심이 없는 관리자여야 한다. 그들은 전문 경영인다운 기술로 조직할 수 있고 논쟁을 풀어 갈 때 솔로몬의 지혜와 욥의 인내를 가졌을 것으로 기대된다.

상징적 역할

목회적 역할의 상징적 힘은 개인의 영향력을 훨씬 능가하는 위력을 제공하지만, 이 강력한 상징이 정확히 어떤 형태를 취하는지는 사람마다 다양하다. 책임 있는 개인이 되려고 분투하는 사람에게 목회자는 책임의 상징이다. 성숙을 위해 분투하는 다른 사람은 목회자를 성숙의 상징으로 참조할 수 있다. 보다 적절한 존재 개념을 위해 분투할 때 한 사람은 목회자를 참된 존재(being)와 형성(becoming)의 상징으로 참조할 수 있다. 고통 가운데 있는 사람에게 목회자는 돌보는 자의 상징이다. 때때로 목회자는 한 사람이 친밀한 관계를 맺을 수 있는 이해심 깊은 사람을 상징한다. 목회자들은 이러한 상징적 특성들 가운데 어떤 것을 가졌다고 할 수도 있고 그렇지 않다고 할 수도 있지만, 사람들이 그렇게 인식하는 것에 대해서는 어쩔 수가 없다.

웨인 오우츠는 목회자들은 하나님의 대리인이자 예수를 기억나게 하는 자이고, 성령의 인도를 따르는 자이고, 개교회의 대표자임을 지적하였다.[4] 일반적으로 사람들은 목회자들이 무엇이 옳고 그른지에 대해 분명한 개념들을 갖고 있다고 생각한다.[5] 목회자들은 옳게 행동하는 방식으로 훈련받았던 어린 시절을 기억나게 하는 자이고, 그렇기 때문에 그들은 일종의 가시적인 양심의 화신이다. 설교의 본질상 목회자의 역할은 판단하는 것이다. 그러나 또한 목회자들은 사람들에게 그리스도 안에서 나타난 하나님의 사랑과 용서를 기억나게 한다. 더구나 목회자의 현존은 개교회를 상징하거나 기관목사들의 경우처럼 비가시적인 하나님의 교회를 상징한다.

역할의 본질

몇몇 사람이 시도하긴 했었지만 목회적 역할의 본질을 분리해내는 것은 어렵다. 예를 들어 시워드 힐트너는 다음과 같이 말했다.

> 사실상 목회자는 하나의 역할을 가지고 있다. 즉 그는 기독교 공동체의 어느 한 특정한 부분의 지도자다. 그는 많은 활동을 하지만, 그것은 기독교 공동체와의 관계에서요, 그것이 그의 역할을 규정한다. 그의 역할은 모든 활동보다

도 깊을 뿐 아니라, 그러한 모든 활동이 만일 이 역할에 근거하고 있지 않다면 그 의미하는 바는 전혀 다른 것이 될 것이다.[6]

브리스터에 따르면 목회자의 역할은 "종들에 대한 종"[7]의 역할이다. 오우츠는 다음과 같이 제안하였다. "기독교 목회상담사들은 가톨릭과 정신분석이 가진 아버지상(father-figure)의 차원을 탈 강조함(de-emphasizing)으로써 실재에 좀더 가까이 갈 것이다."[8]

이러한 기능들에도 불구하고 목회자들은 목회적 역할을 유지하기 위해서 동떨어진 사람이 되어서는 안 된다. 그들은 각자를 독특하게 해주는 성격적 특성들과 좋아하는 것과 싫어하는 것을 가진 사람들이다. 목회자는 그들의 대중적인 역할 이미지가 사람들과의 관계에 영향을 미친다는 사실을 이해할 필요가 있다. 왜냐하면 목회상담 관계의 초기에 이미 나타난 요인들 가운데 하나이기 때문이다.

목회적 역할의 어려움

분명히 목회상담사는 울리는 목소리와 등 두드리기, 억지 유머 감각, 지나친 친절과 같은 "목회자적인 태도"를 피하려고 해야만 한다. 목회자적인 접근은 인격적인 접근의 적이다.[9]

목회자의 역할과 관계에 수반되는 매우 명백한 문제들 가운데 하나는 사람들이 책망받을 것을 두려워해서 목회자들에게 가장 깊은 문제들을 털어놓지 않는다는 점이다. 목회자들은 때때로 "설교자"로 불려진다(특히 미국의 남부 문화에서). 설교자들은 공적인 판결과 책망의 이미지를 가지고 있고, 많은 사람들이 목회자의 다음 설교에서 그들 자신의 이야기를 듣게 될 것을 두려워한다. 그러나 지혜롭고 윤리적인 목회자들은 상담에서 나온 예화들을 혹시 설교에 사용하더라도 각색해서 사용하거나 그 설교를 하기 전에 관련된 내담자에게 허락을 얻는다.

많은 사람들이 목회자들을 권위를 가진 인물로 생각하기 때문에 내담자들은 때때로 그들의 어려움에 대한 조언이나 빠른 해결책이 주어지기를 기대한다. 그러므로 숙련된 목회상담가들은 때때로 그들의 내담자들에게 상담의 많은 부분은 그들 스스로를 도우려는 사람들을 도와주는 과정임을 가르쳐야만 한다.

당연한 얘기이지만 교회 밖에 있는 사람들은 목회자의 역할을 교회 안에 있는 사람들과는 다르게 본다. 그러나 이것은 상담하는 목회자들에게 비기독교인들에게 사용되는 하나의 정형화된 접근 방식이 있고 교인들에게 사용되는 또 다른 접근 방식이 있다는 것을 의미하지 않는다. 오히려 비기독교인들을 상담하는 목회자들은 내담자의 당면한 문제들뿐만 아니라 그들에게 예수 그리스도를 소개할 수 있는 기회를 인식할 것이다.

목회적 역할을 확장해서 활용하기

내담자들은 목회자들을 그들의 사회적 역할과 동일시하기 때문에 민감한 목회상담가들은 치료 관계를 확장하기 위해서 이 역할을 활용한다. 정신과 의사인 존 레비(John Levy)는 인간 존재가 서로에게 가지는 감정들을 개선하고 풍성하게 하기 위한 첫걸음은 각자가 주어진 상황에서 맡은 역할들을 분명하게 하는 것이라고 했다.10)

이러한 맥락에서 목회자는 다음과 유사한 어떤 말을 내담자에게 할 수 있다.

좋습니다, 앤더슨 씨, 이제 시작하기 전에 저는 당신과 저의 역할을 분명하게 하기를 원합니다. 당신은 제가 여기에서 두 가지 옷을 입고 있다고 말할 수 있을 겁니다. 하나는 목회자의 옷이고 다른 하나는 상담자의 옷이죠. 제가 목회자의 옷을 입었을 때 저는 종교와 도덕과 윤리를 대표하고 이러한 주제들에 대해 공적으로 말합니다. 그러나 제가 개인적으로 당신을 볼 때 이러한 관계에서는 저는 상담자의 옷을 입고 있습니다. 이것은 당신이 원하는 것에 대해서는 무엇이든지 말하는 것을 자유롭게 느끼실 수 있고, 저는 당신에 대해 판단하지 않을 것이라는 것을 의미합니다. 그리고 저는 당신이 무엇을 얘기하든지 비밀을 지킬 것입니다. 괜찮으시겠죠?

목회 심리치료사가 반복적으로 관계에서 그들의 역할을 분명하게 해주는 것은 필수적이다. 하나의 과제는 특정 시기에 내담자가 상담자에게 어떤 역할을 기대하는지 인식하는 것이다: 좋은 혹은 나쁜 부모, 배우자, 형제, 친구의 역할. 알프레드 애들러(Alfred Adler)에 따르면 상담사의 기본적인 원칙은 내담자가 상담사에게 교사나 아버지, 혹은 심지어 구원자와 같은 우월한 역할을 부여하도록 결코 허용해서는 안 된다는 것이다. 그러한 시도들은 때때로 그들 위에 서 있는 모든 사람들을 그들의 특징적인 방식으로 끌어내리기 위한 내담자 편에서의 움직임이 시작되었음을 나타내는 것이다.[11]

사회에 의해 그들에게 부과된 역할을 편하게 받아들이는 목회자들은 병원에서든, 세례장에서든, 강단에서든, 상담실에서든 혹은 장례식장에서든

이 역할을 똑같이 편하게 받아들이는 것을 배운다. 해리 스택 설리반은 "한 사람이 어떤 패턴의 일들을 기대하면서 면담에 왔는데 그것이 실현되지 않았다면 그는 아마도 다시 오지 않을 것이다"[12]라고 하였다. 설리반은 정신과 의사들이 어느 정도는 사회가 그들에게 기대하는 방식으로 행동해야만 한다고 느꼈다. 유사하게 나는 목회자들은 내담자들에게 그들은 부분적으로는 그들이 기대하는 그런 사람들이라는 사실을 보여주어야만 한다고 말하고 싶다.

정신과 의사들처럼 목회상담가들은 만약 그들이 내담자들에 의해 사용되지 않는다면 그들의 기술과 훈련은 아무런 치료적 가치도 가질 수 없음을 인식해야만 한다. 이런 의미에서 목회상담사의 "전문성"은 하나님-인간 관계들에 있고, 이 점에 있어서 그의 기술은 상담사가 자신들의 분열된 자아들을 통합하려고 애쓰는 내담자들에게 지식과 기술을 빌려줄 수 있게 해준다.

권위는 대부분의 사람들에 의해 목회적 역할에 부여되었기 때문에 지혜로운 목회자들은 이 권위를 적절하게 사용한다. 예를 들어 그들은 대부분이 권위의 인물(authority figure)과 이야기함으로써 그들 나름대로의 지위를 획득한다. 만약 그 권위의 인물이 그들의 이름을 알고, 상당한 시간을 그들과 함께 보내고, 그들에 관한 어떤 것들을 기억하고, 정말로 그들에게 관심이 있는 것 같다면 아마도 그들의 자존감은 더욱 높아질 것이다. 또한 만약 그들이 권위의 인물의 이름을 부르고, 그에게 동의하지 않고, 그의 잘못을 정정해 주고, 그에게 분노를 표현할 수 있다면 이러한 사람들은 그들 자신을 더욱 크게 존중할 것이다.

목회적 역할의 가장 큰 어려움은 그것 때문에 어떤 사람들은 목회적 도움을 구하려고 하지 않는다는 점이다. 어떤 사람들은 목회자들을 편하게 생각하지 않거나 그들을 전혀 존경하지 않거나 신뢰하지 않는다. 적지 않은 사람들이 일단 목회자들이 책망과 판단보다는 이해와 수용을 제공해 줄 수 있다는 사실을 깨닫게 되면 마침내 이 장벽을 넘게 된다. 다른 사람들은 전혀 그렇게 하지 못한다.

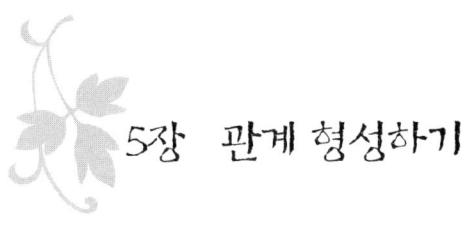
5장 관계 형성하기

　상담 관계는 보다 일반적인 목회적 관계와 마찬가지로 제우스의 머리에서 완전히 성장한 모습으로 나왔던 그리스의 여신 아테나(역주-그리스 신화에 나오는 지혜·공예·전쟁의 여신. 제우스와 물의 신 오케아노스의 딸 메티스 사이에 태어났다. 제우스는 메티스가 임신하자 그 아이가 왕좌를 뺏는다는 대지의 신 가이아의 예언을 두려워한 나머지 그녀를 삼켜 버렸다. 그러나 얼마 뒤 심한 두통 때문에 헤파이스토스에게 도끼로 자기의 이마를 쪼개도록 한 결과 거기에서 완전한 모습의 아테나가 나왔다고 한다)처럼 즉시 형성되지 않는다. 만약 목회 사역을 위해 의미 있고 도움이 되는 관계를 형성하는 데 시간이 요구된다면, 목회상담에서는 더욱 그러하다. 많은 면담을 하고 난 후 내담자는 "저는 한 달 전에는 이 말을 당신에게 할 수 없었습니다. 그러나…"와 같은 말을 할 수도 있다. 상담 관계는 강제할 수 없기 때문에 그것이 매우 민감한 대화를 허용할 수 있을 만큼 견고해질 때까지는 천천히 그리고 자연스럽게 형성되도록 허용해야만 한다. 캐롤 와이즈에 따르면 "관계는 목회상담에서 필수적인 치료적 요소다."¹⁾ 브래머와 쇼스트롬은 다음과 같이 말했다.

> 우리는 정서적으로 따뜻하고, 관용적이고, 이해심 깊은 관계의 형성이 상담 과정의 첫걸음이라고 하는 확신에 대한 어떤 불일치나 반대되는 증거도 알지 못한다. 상호간의 호의와 신뢰, 존중을 특징으로 하는 그러한 작업 관계를 형성하는 것은 상담가의 첫 번째 과제들 가운데 하나다.²⁾

사람들이 도움을 구하는 정서적 상처들은 때때로 의미 있는 사람들과의 잘못된 관계에서 생겨난다. 다른 의미 있는 사람과의 치료적 관계만이 이러한 상처들을 치료할 수 있다. "이상적인 목회상담 관계를 형성하는 책임은 상담사에게 있다."³⁾

상담사들 사이에서는 무엇이 치료적 관계를 만들어 내는가에 대해 광범위한 동의가 이뤄졌다. 다른 모든 인간 관계의 요소들을 포함하는 건강한 치료적 관계에서 관심의 흐름은 상호적인 것이 아니라 일차적으로 상담가로부터 내담자에게로 흐른다. 심리치료에는 세 가지 차원이 있다. (1) 언어적이거나 비언어적인 의사소통, (2) 치료사와 내담자 사이의 정서적 거리와 치료자에 대한 신뢰를 포함하는 안전성 그리고 (3) 권위주의적인 것과 민주주의적이거나 평등주의적인 것, 그리고 수동적이거나 방임주의적인 것 사이에서 다양한 치료자와 내담자의 지위 관계.

목회상담에는 추가적인 차원이 포함된다—종교적인 차원. 이 차원에는 하나님의 임재에 대한 인식, 목회적 역할의 윤리와 상징적 가치들, 영적 자원의 활용, 종교적 욕구의 표현, 이러한 욕구에 대한 상담사의 반응.⁴⁾

상담사들은 상담의 이러한 각각의 차원들에 요구되는 기술들을 숙달할 필요가 있다. 어떤 상담사 훈련 프로그램은 치료적 관계에 주요 초점을 둔다. 피훈련생들은 면담 테이프들을 연구하고, 역할극을 하고, 긴밀한 수퍼비전 아래 내담자를 다루는 과정을 통해서 공감적이고, 진실되고, 따뜻하도록 교육을 받는다. 이러한 훈련들이 있은 후에는 집단 토론이 이어진다.[5]

관계를 촉진하는 상담사의 태도들

상담사의 정서적 활동은 언제나 다소 강한 용어들로 제한이 되었고, 초심자들은 아직도 그들의 내담자들과의 어떤 관계에 대해 경고를 받고 있다. 그러나 상담사들의 감정들은 대부분의 치료적인 관계에서 나타나고, 만약 그것들이 적절한 형식을 취하고 있다면 바람직한 구성요소로 받아들여졌다.

숙련된 사회사업가인 레오나 타일러(Leona E. Tyler)는 이 원리를 다음과 같은 방식으로 표현하였다.

> 어떤 성격이든지 상담 과정에서 건설적인 변화가 일어나려면, 상담사가 자신이 무엇을 이루려고 하는가를 알고 각 단계에서 적절한 기술들을 사용하는 것으로는 충분하지 않다. 상담사는 기꺼이 내담자의 삶의 중요한 일부분이 되어서 상담 관계 자체를 치료로 사용해야만 한다.[6]

심리학자인 버나드 베렌슨(Bernard G. Berenson)과 로버트 카크허프(Robert R. Carkhuff), 트루악스(C. B. Truax)는 그들의 대학원생들과 함께 알칸사스 대학교에서 상담 관계에 대한 경험적 연구를 많이 진행하였다.[7]

패터슨(C. H. Patterson)은 그의 책 『관계상담과 심리치료』(Relationship Counseling and Psychotherapy)에서 "치료적 상황에서의 반응과 행위의 차원들"에 관한 그들의 결과를 요약하였다. 반응의 차원들이라는 장에서는 그들의 결과는 상담사는 공감적 이해와 존중해 주는 대화, 진실성, 표현의 구체성 혹은 특정성(specificity)으로 관계를 강화해야 할 것이라는 그들의 권고를 지지하였다. 상담사의 행동의 차원들이라는 장에서는 그들은 직면, 자기 노출, 관계의 직접성(immediacy)을 권고한다.[8]

공감적 이해는 목회상담에서 관계를 강화시키는 태도로 널리 인정되고 사용되고 있다. 이 태도로 목회상담사들은 세상을 내담자의 시각에서 볼 수 있다. "상담사의 공감은 가장 기본적으로 다른 사람의 관점에서 다른 사람의 세계를 이해하기 위해서 다른 사람의 생각과 감정 속으로 통찰력 있게 들어가는 것을 일컫는다."[9]

사람들은 다른 사람들에게 이해받을 때 그들 자신을 더 잘 이해한다. 관계 중심 목회 심리치료사들은 내담자들의 표현들 속에 있는 느낌과 의미에 대해 의미심장하게 덧붙여 말하는 것과 같은 방식으로 반응하려고 노력할 것이다. 상담사들은 가장 긴장된 순간에 내담자들에 대한 충분하고 깊은 이해를 전달함으로써 혹은 내담자들이 그들 자신을 표현할 수 있는 수준을 넘어서는 느낌들을 정확하게 표현함으로써 이것을 한다.

그러한 이해는 흔히 내담자들이 용기와 친절, 사랑의 에너지들뿐만 아니라 개인적인 두려움과 불안, 가장 깊은 생각과 느낌을 받아들일 수 있도록 도와준다. 내담자들이 이러한 느낌을 받아들일 때 그들은 또한 이러한 느낌 자체를 더 잘 이해할 수 있고 그래서 더 잘 변화할 수 있다.

이해에는 어떤 위험이 수반된다. 칼 로저스는 다음과 같이 그것을 인정했다. "만약 내 자신이 다른 사람을 진정으로 이해한다면, 나는 그 이해에 의해 변화될 수 있을 것이다. 그리고 우리 모두는 변화를 두려워한다."10) 그래서 불안정한 목회자는 다른 사람을 진정으로 이해하려고 할 때 실질적인 문제가 있을 수 있다.

경험적인 한 연구는 내담자를 이해하는 데 필수적인 요소는 상담사의 이해하려는 열망임을 보여주었다. 상담 전문가들은 면담에서 취한 기록된 치료사의 말들만을 관찰하였다. 평가 위원단의 위원들은 내담자의 어떤 말에 치료사가 반응하고 있었는지 혹은 그 반응에 대해 내담자가 어떻게 반응했는지에 대한 아무런 지식도 없었다. 그러나 상담 전문가들은 전체 맥락에 대해 귀를 기울이는 것으로 뿐만 아니라 이 자료로도 이해의 정도를 판단할 수 있었다. 이것은 내담자가 하는 말의 내용과 상관없이 상담사들은 실제로 이해하기 원하는 태도를 전달한다는 어느 정도 결정적인 증거였다.

정중함(reverence)은 좋은 관계를 형성하는 데 있어서 목회상담에 필요한 또 하나의 태도다. 다른 저자들은 "존중"(respect)이라는 제목으로 유사한 태도를 다루었지만, 폴 존슨의 용어인 "정중함"이 목회상담의 맥락에서 사용할 수 있는 좀더 적절한 용어다.12)

목회자들은 다소 자연스럽게 사람들을 존중한다. 왜냐하면 하나님이 그들을 창조하셨기 때문이다. 반드시 개인적인 선입견으로부터 완전히 자유로운 것은 아니지만 이상적으로 그들의 존중은 진정한 것이다. 하나님의 피조물로서 내담자들에 대한 정중함은 목회자들이 내담자들의 인도를 따라 그들의 보조에 맞게 움직이는 것을 도와준다. 다른 사람들에 대한 정중함을 가질 때 상담사들은 이러한 다른 사람들의 삶의 의미를 존중해 주고 진정한 긍휼함으로 그들을 돌볼 수 있다. 내담자들이 성장하기를 기대하고 격려하는 동안 이러한 관심이 있을 때 목회자들은 내담자들을 그런 사람들이 되도록 할 수 있다.

그러한 정중함을 개발하기 위해서 목회자들은 각 사람에게는 하나님 앞에서 스스로 방향을 정하고 스스로 결정할 수 있는 권리가 있다는 확신을 그들 자신의 신학에 통합해야만 한다. 내담자들에 대한 이러한 형태의 정중함이 있다면 목회자들은 비밀 보장을 유지할 수 있다. 상담사가 전문가에게 내담자들을 적절히 돕기 위해서 필요한 수퍼비전이나 자문을 받는 것도 내담자의 동의를 얻어서 해야만 한다.

정중함은 내담자들이 스스로 그들의 감정을 표현하는 것이 허용되었다는 것을 알 수 있는 분위기를 형성한다. 상담 상황에서는 너무 공격적이어서 가져올 수 없는 태도도 없고, 너무 죄스럽거나 수치스러워서 가져올 수 없는 감정도 없다. 부모에 대한 증오와 성적인 충동에 대한 갈등의 감정들, 과거의 행동들에 대한 양심의 가책, 상담의 도움을 필요로 하는 것을 싫어함, 상담사에 대한 적대감과 분노 등 모든 것이 표현될 수 있다. 이와 같이 치료적 관계는 일상생활의 관계들과는 사뭇 다르다. 상담실은 내담자들이 그들의 삶을 복잡하게 만드는 모든 금지된 욕구들과 무언의 태도들을 억제되었던 것들이 허용하는 만큼 빠르게 가져올 수 있는 곳이다.

제임스 디츠(James Dittes)는 허용성과 관련하여 흥미로운 실험을 하였다. 내담자의 불안하고, 위협감을 느끼고, 조심스러운 반응들을 측정하기 위해서 생리학적 도구인 정신전류 반사(psychogalvanic reflex)가 사용되었다. 42시간의 치료 시간 동안 내담자들은 때때로 심지어 따뜻하고 친절한 치료사조차 위협하는 것처럼 느꼈고, "저는 당신이 대화하는 사람을 좋아해야만 한다고 생각합니다…. 당신은 자유롭다고 느껴야 합니다…. 누가 비우호적인 사람에게 그들의 생각을 기꺼이 말하려고 하겠습니까?"라고 말하는 것처럼 느꼈다. 내담자가 치료사를 허용적이지 않다고 믿을 때 그는 정신전류 반사에 의해 측정된 생리학적 수준에서도 위협을 거부하는 반

응을 보였다.13)

진실성(genuineness)은 좋은 상담 관계를 형성하는 데 도움이 되는 상담사의 세 번째 태도다. 관계 중심 목회상담사들은 내담자와 비착취적인 관계 속에서 자유롭고 깊이 있게 성실하려고 노력한다. 이러한 태도는 신실함과 성실함, 신뢰할 수 있음, 통합성, 일관성, 의존할 수 있음, 투명성, 일치성 등이 결합된 것이다. 진실한 목회상담사들은 어떤 감정을 겉으로 표출하면서도 실제로 더욱 깊은 수준에서 또 다른 감정을 억누르기보다는 가능한 한 그들의 개인적인 감정들을 인식해야 한다. 상담사는 이러한 감정들을 인식해야 할 필요가 있을 뿐만 아니라 그것들을 언어와 행동을 통해서 표현해야 할 필요가 있다. 진실하다는 것이 관계 중심 목회상담사들은 언제나 그들의 모든 감정들을 표현해야 한다는 것을 의미하지는 않는다. 그것은 단지 그들이 무엇을 표현하든지 간에 참되고 부적절하지 않아야 한다는 것을 의미한다.

목회자들의 진실성은 내담자에게 있는 진실을 불러내는 데 도움이 된다. 이러한 방식으로 그들이 상담에서 상호작용할 때 목회자들은 내담자들의 개인적인 경험들에 대해 그들이 인식한 것을 알리고 적절히 표현한다. 이와 같이 목회상담사들은 그들의 내담자들에게 진실되게 울린다. 상담 과정을 통해 일관되게 유지되는 성실함의 울림(ring)은 때때로 내담자가 자유롭게 되어서 하나님께서 그들에게 의도하셨던 사람이 될 수 있음을 나타내는 자유의 종 역할을 하는 것으로 밝혀졌다.

진실성에는 목회상담사들이 개인적인 감정들에 대해 인식하는 것과 그것들을 정직하게 표현하는 것에 더해서 세 번째 자질이 필요하다: 일관성. 내담자들이 면담할 때마다 동일한 사람이 되기 위해서는 상담사들을 신뢰할 수 있어야 한다. 내담자들은 인식과 표현에 있어서 일관된 목회자들을 신뢰할 수 있다고 생각한다.

구체성 혹은 **특정성**은 "특정한 감정들과 경험들에 대해 거침없이, 직접적으로, 구체적으로 표현하는 것" 14)을 포함한다. 이것은 상담사의 네 번째 반응 조건이다. 그것은 상담사가 막연함과 모호함, 일반화를 피하고 정서들과 행동을 구분하기 위해서 노력할 것임을 의미한다.

구체성은 세 가지 중요한 기능을 한다. (1) 그것은 상담자의 반응을 내담자의 감정과 경험에 대해 충실하게 해준다. (2) 그것은 내담자가 오해에 대해 빨리 수정하는 것을 허용하면서 상담사의 정확한 이해를 촉진한다. 그리고 (3) 그것은 내담자가 특정한 문제 영역들에 주의를 기울이도록 고무한다. 내담자의 길고 막연하고 두서없는 말에 대해 특정하고 구체적인 말로 반응함으로써 목회상담사는 내담자가 부적절한 자료로부터 개인적으로 중요한 측면들을 추려내도록 도와줄 수 있다.

관계를 촉진하는 기술

기술은 분명히 태도보다 이차적이다. 태도가 적절할 때 기술이 효과를 거두는 반면, 그 반대는 아니다. 이와 같이 목회상담사들은 적절한 상담 태도에 도구가 되는 기술만을 사용하려고 노력해야만 한다. 윌리엄 슈나이더(William Snyder)와 준 슈나이더(June Snyder)는 "치료사와 내담자의 관계는 사용되는 기술만큼 심리치료의 본질적인 핵심의 일부분이다" 16)라고 하였다. 유진 켈리(Eugene Kelly)는 관계가 기술보다 더 중요하다고 강조하였다.17)

관계 중심 목회상담에서 상담사들은 두 가지를 염두에 두고 그것들을 사용하는 모든 기술에 적용해야만 한다. (1) 이것이 관계에 어떻게 영향을 미칠 것인가, 그리고 (2) 그것이 치료적 목표에 기여할 것인가? 이런 것들을 고려하는 것에는 때때로 상담자와 내담자 사이의 유사점을 강조하고 차이점은 덜 강조하는 기술을 쓰는 것도 포함된다. 이렇게 해서 상담사들은 내담자들이 있다고 믿는 차이점들 때문에 그들이 느낄 수 있는 거리감을 극복하는 방법으로서 보다 강력한 관계를 형성한다.

상담사들은 적어도 세 가지 방식으로 그들의 태도를 실제적으로 보여줄 수 있다. 첫째, 그들의 얼굴 표정은 진정한 관심을 전달하는 데 도움이 된다. 적지 않은 내담자가 상담사의 수용하는 체하는 표현을 간파하였다. 둘째, 목소리의 음조와 억양은 내담자에게 상담사의 진실성에 대해 무엇인가를 말해 준다. 셋째, 상담사의 자세와 내담자로부터의 물리적 거리는 정중함을 반영한다. 대개 상담사들이 내담자들에게 마음을 기울이고 편안하게 가까이 앉는다면 내담자들은 이것을 우호적인 태도로 추측한다. 멀리 떨어져 있는 것과 반대되는 가까이 다가가는 친절한 자세가 중요하다.

물론 내담자들의 감정은 모든 관계 중심 상담사들을 위한 길잡이가 된다. 상담사들은 밖으로 표출되는 내담자의 정서를 살피는 것 외에 그들 자신의 감정을 신뢰하는 법도 배운다. 그들은 내담자들이 기술하는 상황과 사람에 대한 개인적인 감정들에 주의한다. 상담사들은 이러한 반작용들을 분석한 후에 내담자들의 감정들을 좀더 쉽게 이해할 수 있다. 상담사의 감정들에 관하여 제시 태프트(Jessie Taft)는 "치료사는 무엇보다도 내담자가 오랫동안 아니었던 어떤 존재가 될 수 있어야 하고, 자발적이어야 하고, 자신의 세미한 감정 반응을 인식할 수 있어야만 한다"[18]고 강조하였다. 물론 상담사들 편에서 이러한 솔직하고 자연스럽게 일어나는 감정을 드러내는 것은 그것으로부터 배울 수 있는 개별적인 내담자들의 능력에 맞게 계속 재조정되어야만 한다.

신중한 목회상담사들은 결코 문제들에 대한 해결이나 완전한 증상의 제거를 약속하지 않는다. 다만 그들은 그러한 결과의 가능성을 제안할 뿐이다. 상담사는 내담자와 협력해서 이룬 결과로 주어진 어떤 성공도 내담자의 것으로 한다. 상담사들은 또한 그들이 도움을 줄 수 있는 마지막 희망이라는 어떤 내담자의 말에도 겸손하게 의견을 달리해야 한다.

직면(confrontation)은 목회상담 관계에서 정당한 자리를 차지할 수 있다.[19] 그것은 상담사가 내담자에게 그의 행동에 불일치가 있음을 표현하는 방법들 가운데 하나다. 로버트 카크허프(Robert R. Carkhuff)는 직면을 요하는 세 가지 유형의 모순을 확인하였다. (1) 그들은 누구이며 어떤 사람이 되기를 원하는가에 대한 내담자들의 표현들 사이에 있는 불일치(참 자기 혹은 자기 개념 대 이상적 자기), (2) 상담사가 관찰할 때나 내담자들이 보고할 때 나타나는 그들 자신과 그들의 행동에 대한 내담자들의 표현들 사이에 있는 불일치 그리고 (3) 표현된 그들 자신에 대한 내담자들의 경험과 내담자에 대한 상담사의 경험 사이에 있는 불일치.[20]

그래서 직면은 내담자에게 그의 감정이나 태도, 혹은 행동에 인지적인 부조화나 비일관성이 있음을 인식시키려는 목회상담사의 시도다. 상담의 초기 회기에 관계 중심 목회상담사들은 시험적으로 직면을 사용한다. 보다 후기 회기에는 불일치들에 대해 특별히 초점을 맞추어 직접적인 직면들이 이뤄진다. 직면의 목표는 내담자들이 그들 자신에게, 그리고 필요할 때는 다른 사람들에게 직면하는 것을 배울 수 있도록 하는 것이다. "자기와 다른 사람들에 대한 직면은 개인이 건강한 삶을 살아가는 데 있어서 필요조건이다."[21] 직면은 내담자들의 부정적인 측면들에 제한되지 않는다. 그것은 인식되지 못하거나 사용되지 못하는 그들의 자원들이나 장점들을 지적하는 것도 포함한다.

직면에는 위험이 있다. 그것은 높은 수준의 공감과 정중함을 나타내는 관계에서만 유용하고 효과적이다. 그리고 진실성과 마찬가지로 직면은 상담사들에 의해 그들의 공격성이나 내적 분노, 좌절을 발산하기 위해서 오용될 수 있다.

꽤 오랫동안 저자들은 집단과 작업할 때 상담사의 **자기 노출**의 필요성을 강조하였다. 자기 노출도 역시 개인이나 부부, 가족을 다룰 때 관계 중심 목회상담에서 유용하다. 관계에서 자기 노출의 정도는 그 관계의 친밀함의 지표로서 이해될 수 있다. 자기 노출을 통해서 상담사들은 그들 자신에 대한 정보-그들의 생각, 감정, 태도, 가치-를 드러낼 수 있다. 그들은 그들이 내담자들의 감정과 매우 유사한 것들이나 매우 다른 것들을 경험했던 시기들을 드러낼 수 있다.

랄프 언더우드(Ralph Underwood)는 "관계 있는 직면"을 위한 지침들을 제안했다. 첫째, 목회상담사들은 "우리의 관계에 대해 어떻게 느끼십니까?"라고 묻기 전에 그들이 그 관계에 대해 어떻게 느끼는지 드러내야만 한다. 둘째, 목회자들은 관계에 대한 그들의 인식을 잠정적인 것으로 생각해야만 한다. 셋째, 목회자들은 그들의 희망이라는 맥락에서 그들의 인식을 관계에 맞게 해야만 한다. 넷째, 관계에서 어떤 문제를 제기할 때 목회자들은 그 상황에 대해 그들 자신이 기여한 바를 인식해야만 한다. 마지막으로, 목회자들은 관계에서 어떤 일이 일어나고 있는지에 대한 감정과 인식을 나누기 위해서 다른 사람을 초대할 수 있다.[22]

그러나 자기 노출은 내담자를 위한 것이어야만 한다. 상담사가 좀더 좋게 느끼는 데 도움이 되라고 그것을 하는 것은 아니다. 이러한 이유로 진실성의 경우와 마찬가지로 상담사들은 촉진적인 혹은 치료적인 자기 노출이라는 차원에서 생각해야만 한다. 카크허프는 "자기 노출의 차원은 진실성의 한 국면이다…. 양쪽 편에서의 자발적인 나눔은 진실된 관계의 정수다" 23) 라고 하였다.

내담자와의 신체적 접촉은 관계의 긍정적인 특성을 증대시킬 수 있지만 다음의 내용을 주의해야 한다. "내담자를 터치하려는 욕구가 큰 치료사는 그 자신의 성적인 욕구들과 관계가 없지 않은 어느 정도 전달된 긍정적인 역전이(countertransference)를 행동화하려는 경향을 드러내고 있는 것이다." 24) 그러나 서구 문화에서 목회자들은 개인적으로 자유롭게 다른 사람들을 적절히 터치하도록 허용되고 심지어 기대된다.

예를 들어 예배가 끝난 뒤에 교회 입구에서 이뤄지는 악수례는 매우 의미 있는 것이다. 되돌아보면, 통찰력 있는 목회자들은 그들 자신에게 "누가 정말로 나를 만졌는가?"라고 물을 수 있다. 예수님은 무리들의 신체적 접촉 가운데 혈루증을 앓는 익명의 여인의 의미 있는 터치를 느꼈다(눅 8:43-48). 상담 회기를 시작하거나 끝내면서 악수를 하는 것은 다른 어떤 유형의 치료사보다 목회자들에 의해 더욱 널리 사용된다. 유족들의 팔을 부드럽게 들어올리는 목회자의 손은 신체적인 지지의 표시로 작용한다. 목회상담에서 신체적 접촉의 전반적인 문제는 더 많은 연구를 필요로 한다. 25)

관계 중심 목회상담사에게 관계에 대해 토론하는 것은 효과적인 치료에서 필수적인 기술이다. 앞에서 언급했듯이 관계를 더 중요하게 생각하는 것은 관계상담의 특성들 가운데 하나다. 26) 윌리엄 슈나이더와 준 슈나이더에 의하면 "주제를 선택해야 할 경우 관계의 주제가 더욱 중요하다." 27)

관계의 **직접성**(immediacy)은 상담사와 내담자의 상호작용을 말한다. 이 개념은 게쉬탈트 치료에서 여기 지금 혹은 이 순간에 관심을 갖는 것과 유사하다. 카크허프는 "대개 상담사가 자기 자신을 직접적으로 표현할 수 없을 때 그것은 그녀 자신을 표현하지 못하는 것이라기보다는 그녀 자신과 관계가 있는 내담자에 대하여 그녀가 가지고 있는 태도에 관한 것이다"[28]라고 했다. 물론 목회상담사가 관계의 직접성에 지속적으로 초점을 맞추는 것은 불가능하다. 치료가 지연되거나 방향을 잃어버린 것 같을 때 직접성에 초점을 맞추는 것이 아마도 가장 적절할 것이다. 그러나 상담이 잘 진행되고 있는 것처럼 보일 때 관계를 세밀하게 관찰하는 것도 유용하다.

직접성이 상담사-내담자 관계를 포함한다면 그것은 전이가 아니다. 전이가 과거로부터 온 감정들을 포함한다면 그것은 한 인간으로서의 상담사와, 상담사와 내담자가 상호작용에 가져오는 현실적이고 적절한 감정들을 포함한다.

관계에 초점을 맞추려는 목회상담사의 초기 시도들은 그것이 시험적인 것이라면 내담자에게 덜 위협적이다. "선생님은 저에게 선생님이 저와 우리의 관계에 대해 어떻게 느끼는지 말씀하시려고 하는 것입니까?" 그들의 관계가 발달하면서 목회자는 이러한 추론들에 대해 더 확신할 수 있고, 내담자는 그것들을 더욱 기꺼이 받아들일 수 있다. 나는 때때로 "우리—선생님과 저—가 지금 어떻게 하고 있지요?"라고 질문하곤 한다.

상담은 내담자가 상담사에게 드러내는 그 정보에 기초할 때 가장 잘 이뤄진다. 흔히 친구들과 친척들이 더 많은 정보를 제공하려고 자진하는데, 이 경우 그들은 자신들의 이름이 언급되어서는 안 된다는 경고와 함께 그 정보를 비밀로 한다. 이러한 상황들은 아마도 유익하기보다는 해가 될 것이다. 일단 부수적인 정보를 알게 되면 목회자는 그것을 내담자에게 드러내는 것을 두려워해서 억압될 수 있다. 일단 부수적인 정보가 부주의하게 사용되면, 내담자들은 목회자들이 가지고 있을 수 있는 더 많은 드러나지 않은 정보에 대해 불안해하게 된다. 부수적인 자료는 흔히 상담사에게는 정직하지 못하게 하고 내담자에게는 신뢰하지 못하게 하고 결국 관계에 방해가 된다.

상담사들은 관계를 평가하기 위한 방법으로서 내담자의 꿈을 연구할 수 있다. 슈나이더와 슈나이더는 꿈은 상담 관계의 특성에 대해 많은 것을 보여준다고 하였다. 그들은 관계에 대해 많은 것을 얘기해 주는 다음의 꿈 유형들을 특별히 언급하면서 꿈이 관계를 어느 정도 진단하는 것이 될 수 있다고 하였다: 치료사와 동일시하려는 소망을 보여주는 꿈들, 두려움이나 저항을 보여주는 꿈들, 의존을 보여주는 전이(transference) 꿈들 그리고 치료사와 연관된 성적인 꿈들.

계속해서 슈나이더 부부는 관계는 치료사가 치료에서 꿈을 다루는 방식에 따라 영향을 받는다고 하였다. 그들의 절차는 내담자로부터 꿈의 내용과 관련된 모든 사고 연상들이나 해석을 이끌어 내는 것이었다. 그리고 나서 직접적인 질문을 통해서 그들은 그 연상들에 대한 이차적인 연상들이나 해석들을 모색하였다. 이 지점에서 슈나이더 부부는 대개 그들에게 떠오르는 내담자가 인식하지 못하거나 억압하고 있는 연상들을 제시하였다. 이것은 대개 상세히 말하기(elaboration), 의견을 받아들이기(acquiescence), 해석(interpretation), 부인(denial)과 저항(resistance)의 순서를 따라 더 많은 연상들이나 토론을 낳는다.[29]

나는 꿈을 다룰 때 종종 게쉬탈트적인 방법을 사용했다. 꿈의 각 부분은 꿈꾸는 사람에게 속해 있고 꿈의 어떤 요소들은 받아들일 수 없는 자기의 부분을 나타낼 수 있다고 믿었기 때문에, 나는 내담자에게 꿈의 각 부분이 되어보거나 행동으로 표현해 보라고 요구했다. 이 과정은 대개 통찰과 통합을 촉진한다.

위에서 논의된 기술들에 더해서 관계를 형성하는 데 있어서 상담사의 행동에 대한 루이스 월버그(Lewis Wolberg)의 규칙들을 주목하는 것이 유용하다. 다음은 『심리치료의 기술』(The Technique of Psychotherapy)로부터 간결하게 요약한 것이다.

- 놀라움의 감탄을 피하라.
- 지나친 관심의 표현을 피하라.
- 도덕주의적 판단을 피하라.
- 처벌적인 것을 피하라.
- 내담자를 비판하는 것을 피하라.
- 거짓된 약속을 하는 것을 피하라.
- 개인적인 언급을 하거나 자랑하는 것을 피하라.
- 내담자를 위협하는 것을 피하라.
- 당신 자신의 문제들을 내담자에게 부담시키는 것을 피하라.
- 성급함을 나타내는 것을 피하라.
- 정치적인 토론을 피하라.
- 내담자와 논쟁하는 것을 피하라.
- 내담자를 비웃는 것을 피하라.
- 내담자를 과소평가하는 것을 피하라.
- 실수 때문에 내담자를 비난하는 것을 피하라.
- 내담자를 거부하는 것을 피하라.
- 편협함을 나타내는 것을 피하라.
- 교조적인 언사를 피하라.
- 너무 이른 깊은 해석을 피하라.
- 꿈에 대한 교조적인 분석을 피하라.

- 저항이 클 때는 상처가 되었던 자료를 탐구하는 것을 피하라.
- 내담자를 기쁘게 해주려는 것을 피하라.
- 불필요한 확신을 피하라.
- 정말로 필요할 때는 확신을 확장하라.
- 비합리적인 태도들에 대해서조차도 개방성을 표현하라.
- 당신과 다른 가치와 선호를 표현할 수 있는 내담자의 권리를 존중하라.
- 필요한 만큼 자주 면담의 목표에 대해 명확히 하라.
- 필요한 경우에 동정적인 말을 하라. 30)

상담하는 사람들은 때때로 그들에 대한 목회자의 견해에 대해 자연스럽게 놀란다. 아마도 면담이 끝날 때쯤 건네는 한두 마디 격려의 말은 내담자들에게 상담사가 그들을 신뢰하고 있음을 알게 해줄 것이다. 그러한 정직한 표현들은 치료적 관계를 촉진하는 데 많은 도움이 된다.

관계 형성의 장애물

치료적 관계를 촉진하는 기술은 단지 책을 읽고 강의를 들음으로써 배울 수 있는 것이 아니다. 상담사들은 숙련된 감독자들의 지도 아래 실제 상담을 해봄으로써만 이 기술에 대한 능력을 개발할 수 있다.

치료적 관계는 결코 그냥 생겨나지 않을 것이다. 관심과 참여가 필요하다. 심리치료사들뿐만 아니라 목회상담사들은 때때로 여러 회기의 면담을 하고 나면 무엇인가—가치 있고, 소중하고, 의미 있는 어떤 것—가 상담사들에게서 나와서 내담자들에게 들어가기 때문에 소진되었다고 느낄 것이다.

상담 관계는 상호간에 많은 불안을 수반한다. 어떤 미지의 상황이 불안의 원인이 되지만 이러한 감정은 내담자들에게 더욱 큰데, 왜냐하면 그들은 정서적으로 더 많은 위험을 느끼고 각 회기마다 무엇을 기대해야 할지 거의 모르기 때문이다. 이러한 두려움에 맞서기 위해서는 진실성이 필요하다. 로저스는 만약 상담사들이 그들이 아닌 어떤 사람인 것인 체하면 관계가 제한된다고 지적하였다. 실제로는 화가 나고 비판적으로 느낄 때 평온하고 기분이 좋은 것처럼 행동하거나 대답을 알고 있는 체하는 것은 결코 도움이 되지 않는다. 허울을 세우는 것은 관계에 방해가 된다.[31]

상담사의 성격 문제들도 치료적 관계를 억제한다. 예를 들어 적대감을 참지 못하는 것—목회자들에게 흔히 나타나는 특성—은 적대감을 나타내는 내담자들과 관계를 형성하는 것을 어렵게 할 수 있다. 개인적으로 성적인 문제들을 가진 특정 목회자는 내담자가 목회자도 마음에 품고 있는 성적인 두려움이나 충동에 대해 말할 때 불안으로 반응할 수 있다. 이것 때문에 목회자는 필요한 따뜻함과 객관성, 공감을 보여주는 데 실패할 수 있다.

한 의사는 상담 관계에서 함정의 원인이 될 수 있는 다른 특별한 상담사의 성격 문제들을 지적하였다: 사람을 구해 줌으로써 자신이 중요하다고 느끼려고 하는 욕구, 권위주의적인 성격, 채워지지 않은 사랑과 감사와 호의에 대한 욕구 그리고 다른 상담사들과의 경쟁 심리.[32]

만약 목회 심리치료사들이 노력한다면 그들은 관계에 대한 대부분의 장애물들을 극복할 수 있다. 그러나 모든 상담사들은 그들이 도울 수 있는 사람들의 범위에 있어서 한계가 있다. 유능한 상담사들에게는 그들의 능력을 넘어서는 사람들이 드물게 있음을 인정하고 그 내담자를 상담 관계를 발달시킬 수 있는 다른 사람에게 의뢰할 수 있는 능력이 있다. 정신과 의사인 프랭크는 "다른 어떤 요소들이 있을 수 있지만 기술의 정수는 어떤 유형의 관계를 제공할 수 있는 능력인 것 같다"[33]고 설명하였다.

자신의 초기 저작들에서 관계의 중요성에 대해 많은 긍정적인 내용들을 소개했음에도 불구하고, 캐롤 와이즈는 그의 마지막 저작인 『목회 심리치료』(Pastoral Psychotherapy)에서 오로지 관계에 초점을 맞추는 것은 "과정과 내용을 회피하는 결과를 가져오고 의식적인 감정을 지나치게 강조하는 경향이 있다"[34]고 강력히 주장하였다. 나는 8, 9장과 함께 이 장의 내용이 독자의 편에서 그러한 관심을 연결시켜 줄 것이라고 믿는다.

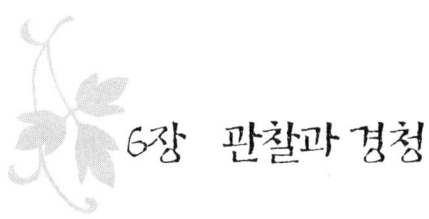

6장 관찰과 경청

한번은 예수께서 그의 제자들에게 말씀하셨다. "많은 선지자와 임금이 너희 보는 바를 보고자 하였으되 보지 못하였으며 너희 듣는 바를 듣고자 하였으되 듣지 못하였느니라"(눅 10:24). 명백하게 맥락에서 벗어난 것이지만 이 말씀은 고도의 감수성을 개발해야 하는 상담사들에 대한 것이 될 수 있다.

신체적 자료는 똑같은 것이 아니다. 우리가 포착하는 것들 가운데 많은 부분이 의식적으로 보고, 듣고, 만지고, 냄새 맡는 것을 통해서 주어진다. 그러나 우리는 더 많은 부분을 무의식적으로 경험한다. 이 두 번째 부분이 첫 번째 부분보다 더 많고 심리적인 이해를 위해 더 중요하다. 나는 이 장에서 두 종류의 자료에 대해 다룰 것이다.

관찰

목회상담사의 전형적인 특징들 가운데 하나는 사람들의 소망과 두려움, 긴장에 대한 감수성이다. 목회상담사들은 특별히 자세와 얼굴 표정, 복장, 겉으로 보기에 우연으로 보이는 신체적인 움직임 등 성격의 사소한 표현들에 모두 민감해야만 한다. 성격을 읽는 법을 배우라. 그것은 잠언집을 읽는 것처럼 단순한 것이 아니다. 그것은 새롭고, 흥미 있는 모든 것을 보고 이해하려는, 낯선 나라를 지나가는 여행과도 같다. 사람과 관계 된 것은 모두 성격을 이해하는 데 필요하다. 내면의 성격은 지속적으로 그 자체를 표현하기 때문에 그 무엇도, 심지어 표현상의 가장 작은 움직임이나 변화조차도 의미없거나 우연적인 것은 없다. 예를 들어 우리는 믿어지지 않을 때 눈썹을 치켜 올린다. 우리는 당혹스러울 때 코를 문지른다. 우리는 친밀감을 표현할 때 윙크를 한다. 우리는 초조할 때 손가락을 두드린다. 혹은 무엇인가 잊어버렸을 때 우리는 이마를 때린다.

어떤 사람들은 이런 식으로 다른 사람들의 성격을 읽는 것이 위험하다고 반대한다. 만약 누군가가 이것을 엿보기라도 하듯이 한다면 이러한 반대는 정당한 것이 될 수 있다. 임상적 관찰은 다른 사람 위에 앉으려는 목적을 위한 것이 아니다. 신중한 목회상담사들은 사람들을 수용하고, 평가하고, 도와주기 위해서 그들을 더 잘 이해하려고 노력한다. 사람들이 상담사가 내담자들을 인간으로 보고 있다는 사실을 인식할 때 그들의 자존감은 높아지기 때문에 그들은 이러한 종류의 평가를 존중한다.

오랫동안 심리치료사들은 신체 언어를 어떻게 해석할 수 있는가에 대한 출판물을 거의 제공하지 않았다. 그들은 이러한 정보를 그들의 학생들에게 말로 전수하였다. 그러나 최근에 전문 상담사와 일반인 모두를 위해 많은

책들이 출판되었다.[1]

초기 면담 때 내담자들이 **다가오는 태도**를 통해서 목회자는 그들의 성격을 어렴풋이 감지할 수 있다. 확고하고 침착한 발걸음은 자신감을 나타낸다. 머뭇거리는 발걸음은 수줍음을 나타내고, 또한 그 사람은 매 순간마다 결심을 새롭게 해야만 한다는 가능성을 드러내 보이는 것일 수 있다. 목회상담사들은 연로한 친척들을 만날 때 사용될 수 있는 미사여구로 내담자에게 인사를 해서는 안 되고, 문 앞에서 내담자들을 호의적으로 바라보고 부드러운 시선을 유지하면 된다.

악수는 인간 상호 결합의 상징이다. 악수례는 오랫동안 태도와 성격의 중요한 표현으로 인식되었다. 죽은 고기를 쥐는 듯한 악수(dead fish handshake)는 흔히 수동적인 사람들에 의해 사용된다. 손을 빨리 뺄 때 그것은 그 사람이 머뭇거리고 상처 받는 것을 두려워한다는 것을 나타낼 수 있다. 오래 끄는 악수는 흔히 의존적인 사람들에 의해 사용된다. 한 사람이 바이스나 펌프처럼 열정적으로 다른 사람들의 손을 꽉 잡는 거칠고 강한 악수는 그 사람이 매우 강한 성격이라는 인상을 심어 주기를 원하지만, 사실은 매우 열등감을 깊이 느끼고 있음을 나타낸다. 반대로 악수가 다른 사람에 대한 진정한 우정과 관심을 표현할 때 그것은 건강한 성격의 표시다.

복장의 중요성은 너무나 잘 알려져 있다. 인간은 수 세기 동안 복장의 의미를 해독하는 데 훈련되어 왔다. 옷이 실제로 그 사람을 만드는 것은 아니지만, 옷차림새의 세부적인 것이 그 옷을 입은 사람의 태도에 대해 중요한 암시를 제공해 준다. 옷차림을 흩뜨린 정신질환자들의 외양은 그들이 외적 세계에 관심이 결여되어 있고 그들의 내적 세계에 몰두하고 있음을 나타낸다. 깔끔하지 못한 모습은 자존감이 결여되어 있음을 보여줄 수도 있다. 반대로 세련된 단정함은 경직되고 강박적인 성격을 나타내는 경우가 많다.

거리의 의미를 분석하는 것은 사람들을 이해하는 또 하나의 방법이다. 만약 내담자가 목회자 가까이 앉는다면 이것은 우호적인 태도를 의미한다. 멀리 떨어져 앉는 것은 두려움이나 어떤 간격이 있음을 나타낸다. 친근함과 관심은 보통 다른 사람을 향한 움직임에 의해 나타난다. 증오와 다른 부정적인 감정들은 다른 방향으로의 움직임 속에 나타난다. 상담 관계는 목회자와 내담자가 서로에게 다가가고 터치하기에 충분할 만큼 가까이 앉아 있을 때 강화된다.

정동(affect)은 개념이나 정신적 표상에 동반되는 정서적인 감정의 색조(tone)다. 때로는 신체도 감정을 드러내지만 이러한 반응은 얼굴 표정에서 가장 잘 드러난다. 상담사들은 사람들이 안정되고 편안한 체할지라도 그들의 얼굴에 드러나는 참된 기쁨이나 고통, 두려움을 읽을 수 있어야만 한다. 사람의 정동은 소위 포커 페이스(poker face)처럼 단조롭고 무표정할 수 있지만, 이것은 흔히 진짜 감정을 표현하는 것에 대한 억제와 경직성을 나타낸다. 부적절한 정동은 감정과 표현이 일치하지 않음을 나타낸다. 정동을 이해할 때 상담사들은 감정들에 대한 내담자들의 개방성과 수용성에 대해 부가적인 통찰을 얻을 수 있다.

상담사들은 **신경과민**을 보여주는 많은 표시들을 볼 수 있다. 좀더 명백한 신호들 가운데는 의자의 손잡이를 단단히 잡기, 손을 꽉 쥐기, 손톱을 물어뜯기, 손가락 튀기기, 다리를 꼬거나 고쳐 앉기 등이 포함된다. 그런 것들을 관찰하는 상담사들이 왜 내담자들은 신경과민이고 그들이 고심하거나 숨기려는 것이 무엇인지 알고 싶어하는 것은 보통 있는 일이다. 그러나 목회상담사들은 그들 역시 무의식적이고 비언어적인 메시지들을 전달하고 있다는 사실과 내담자들은 신체 언어로부터 많은 것을 직관할 수 있다는 사실을 기억해야만 한다. 1초 간의 금지하는 몸짓은 한 시간 동안의 많은 말들보다 더 많은 것을 전달한다. 그러므로 목회자들은 언제나 내담자들을 향한 개인적인 감정에 대해 정직해야 한다.

롤로 메이(Rollo May)는 상담사들을 위한 일반적인 주의사항을 제시하였다. "한 개인의 인격 패턴에 관한 가설들은 상호관련된 여러 가지 요인에 의해서만 구성될 수 있다."[2] 어떤 관찰도 하나만을 가지고는 충분한 결론의 근거가 될 수 없다. 관계 중심 목회 심리치료에서는 온도계가 온도를 나타내듯이 민감한 관찰들을 통해서 관계의 의미가 많이 드러날 수 있다. 적절한 때에 목회자는 내담자들의 무의식적이고 비언어적인 의사소통에 관한 자신의 관찰과 해석에 대해 그들과 토론할 것이다. 이 과정은 대개 두 사람 사이의 관계를 깊게 해준다.

경청

예수께서는 "들을 귀 있는 자는 들으라"(막 4:9)고 하셨다. 목회상담사들은 말하는 설교자가 되기보다는 경청하는 목회자가 되는 데 더욱 집중해야만 한다. 욥은 그의 친구들에게 내담자가 때때로 가질 수 있는 감정들을 요약해 주었다. "너희는 거짓말을 지어내는 자요 다 쓸데 없는 의원이니라 너희가 잠잠하고 잠잠하기를 원하노라 이것이 너희의 지혜일 것이니라 너희는 나의 변론을 들으며 내 입술의 변명을 들어보라"(욥 13:4-6).

말과는 다르게 음성은 신중한 경청자에게 많은 것을 이야기해 준다. 음성은 좋은 음악과 같이 뚜렷한 심리적이고 영적인 태도를 드러낸다. 그러나 특정한 고저와 음색, 속도와 리듬, 음량과 발음은 항상 의식적으로 인지되는 것이 아니다. 이러한 적은 특성들이 인간에 대해 많은 것을 나타낸다.

성실성은 맑은 음성으로, 용기는 확고한 음성으로 그리고 인간에 대한 관심은 너무나 명료하기 때문에 누구도 그것과 접촉하는 것을 피할 수 없는 음성으로 표현된다. 확실히 연설조로 말하는 사람이나 귀를 기울이지 않으면 들을 수 없게 작은 소리로 말하는 사람은 상대와 접촉하기를 바라지 않는다는 것을 표현하고 있다.[3]

목회자들이 적극적이고, 수용적이고, 긍정적인 경청을 하는 것은 쉽사리 되지 않는다. 다른 사람에게 이런 종류의 주의를 유지하는 것은 어려운 일이다. 프로이트는 이것을 **고르게 떠 있는 주의**(gleichschwebend)라고 정의하였다. 이 말은 회전하다(revolving) 혹은 선회하다(circling)는 의미와 치우치지 않는다(equal distribution)는 의미를 모두 담고 있기 때문에 번역하기가 까다롭다. 이 말은 "고르게 떠다니는 주의(evenly hovering attention)와 균형잡힌 주의(poised attention), 움직이는 주의(mobile attention), 자유롭게 떠다니는 주의(free-floating attention)" 등으로 표현되었다.[4] 유능한 상담사들은 이런 종류의 경청 능력을 추구한다.

웨인 오우츠는 경청은 본질적으로 세 가지를 의미한다고 지적하였다. 첫째, 그것은 내담자가 말하고 있는 것에 대해 주의를 기울이는 것(being attentive)을 의미한다. 책상 위에 있는 종이들을 버리거나 공상을 하거나 혹은 시계를 슬쩍 엿보는 것은 모두 상담사가 단지 성의 없게 주의를 기울이고 있음을 미묘하게 드러내는 것들이다. 둘째, 경청은 내담자가 이야기를 하도록 허용하는 것이다. 작은 이야기도 선명하게 해주는 침묵의 적극적인 힘을 사용해서 목회자들은 내담자들을 보다 깊은 개인 경험의 층으로 이끌어 간다. 또한 경청은 내담자들이 말할 수 있도록 동기를 부여하는 것을 의미한다. 이렇게 하기 위해서는 상담사들의 긍정적인 주도성이 어느 정도

필요하다.5)

경청하는 상담사들은 내담자들이 다양한 감정들을 어떻게 표현하는지 주목한다. 내담자들이 현재의 감정들을 경험할 때 억압된 기억들이 되살아나고 현재에서 활성화된다. 또한 내담자들은 같은 관심 대상에 대해서 양가적이거나 적대적인 감정들을 표현할 수 있다. 이것은 특히 하나님과 교회, 공격성과 수동성, 독립과 의존, 사회적 인정과 반항, 자기 거부와 자기 수용에 대한 감정에 관해서도 마찬가지다.

경청과 관련된 경고의 말이 하나 있다: 유능한 상담사들은 어떤 사람들에게 적극적인 태도를 취할 필요가 있다.6) 예를 들어 오우츠는 어떤 상담사들은 우울한 사람들에게 스스로 얘기해서 더욱 큰 흥분이나 우울감을 느끼도록 허용해야 한다고 하였다. 만약 상담사들이 단순히 듣기만 하면 내담자들은 혼히 상담사들이 그들 자신을 경시하는 말들에 동의하고 있다고 결론을 내린다. 이러한 과정은 심지어 자살을 재촉하는 것이 될 수도 있다.7) 상담사들은 자살이 문제에 대한 좋은 해결책이라는 것에 암묵적으로라도 절대 동의해서는 안 된다. 오히려 그들은 내담자가 자살을 시도해서는 안 되는 이유에 대해 생각하도록 도와주어야만 한다.

목회적 평가는 경청하는 상담사들이 각 사람에게 얼마나 경청해야만 하는가를 결정하는 데 도움이 된다. "입이 식물의 맛을 변별함같이 귀가 말을 분별하나니"(욥 34:3).

관계 중심 목회상담에서 상담사들은 상담 관계를 더욱 깊고 유익하게 만들기 위해서 그들이 보고 듣는 모든 것을 사용해야만 한다. 이러한 과정에서 상담사들은 적절한 때에 즉시 관찰한 것에 대해 말해 주어야만 한다. 관계의 개방성과 정직성은 상담사들이 그들이 인식하고 분별한 것들에 대해 내담자들과 적절히 직면할 때 고양될 수 있다.

7장 의사소통

말을 하는 모든 순간에 반드시 의사소통이 일어난다고 생각하는 것은 잘못된 것이다. 평범한 사람은 결코 사전에 있는 약 550,000개의 단어보다 더 많이 사용하지 않지만, 사용되는 단어들 가운데 많은 것들이 다양한 의미들을 가지고 있다. 이것을 염두에 둔다면 말을 듣는 사람이 항상 말하는 사람이 의도한 것과 같은 의미에 대해 생각할 수는 없을 것이다. 한 사람이 알고 있는 것을 완전히 전달하는 것은 모험적인 일이다. 칼 로저스는 "이러한 선택은 주어진 관계가 점점 더 상호적으로 치료적인 것이 될지, 아니면 붕괴되는 방향으로 갈지를 결정한다" [1]고 하였다. 아더 베커(Arthur Becker)는 목회상담사들과 다른 치료사들에 의해 형성된 관계에 대한 비교 실험 연구에서 의사소통의 중요성에 대해 두 집단 사이에 거의 완전한 일치가 있었음을 발견하였다. [2]

내담자들과 목회상담사의 언약(covenant)의 일부분은 의사소통과 비밀보장과 관련이 있다. 이 언약은 내담자들이 말한 어떤 것도 말하지 않겠다는 약속 그 이상의 것이고, 아마도 그런 약속을 하는 것은 지혜로운 일이 아닐 것이다. 실제로 내담자들은 대개 상담사들에게는 어떤 것도 말하지 않기를 기대하면서 그들은 상담 회기에서 나온 재미있는 이야기들을 다른 사람들과 토론하는 것을 자유롭게 느낀다. 웨인 오우츠는 이 점에 있어서 상담의 정보는 그것이 드러났을 때의 위협 정도에 따라서 대개 세 가지 다른 범주로 구분된다고 하였다.

첫째, 토론된 어떤 정보는 이미 많은 사람이 알고 있는 공유된 지식이다. 둘째, 다른 정보는 만약 내담자가 허락한다면 목회자가 특별한 경우에 말할 수 있는 허가된 의사소통이다. 예를 들어, 책임 있는 목회상담사는 흔히 다른 전문가들과 협력한다. 전문가들 사이의 수퍼비전과 사례 회의도 이 범주에 해당된다. 셋째, 어떤 의사소통은 엄격하게 비밀을 보장해야 하는 정보다. 이것은 대개 고백적인 특성을 가진 것인데 목회자는 이것을 내담자가 하나님께 고백한 것처럼 받아들여야 한다. 이것은 다른 사람에게 전해져서는 안 된다.[3]

반영적 의사소통

감정의 반영은 "내담자에 의해 표현된 본질적인 태도들(내용이라기 보다는)을 새로운 말로 표현하려는 상담사의 시도"[4]로 정의내려진다. 반영적 의사소통에서 목회자들은 사람들이 (1) 깊이 이해 받는다고 느끼고, (2) 감정들이 행동의 동기가 됨을 추론하고, (3) 그들이 그들 자신을 평가하는 데 책임이 있음을 깨닫고, (4) 그들 자신의 선택할 수 있는 능력을 인식하고, (5) 그들의 생각을 명확하게 해서 그들의 상황을 보다 객관적으로 볼 수 있고, (6) 그들의 상담사들이 그들을 별나고 다른 사람으로 보지 않는다는 사실을 알고, (7) 그들의 보다 깊은 동기들을 살펴보도록 도와줄 수 있다. 아래에 제시된 내용은 반영의 여러 가지 유형들을 예를 들어 설명한 것이다.

내용

내용에 대한 반응은 상담사가 내담자에게 귀를 기울이고 있음을 보여주지만, 지속적으로 내용을 반영해 주는 것은 상담에서 오류로 간주된다. 이 방법을 쓴다면 상담사들은 본질상 같은 말로 내담자의 진술을 기계적으로 반복하는 것일 뿐이다. 이것은 내담자를 당황하게 하고 이해를 전달하지도 못한다. 다음의 대화가 이에 대한 예이다.

내담자: 저는 항상 설교자가 되는 것을 생각했습니다. 그것이 저의 어머니가 저에게 원하셨던 것이기 때문이죠.

목회자: 당신은 항상 설교자가 되는 것을 생각하셨군요. 그것이 당신의 어머니가 항상 당신에게 원했던 것이기 때문이라는 말씀이시죠.

이러한 태도는 당황한 내담자로 하여금 "내가 그렇게 말했나?" 혹은 "내가 무슨 말을 잘못했나?"라고 생각하게 할 수 있다. 목회상담사가 반영하려고 한다면 다음과 같이 반응할 수 있을 것이다.

목회자: 당신은 어머니와 불일치하는 것에 대해 전혀 생각해 보지 않았기

때문에 어머니를 따라가고 있군요.

이러한 반응은 심중을 살피고 내담자가 표현한 감정의 저의를 만져 주는 데 도움이 될 것이다.

깊이

관계 중심 목회상담사들은 내담자의 진술의 깊이에 맞는 방식으로 반응하려고 노력한다. 그들은 내담자들의 말들을 만들어 내는 근원적인 감정들에 반응한다. 어떤 목회자들은 초지일관 너무 피상적으로 반영한다.

내담자: 제가 목사님을 좋아하지 않는 것은 아닙니다. 목사님, 하지만 저는 목사님과 얘기하러 여기에 오는 것이 두렵습니다.

목회자: 저는 더할 나위 없이 좋은데 우리의 대화가 두렵다는 말씀이죠.

다른 목회자들은 너무 깊게 해석한다.

목회자: 당신이 저를 좋아하기 때문에, 당신은 한 남자와 여자 사이에서 일어날 수 있는 일들 때문에 우리의 대화를 두려워했군요.

내담자는 이러한 반응을 대하면 아마도 부인하거나 주제를 바꿀 것이다. 아마도 좀더 적절한 반응은 이런 것일 것이다.

목회자: 당신은 저를 더할 나위 없이 좋아하는군요. 하지만 당신은 우리

의 대화에 수반되는 당신의 감정들을 두려워하는군요.

의미

관계 상담사들은 내담자의 진술의 의미에 대해 추가하거나 감하는 것을 피하려고 노력한다. 따라서 그들은 말과 완전한 생각과 문장을 제공하지도 않고, 단지 마지막 말에 대해서만 반응하지도 않는다. 예를 들면 다음과 같다.

아내: 저는 제 남편을 신뢰할 수 없어요. 그가 저를 사랑한다고 말한다 할지라도.

남편: 나는 정말 당신을 사랑해.

목회자: 들으셨죠. 남편은 당신을 사랑한다고 말씀하셨습니다.

이 목회자는 부부가 표현했던 말의 의미를 약화시켰다. 다음의 진술에서는 목회자가 너무 많은 것을 생각하였다.

목회자: 당신은 남편이 뭐라고 말하든 남편을 신뢰하지 않겠네요.

내담자의 의미에 대한 정확한 반영은 쉬운 것같이 보일 수 있지만 너무나 자주 목회상담사는 내담자의 관점에서보다는 개인적인 관점에서 반응한다.

언어

목회자는 관계를 증진시키기 위해서 개별적인 내담자들에게 가장 적절한 언어를 사용하려고 노력해야만 한다. 배우지 못한 노숙자나 교육받은 전문가를 상담할 때 목회상담사는 각 사람의 언어를 사용할 수 있는 능력을 개발해야만 한다. 내담자의 표현 주파수에 맞춤으로써 목회자는 내담자의 언어로 이해를 전달할 수 있다.

학생: 목사님, 기독교인이 여자 친구와 키스하는 것이 정당합니까—키스 말예요?

목회자: 형제는 기독 청년이 키스해도 되는지 안 되는지에 대해 염려하고 있군요.

이따금 상담사는 내담자가 감정을 구별할 수 있도록 도와주는 것이 필요하다.

내담자: 저는 아버지가 저를 좋아하지 않거나 제가 별종이기를 바라는 것처럼 느껴집니다. 그 느낌을 뭐라고 말로 표현할 수 없습니다.

목회자: 당신은 마치 당신의 아버지가 당신을 거부하고 있는 것처럼 느끼고 있다고 할 수 있을까요?

지연된 반영

일단 대화에서 한 주제가 제기되면 그것은 토론을 위한 공정한 게임이다.

상담사들은 감정적으로 격한 주제에 대해 먼저 말하지 않거나 그러한 부분을 인식하면서도 그 주제를 다루기에 좀더 적절한 시기가 될 때까지 기다리기로 마음먹는다. 예를 들면 다음과 같다.

원목: 마샬 부인, 우리가 수술 전에 방문했을 때 저는 당신이 일년 전에 남편이 돌아가셨다고 말씀하신 것으로 기억합니다.

침묵과 중지

대화에서의 침묵이나 중지는 많은 초보 목회상담사들에게 문제를 제기한다. 흔히 그것들은 상담사와 내담자 모두에게 불안을 조성하고, 상담 과정을 방해한다. 수백 건의 면담 실어록을 읽은 후에 나는 목회자가 단순히 내담자의 얘기를 듣고 그것에 대해 반영만 했더라도 목회자가 분명히 말해야만 했을 때 나타났던 많은 적절하지 못한 중지를 피할 수 있었다고 결론 내렸다.

그러나 침묵은 그 의미가 드러나거나 그러지 않거나 항상 어떤 목적을 위해 사용된다. 첫째, 침묵은 두 가지 유형으로 나타날 수 있다: 긍정적이고 수용적인 것과 부정적이고 거부하는 것("말 안하기"와 같은). 둘째, 중지는 내담자가 다음 토론할 것을 결정하고 있음을 의미할 수 있다. 심각한 문제를 다루기 전에 전형적으로 침묵의 순간이 있다. 침묵의 세 번째 의미는 특히 특정 내담자가 누군가에 의해 보냄을 받았다면 직대적인 서항이나 불안한 당혹감이다. 넷째, 오랜 중지는 내담자가 너무 어려워서 말로 쉽사리 표현할 수 없는 고통스럽거나 막연한 감정과 씨름하고 있다는 신호일 수도 있다. 다섯째, 중지는 예기하는(anticipatory) 것이라고 할 수 있는데, 왜냐하면 내담자가 상담사에게 어떤 확신이나 정보, 해석을 기대하고 있기 때문이다. 여섯째, 내담자는 단순히 얘기된 것들에 대해 생각하고 있을 수 있고, 그 순간에 말하는 것은 생각의 효과적인 경향을 깨뜨릴 수 있다. 마지막으로, 내담자는 이전의 정서적 표현의 피로로부터 회복하기 위해서 중지할 수도 있다.

상담사에 의한 적절한 중지는 관계에 유용한 것이다. 목회 심리치료사의 침묵은 많은 내담자들을 말하도록 강제한다. 침묵하는 다른 사람의 면전에 있다는 것은 종종 내담자의 주의를 당면 과제인 개인적인 문제들에 돌리게 한다. 투사적 심리검사를 사용한 연구는 내향적인 사람들이 풍부한 내적 생기가 있는 매우 창조적인 사람들이라는 사실을 보여주었다. 많은 과묵한 내담자들은 그들이 조용함에도 불구하고 목회상담사들에 의해 사랑을 받는다는 사실을 발견한다. 목회자들이 중요한 감정을 표현하고 난 후에 침묵을 지킬 때 내담자들은 생각할 시간을 가지면서 때때로 심오한 통찰을 얻게 된다. 상담사의 침묵은 필요한 경우 면담의 보조를 조절해 줄 수 있다.

브리스터(C. W. Brister)는 상담사의 논평(comment)의 다양성을 요약했고, 목회상담에서 대화는 정적이고 수동적이기보다는 역동적이고 반응하는 것이라는 사실을 발견했다. 이상적으로는 상담사들이 논평을 할 때 다양한 목적들 가운데 하나를 마음에 두고 신중하게 배려하는 마음으로 말들을 선택해야 한다. 논평들을 통해서 상담사는 내담자와 동일시하려고 할 때는 공감을 표현할 수 있고, 내담자를 자기 노출로 초대할 수 있고, 생각이나 명료화를 위해서 내담자의 감정들을 반영할 수도 있고, 얘기된 것들을 긍정할 수도 있고, 하나의 양식이나 사고로부터 다른 양식이나 사고로 전환하는 데 도움을 줄 수도 있고, 때로는 기독교의 진리로 혹은 감정이나 행동

계획의 가능한 결과로 그 사람에게 직면할 수도 있다. 또한 상담사는 대화에서 안정 상태가 이뤄질 수 있도록 하기 위해서 얘기된 것들을 자유롭게 요약할 수 있다. 상담사들은 상황의 현실과 일치할 때 안심시키거나 지지를 제공하기 위해서 논평할 수 있다. 그러나 어떤 상담사들은 내적인 빛의 길이 동터오기 전에 고통당하는 자들을 조급하게 안심시키려고 함으로써 오류를 범한다.[5]

마태복음 10장 19-20절의 예수님의 말씀은 그 맥락으로부터 빼어낸다 할지라도 목회상담사들의 의사소통에 여전히 적절한 것이다. "너희를 넘겨줄 때에 어떻게 또는 무엇을 말할까 염려치 말라 그 때에 무슨 말할 것을 주시리니 말하는 이는 너희가 아니라 너희 속에서 말씀하시는 자 곧 너희 아버지의 성령이시니라."

# 8장 부정적, 긍정적 감정 다루기

많은 목회자들이 항상 교인들과 내담자의 부적절한, 긍정적이거나 강력하게 부정적인 감정들이나 행동들을 인식하고 다루는 것은 아니다. 많은 목회자들이 무시하거나 부인하면 이러한 영향력들이 없어질 것이라고 소망한다.

그러나 내담자들은 상담을 방해하려고 책략을 쓸 것이고, 목회자들은 적절한 행동을 할 필요가 있을 것이다. 내담자에 의한 이러한 책략들은 집합적으로 "저항"(resistance)이라고 불린다. 두 개의 반대되는 힘들이 내담자들 안에서 충돌한다: 삶의 상황을 개선하려고 하는 동기와 그들을 지금의 상태에 이르게 했던 삶의 양식들을 유지하려는 경향. "저항"이라는 용어는 "무의식을 드러내려는 어떤 시도에 대해서 나타나는 본능적인 반대"[1]를 지적하기 위해서 정신분석가들에 의해 사용되었다. 저항에 가장 가까운 성경적인 표현은 "마음을 강퍅케 함"(hardening the heart)이다.

부정적인 감정들의 차원

내담자들은 상담사나 토론 주제, 혹은 상황을 위협적인 것으로 인식할 때 부정적인 감정들을 나타낸다. 내담자의 불안은 위협에 대한 반응으로 일어나고, 내담자는 본질상 부정적인 행동을 통해서 불안에 대해 자신을 방어한다.

상담사들에게 부정주의(부정적인 감정들의 모든 유형)의 중요한 가치는 그것이 일반적인 진보를 나타낸다는 것과 그것이 더 나은 평가를 위한 기초로 사용된다는 것이다. 상담사들은 부정적인 증상들을 알아차렸을 때 그것들을 무시하거나 감소시키거나 혹은 사용함으로써 그것들을 적절히 다루는 방향으로 한 걸음 나아간다. 부정주의는 상담사들에게 내담자의 방어 구조를 어렴풋이 볼 수 있는 기회를 제공한다. 이러한 절차는 정보를 수집한 목회상담사들에게 내담자들이 그 시간에 어떤 감정들을 기꺼이 탐색할 수 있는지를 결정할 수 있도록 도움을 준다. 부정주의의 또 다른 유익은 새로운 건설적 행동들을 형성하는 데 앞서 그것이 개인적인 방어 구조의 해체로부터 내담자들을 보호해 준다는 점이다.

어떤 부정적인 영향력들은 마음속에서 의식적으로 억제가 되고, 어떤 것들은 잠재의식적이지만 의식적인 생각으로 끌어낼 수 있고, 어떤 것들은 무의식적이고 단지 꿈과 최면술, 상징 그리고 다른 간접적인 수단들을 통해서 접근할 수 있다. 혼란을 피하기 위해 나는 이 책에서 이러한 용어들을 사용한다: 의식적인 태도들을 일컫는 부정적인 감정들(negative feelings), 잠재의식적인 정서들을 의미하는 방어(defensiveness), 무의식적인 영향력들과 관련된 부정적 전이(negative transference).

부정적인 감정들

흔히 내담자들은 그들이 처음 목회자와 면담을 하고 싶은 마음이 있었던 때까지 소급되는, 상담에 대한 어떤 부정적인 감정들을 가진다. 내담자들은 대개 약속을 잡는다든가 첫 면담을 하는 때와 같이 상당히 이른 시기에 이러한 태도들을 표현한다. 부정적인 감정들은 반복될 것이다. 왜냐하면 그것들은 결코 "단번에" 가라앉지 않기 때문이다. 다음과 같은 의식적인 부정적 반응들은 이 범주에 포함된다: "단지 말하는 것"이 정말로 도움이 될지 의심하는 것, 목회자의 돕는 능력을 응시하는 것, 상담을 헐뜯는 것, 내담자가 상담을 원한다는 다른 사람의 주장에 대해 적대적인 것.

관계 중심 목회상담사들은 부정적인 감정들을 인식했을 때 내담자들이 그들 자신이나 고용주, 부모, 선생님, 경쟁자, 상담사 혹은 하나님에 대해서 가질 수 있는 적대적인 태도들을 표현할 수 있도록 노력한다. 너무나도 자주 목회자들은 공격당한 사람들의 방어 자세를 취한다. 그러나 이 영역에서도 상담사들은 치우치지 않고 내담자들이 그들의 진짜 감정들을 표현하도록 도와줌으로써 가장 효과적인 상담을 할 수 있다. 만약 상담사들이 내담자들로 하여금 이러한 감정들을 공개적으로 직면하고, 그것들을 있는 그대로 인식하고, 그것들을 그들의 개인적인 감정들로서 인정하도록 도울 수 있다면, 내담자들은 좀더 편안하게 그들 자신 안에 있는 긍정적인 특성들을 발견할 수 있다.

해병대 훈련 교관이었던 한 내담자와의 첫 번째 면담에서, 그는 나에게 자신의 상관이 때때로 병사들을 꾸짖는 대신에 그들과 상담하기를 원했기 때문에 결국 군대를 떠나야만 했다고 말했다. 나는 이 예비역 해병대원에게 그가 정말로 상담을 신뢰하고 그의 아내가 그에게 화를 통제하는 것을 배워야 한다고 주장했기 때문에 왔을 뿐이라고 생각하지 않는다고 말했다.

상담이 정확히 그의 생각이 아니었음을 드러내고 난 뒤, 내담자는 반대로 상담이 도움을 줄 수 있다고 믿고 사실 자신은 해병대를 떠난 후에 대학에서 심리학을 전공했노라고 말했다.

방어

방어는 상담 과정을 잠재의식적으로 방해하는 것이다. 방어의 한 표시는 내담자가 상담사에게 의존하는 것이다. 그러한 내담자는 지속적으로 조언이나 특별 약속, 전화 상담, 회기 연장 등을 요구할 수 있다. 내담자는 권위적인 대답들을 요구함으로써, 칭찬하거나 비판함으로써, 그리고 자발적으로 말하는 것을 거절함으로써 지배하거나 지배당하려고 노력할 수 있다. 방어의 다른 유형들에는 다음의 것들이 포함된다.

- 증상들을 강화하거나 건강으로 비약하는 것
- 감정에 대한 토론을 주지화하는 것
- 피상적으로 말하거나 덜 중요한 주제들을 토론하는 것
- 상담사에게 이끌어 가도록 강제하는 것
- 늦거나 일찍 가거나 약속을 지키지 않는 것
- 상담사와 경쟁하려고 하는 것
- 상담사의 해석을 거절하는 것
- 이전에 토론된 주제들을 잊어버리는 것
- 상담사의 생활이나 감정들에 대해 묻는 것
- 부과된 과제를 하지 않는 것
- 너무 빨리 상담을 종료하는 것

토론의 상황에서 방어가 나타날 때 관계 중심 목회 심리치료사들은 그것을 가능하면 즉시 직면한다. 일단 내담자가 이러한 방어들을 충분히 표현하면 그것들은 사라지거나 결코 다시 나타나지 않을 수 있다. 그러나 이러한 부정적 증상들은 뿌리가 깊고 감추어져 있기 때문에 경청과 이해가 언제나 모든 방어를 해결하는 것은 아니다.

방어를 풀어 내려는 시도들은 다음과 같은 형태들을 취할 수 있다. (1) 내담자에게 방어에 주의를 기울이도록 요구하고 그것이 어떻게 드러나는지 탐색하기, (2) 방어의 가능한 이유들을 지적하기, (3) 내담자에게 방어되고 있는 것에 대해 거의 관계가 없는 방식으로 안심시키기, (4) 일시적으로 대화를 덜 위협적인 주제로 전환하기.

깨어진 약속을 다루면서 칼 로저스는 그 과정에서 두 가지 중요한 단계를 주목했다. 첫째, 상담사는 마지막 면담이 강제하는 것이었는지, 혹은 거부하는 것이었는지, 혹은 성장을 위한 것이었는지 음미해야 한다. 만약 이것들 가운데 하나가 나타난다면 그것이 깨어진 약속에 대해 설명해 줄 것이다. 둘째, 상담사는 내담자가 다시 오거나 오지 않는 것에 대해 완전히 자유롭게 느낄 수 있도록 편지를 통해서 도와주어야만 한다.[2]

부정적인 전이

수 개월이 넘도록 목회상담의 과정에 있는 내담자는 아마도 어느 순간에 부정적인 전이를 나타낼 것이다. 프로이트는 이것을 치료에 가장 강력한 저항이라고 하였다.[3] 부정적인 전이에서 내담자는 상담사를 자신의 과거의 삶으로부터 온 사랑해 주지 않거나 거절하거나 무서운 사람과 유사하게 인식함으로써 부정적인 증상들을 나타낸다. 내담자들은 흔히 두려움, 증오, 적대감과 같은 강력한 감정들을 나타낸다.

부정적인 전이는 무의식으로부터 생겨나고 그것을 인식하고 해결하는 것이 어렵다 할지라도 목회상담사들은 그것에 직면하게 될 것이고 그것을 인식하는 법을 배워야만 한다. 부정적인 전이를 해결하는 방법은 이러한 감정들과 행동들에 대해 내담자가 의식적으로 이해하도록 하는 것이다. 상담사들은 이러한 감정들이 전에도 일어났었는지를 물어보고 상담사가 상기시키는 과거의 인물에 대해 질문함으로써 이것을 할 수 있다.

여러 형태의 부정주의는 흔히 상담 과정에서 그 자체를 드러낸다. 만약 상담사가 이 부정주의를 적절하게 인식하고 다루지 못한다면, 상담사가 왜 그럴까 하고 있는 동안 내담자는 그 관계를 너무 일찍 종결할 수 있다.

긍정적인 감정들에 대한 설명

목회상담사들은 일반적으로 상담에서 긍정적인 감정들을 다루는 데 많은 어려움을 겪지 않는다. 이러한 감정들이 보다 극단적인 형태로 나타난다면 그것도 문제이겠지만, 그것들은 부정적인 감정들만큼 개인적으로 위협적이지 않다. 내담자들은 보통 목회자들을 좋아하고, 목회자들은 자신을 싫어하는 것보다는 이러한 반응을 좋아한다. 문제들은 단지 지나치게 좋아하고 지나치게 친밀할 때 생겨난다.

긍정적인 감정들

엄밀히 말하자면 내담자의 의식적인 긍정적 감정들은 상담 관계를 방해하지 않는다. 오히려 그것들은 상담 관계를 촉진한다. 이런 의미에서 그것들은 상담에서 저항하는 힘이 아니다. 그러나 그것들이 보다 극단적인 형태로 나타나면 치료의 진전을 방해하기 때문에 이러한 감정들은 긍정적인 전이로 불리는 회피 현상과 함께 고려되어야 한다. 그러나 프로이트도 두 가지 유형의 차이점을 지적하였다. "긍정적인 전이는 의식에 용납될 수 있는 우호적이거나 애정이 담긴 감정들의 전이와 이러한 감정들의 무의식으로의 전이로 좀더 세분할 수 있다."4) 다음 장에서는 전이의 개념을 좀더 구체적으로 토론할 것이다.

예수님은 사랑을 성숙한 삶에서 지배적인 동기로 받아들이셨다. 사랑은 다른 사람의 이익과 복지를 자기 자신의 것과 같은 수준에 놓는 태도를 의미한다. 성적인 의미와 비성적인 의미 모두에서 사랑을 주고받을 수 있는 능력은 인격의 통합과 성장에 필수적이다. 내담자들은 점진적으로 그들에게 상호 만족을 요구하지 않는 일종의 위협적이지 않은 감정을 받아들이는 것을 배우면서 그들 자신과 다른 사람들에게 유사한 태도를 표현할 수 있는 곳에 이르게 된다. 이러한 종류의 사랑이 상담 관계에서 표현되고 내담자들에 의해 받아들여진다면 이 사랑은 인격을 치유하는 잠재적인 요인이 된다.

상담사는 대개 다른 곳보다 상담실에서 다소 다르게 행동하기 때문에 내담자는 때때로 정서적으로 목회상담사에게 연루된다. 내담자들은 흔히 목회자들이 전형적인 인간의 만남에서 상담실에서 보여주는 것과 같은 수준의 관심과 이해를 보여줄 것이라고 잘못 생각한다. 더구나 많은 내담자들에게 목회상담사들과의 관계는 그들이 지금까지 경험했던 가장 좋은 것이다. 내담자들이 인간으로서, 전문적인 상담사로서 목회자들에 대해 가지는 긍정적인 감정들은 내담자들이 제안이나 해석을 받아들이고 상담 과정을 가장 협력적인 방식으로 이해할 수 있도록 해준다.

세 가지의 실험적 연구들은 긍정적인 감정들에 대한 더 많은 통찰을 제공해 준다. 첫 번째 연구는 다른 유형의 치료사들에게 치료를 유지하거나 때 아니게 그만두는 다른 유형의 내담자들이 있는지를 분석하였다. 만약 그렇다면 치료사의 어떤 특성들이 그들에 대한 내담자의 반응에 나타나는 차이점들에 대해 설명해 줄 수 있을까? 이 연구는 다른 것들 가운데서 "가장 따뜻하고 우호적인 것으로 평가된 치료사들이 가장 덜 따뜻하고 우호적인 것으로 평가된 치료사들보다 더 높은 비율의 비생산적인 내담자들을 계속 치료할 수 있었음"을 발견하였다.[5]

다른 연구에서 두 심리학자는 내담자의 의존과 내담자의 개선에 대한 치료사의 기대가 심리치료적 상호작용에서 관계를 유지하는 변수로 어느 정도 고려될 수 있는지를 결정하려고 시도했다. 결과는 치료 전에 치료사에 대해 내담자가 가지는 매력과 강한 긍정적인 관계가 있음을 보여주었다. 또한 심리학자들은 내담자의 개선에 대한 호의적인 치료사의 기대가 치료적 관계를 유지하는 기능을 할 수 있다는 가설을 부분적으로 지지해 주는 것을 발견하였다.[6]

세 번째 연구는 내담자에 대한 호감을 평가할 수 있는지와 이것과 심리치료의 성공의 관계를 연구하였다. 좀더 성공적인 내담자들이 덜 성공적인 내담자들보다 통계적으로 중요한 정도로 더 호감을 받았다.[7]

따라서 긍정적인 감정들은 다양하게 표현된다. 표현들 가운데 어떤 것들에는 (1) 상담사가 있는 상황에서의 편안함, (2) 상담사에 대한 매력, (3) 상담사의 진보에 대한 치료적 낙관주의, 그리고 (4) 상담사가 내담자를 좋아함 등이 포함된다.

긍정적인 감정들은 상담 관계에 좀처럼 위협이 되지 않는다. 대부분 이러한 감정들은 정상적이고 자연스럽게 처리된다. 관계 중심 목회상담사들은 이러한 감정들을 인식할 때 그것들을 내담자들에게 반영해 주고, 상담에서 이 감정들이 가지는 가치와 그러한 감정들을 두려워하지 않는 것의 중요성에 대해 그들에게 확인시켜 준다.

긍정적인 전이

목회상담사들은 극단적인 긍정적 전이를 자주 다룰 필요가 없다. 한 가지 이유는 이것이 장기 상담에서는 보다 빈번하게 일어나는 경향이 있다는 것이다. 목회자들은 일차적으로 현재와 미래에 대하여 단기 상담을 하기 때문에 내담자의 과거에 연결되어 있는 전이-사랑(transference-love)이 흔히 일어나지 않는다. 그러나 이러한 반응은 그것이 일어났을 때 목회자들에게 아주 위협적일 수 있고, 이해되지 않을 때는 상담 관계와 목회자의 개인적인 삶이나 이력에 파괴적일 수 있다.

이성의 상담사와 내담자 사이에 일어나는 긍정적인 전이는 "분석가에 대해 환자가 정서적인 호감을 지나치게 부여하는 것이고, 상담사와 사랑에 빠지는 것과 구별할 수 없다."[8] 이성의 내담자들은 "사랑"에 대해 말하는데 이것은 그들이 회복하기를 기대했던 것이다. 이러한 행동의 변화는 개인적인 역사에서 특별히 고통스럽고 심하게 억압된 부분을 기억해 내도록 도우려고 노력할 때 흔히 일어난다. 내담자들은 자주 치료에 대한 모든 관심을 잃어버리고 그들이 좋아졌다고 선언한다. 그러한 전이-사랑은 치료가 지속되는 것을 방해하는 저항이다.[9]

목회 심리치료사들은 상담에서 전이-사랑에 직면하게 되었을 때 두려움 때문에 그것을 일축하거나 거절해서는 안 되지만 동일한 반응은 의연하게 보류해야만 한다. 이러한 현상은 대개 수퍼비전이나 협의를 필요로 한다. 프로이트는 그러한 사랑은 비현실적인 것-무의식적인 기원으로 추적될 수 있는 감정-으로 인식되어야 하고 다루어져야만 한다고 주장했다.

상담사의 이러한 반응은 내담자들이 자기-사랑의 원인들과 성적 욕구들로부터 생겨나는 모든 환상들이 드러나는 것을 허용할 수 있을 만큼 충분히 안전하다고 느끼도록 도와준다. 상담사들은 이러한 "사랑" 속에 있는 명백한 저항의 요소들을 강조해야만 한다. 진정한 사랑은 이러한 내담자들이 회복을 통해서 상담사들이 보기에 어떤 상태에 이르기 위해서 치료에 열중하도록 할 것이다. 그러나 이러한 내담자들이 치료를 방해하고 저항하기 위해서 이 전이-사랑을 사용할 때, 그들은 자신들의 삶을 비참하게 만들었던 증상들을 다루기보다는 상담사들에게 더 관심을 갖게 된다.[10]

관계 중심 목회상담사는 이러한 현상에 대해 정당하게 존중해 주고, 확장된 상담 상황에서 긍정적인 전이의 미묘한 단서를 인식하고 내담자들이 이러한 감정들에 대해 자유롭게 토론하도록 도와준다. 상담사들은 상징의 역할을 하고, 내담자들의 감정들은 상담사의 의자에 앉아 있는 누군가에게로 향하게 될 수 있다. 이것을 염두에 두는 것은 상담사들이 내담자의 공언된 사랑을 그들 자신의 수려한 외모나 마음을 사로잡는 성격에 귀착시키지 않도록 도와줄 것이다. 이 주제에 대한 더욱 자세한 토론은 9장과 13장을 보라.

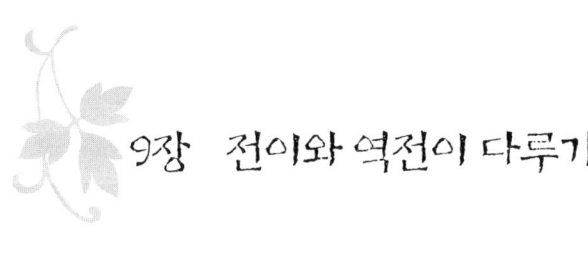

9장 전이와 역전이 다루기

전이와 역전이는 상담의 어떤 수준에서 거의 항상 나타난다. 관계 중심 목회상담은 정신과 의사들과 정신분석가들과 심리치료사들이 무의식적인 자료를 다루는 동안 내담자들이 의식적인 자료만을 다룰 것이라는 생각에 도전해야만 한다. 상담사들은 상담 과정에서 흔히 이 두 가지를 구별하지 못하는 경우가 있다. 일대일 상황에 묻혀 있는 시간이 많아지면 많아질수록 상담사의 전문가적인 정체성과 상관없이 전이와 역전이가 일어날 가능성이 더욱 커진다.

전이

전이는 "현재 관계에서 한 사람의 반응이 현재 관계의 맥락에서 나타난 자극들에 의해서보다는 의미 있는 사람들에 대한 이전의 관계 양식에 의해 영향을 받는 사람들 사이의 심리적 결속"1)으로 정의된다.

이러한 반응은 무의식적으로 상담사에게 돌려지는 비현실적이고, 부적절하고, 노력 없이 주어지는 역할이나 정체성에 제한된다. 전이는 대개 퇴행(regression)과 관련하여 일어나기 때문에 과거의 내적인 갈등들의 새로운 대인관계적 징후들을 드러낸다. 저항(resistance), 전치(displacement), 투사(projection)의 개념들도 역시 전이와 관련하여 사용된다.

전이의 중요한 의미는 그것이 상담 상황 밖에서 내담자들에게 중요한 사람들을 향한 감정과 행동에 대해 제공해 주는 통찰이다. 만약 내담자들이 상담사들에 대한 그들의 반응이 어떻게 상담사들을 다른 사람들과 혼동하는 데서 생겨나는지 이해할 수 있도록 도움을 받을 수 있다면, 상담 상황 밖에서의 유사한 반응의 부적절함이 보다 명확해진다. 예를 들어 만약 내담자가 어린 시절 부모의 이미지를 상담자에게 투사한다면, 내담자는 교수나 고용주와 같은 다른 사람들에도 똑같이 하고 있을 수 있다.

전이는 상담에서 많은 다른 중요한 목적들에 공헌한다. 전이를 통해서 내담자들은 평소에 볼 수 있는 방어적인 반응 없이 왜곡된 감정들을 표현할 수 있다. 상담자가 전이 반응을 적절하게 다뤄 주는 것은 내담자에게 신뢰를 주고, 그렇게 함으로써 합리적인 관계를 지지해 준다. 이것은 성공적인 결론에 도달할 수 있을 때까지 내담자가 상담을 계속할 가능성뿐만 아니라 과정의 추진력을 증가시켜 준다. 상담 과정을 통해서 전이 감정들의 기원과 의미에 대한 통찰이 나타난다. 그러한 감정들은 빈약한 대인관계 접촉들을 통해 생겨나고, 상담에서 교정적인 대인관계 경험(corrective interpersonal experience)을 통해서 해결된다. 전이 현상에 대한 공개적인 토론은 내담자들이 그들 자신을 이해할 수 있도록 해주는 탁월한 수단이 된

다.[2]

전이는 새로운 사람들에게 과거의 감정들을 비논리적이고 무분별하게 사용하는 것이다. 과거에서 현재로 무엇이 전이되는가? 기본적인 사랑과 증오의 욕동, 태도, 방어, 그리고 내담자가 억압된 충동들에 의해 자극된 불안에 대해 그들 자신을 방어하기 위해서 사용하는 어떤 기제.

내담자들이 비합리적인 전이 감정들을 상담사들에게 표현할 때 분별력이 있는 상담사들은 그러한 감정들이 역사를 가지고 있을 가능성을 조사한다. "이전에도 다른 사람에게 이런 감정을 느낀 적이 있나요?"는 상담사들이 이러한 내담자들에게 하는 전형적인 질문이다.

상담사들에 대한 과도한 개인적 의존은 전이와 연결된 가장 어려운 문제일 것이다. 의존적인 내담자들은 상담사들이 그들의 결정과 자기 관리를 대신해 줘야 한다고 주장한다. 그러한 태도들은 대개 일찍 드러나기 때문에, 상담사들은 그들에게 흔히 의존성과 함께 나타나는 무감정(apathy)과 공격성(aggression)을 극복할 수 있는 능력이 있는지를 분별하기 위해서 이 기회를 이용할 필요가 있다. 이러한 내담자들이 그들이 찾는 해결책과 지지를 얻지 못할 때 그 결과로 나타나는 공격성은 흔히 상담사들 자신의 부정적인 감정들을 통제하고 수용과 이해의 태도를 유지할 수 있는 상담사들의 능력을 심각하게 검증한다. 치료에 대한 의존은 현실적이다. 그러나 상담을 하고 있는 사람에 대한 의존은 비현실적이다.

상담사를 향한 내담자의 모든 감정들을 전이라고 부르는 것은 상담사들이 그들 자신을 보호하기 위한 쉽고도 잘못된 방법이다. 치료사들은 자연스럽게 전이에 초점을 맞추기 때문에 어떤 사람들은 이 용어를 상담사와 내담자 사이의 관계에 들어오는 모든 것을 포함해서 사용한다. 이것은 이 용어를 잘못 사용하는 것이다. 로널드 리(Ronald Lee)와 다른 사람들은 "내담자가 목회상담사와 가지는 비교적 신경증적이지 않은 합리적인 친밀관계"3)를 언급하기 위해서 "작업 동맹"(working alliance)이라는 용어를 사용하였다. 상담사의 인격에 대한 내담자의 합리적인 반응들은 관계에 귀착된다. 성숙한 상담사의 한 표시는 내담자들의 인식이 올바를 때 인정할 수 있고 올바른 인식에 기초한 진정한 감정들을 수용할 수 있는 능력이다.

전이 다루기

보다 일반적인 용어들로 전이를 다루었기 때문에 이제 우리는 목회상담에서의 이 현상을 보다 면밀히 연구해야만 한다. 에드가 드레이퍼(Edgar Draper)는 "목회상담에서 전이의 주제는 그 자체만으로도 책 한 권의 가치가 있다"4)고 하였다.

이전에 목회자와 아무런 접촉이 없었기 때문에 첫 번째 만남에서 직접적이고 강력한 전이 반응을 발달시키는 사람들도 있다. 일반적으로 볼 때 심리적으로 성숙한 사람들은 직접적으로 압도적인 전이를 덜 경험하는 것 같다.

칼 로저스는 "효과적인 단기 심리치료의 가능성은 전이 없는 치료의 가능성에 달려 있다"5)고 믿었다. 목회상담사들은 이 가능성을 잘 알아차린다. 로저스는 어떤 전이 반응들(대개 부드럽지만 때로는 강력한)은 내담자 중심 치료에서 나타난다고 인정했지만, 그는 이러한 반응들은 전이 신경증으로 확장되지 않는다고 주장하였다. 왜냐하면 로저스 학파의 치료에서는 전이에 대한 치료사의 반응이 다른 어떤 내담자의 태도에 대한 것과 같기 때문이다: 치료사들은 이해하고 수용하려고 노력한다. 그러면 수용은 이러

한 감정들은 치료사들이 아니라 그들 자신에게 있는 것이라는 내담자들의 인식을 가져온다.6)

　단순한 수용에 더해 깊은 전이를 다루어 주고 예방하는 다른 반응들이 도움이 된다. 관계 상담사는 내담자가 드러내는 불안의 형태들에 대해 명료화하는 질문들(clarifying questions)을 한다. 내담자의 진술 속에 나타나는 전이 감정은 상담자의 반영(reflection)을 요구한다. 목회자는 전이 감정들에 대한 직접적인 해석(interpretation)을 제공할 수 있다. 왜 그것이 일어나고 있는가보다는 무엇이 일어나고 있는가에 초점을 맞추는 것이 어려운 전이 문제들을 다루는 데 필요한 보나 효과적인 기술을 제공해 준다. 일반적으로 상담사들은 전이에 초점을 맞추는 것이 내담자들을 반대 방식으로 반응하도록 하기 때문에 부정적인 전이 감정들에 대해서만 주의를 환기시킨다. 결과적으로 상담사들은 긍정적인 전이에 대해서는 만약 그것이 치료를 방해할 수준에 이르지 않는다면 주의를 환기시키지 않는다. 목회자들은 전이를 다룰 수 없게 되었을 때 항상 그들의 수퍼바이저들과 협의해야만 한다. 마지막으로 만약 상황이 목회자의 능력을 넘어서는 강도(intensity)로 발달한다면, 상담사들은 내담자들을 보다 폭넓은 심리치료를 제공할 수 있는 자격이 있는 치료사들에게 의뢰할 수 있다.

　레스터 벨우드(Lester Bellwood)는 그의 "목회에서의 전이 현상"에 대한 연구에서 다음과 같은 결론에 이르게 되었다. (1) 잘 적응된 목회자들은 다른 사람의 반응들 속에 있는 비합리적인 요소들을 인식할 수 있고 전이와 역전이의 역동에 관하여 아무 것도 몰라도 그것을 적절하게 지적할 수 있다. (2) 목회자의 사모도 역시 잘 적응된 사람이어야 할 필요가 있다. 왜냐하면 한 팀으로서 그들은 교인들에 의해 대리 부모와 전이 반응이 가능한 대상들로 보이는 위치에 있기 때문이다. (3) 목회자들은 교인들을 보다 효과적으로 섬기기 위해서 전이의 역동을 이해해야만 한다. (4) 목회자들은 지지 치료(supportive therapy)를 제공하기 좋은 위치에 있다. 왜냐하면 그들은 무조건적인 사랑에 대한 메시지를 전하기 때문이다. 그들의 자연스러운 역할은 긍정적인 관계를 유지하는 것이고, 만약 그들이 전이 반응들에 대해 재빨리 인식하고 즉각 교인들을 현실로 돌아오도록 한다면 그들은 긍정적인 반응을 유지할 수 있는 더욱 좋은 기회를 가진 것이다. (5) 하나님의 무조건적인 사랑의 메시지를 전하고 교인들과 긍정적인 관계를 유지하는 목회자들은 교인들의 의존 욕구를 교회와 하나님에게로 전이시키는 추가적인 단계를 밟을 수 있는 위치에 있다. 그리고 마지막으로 (6) 전이와 역전이 반응들은 긍정적인 의미와 부정적인 의미 모두를 전달해 줄 수 있고, 각각의 경우에 그것들이 어떻게 다루어지는가는 건설적인 혹은 파괴적인 결과들의 정도를 결정할 수 있기 때문에 신학교 교육은 이러한 특별한 현상에 대해 유의해야만 한다.[7]

전이가 내담자에 대한 통찰을 제공해 주기는 하지만 그것이 관계는 아니다. 관계에는 상담 상황에서의 현실적이고, 합리적이고, 적절하고, 노력에 의해 얻어지는 상호작용들이 있어야만 한다. 만약 목회상담사들이 상담에서 그들 자신을 진정한 인간으로 나타내고 그에 알맞게 행동한다면, 그들은 대개 통제할 수 없는 전이에 대해 염려하기보다는 상담에서의 관계에 초점을 맞출 수 있다. 전이를 다루는 법을 배우는 것은 고도로 숙련되고 노련한 목회 심리치료사의 수퍼비전하에 이루어져야만 한다. 상담사들과 수퍼바이저들이 상담 회기들의 테이프 녹음을 경청하거나 내담자의 허락을 얻어서 수퍼바이저들이 일방경(one-way glass window)을 통해서 상담 상황을 관찰하도록 하는 것이 도움이 된다.

역전이

역전이의 경우에 상황은 뒤바뀐다. 역전이는 다음과 같이 정의된다. "같은 관계에서 내담자에 대한 상담사의 반응이 현재의 맥락에서 나타난 자극들에 의해서보다는 의미 있는 사람들에 대한 이전의 관계 양식에 의해 영향을 받을 때 그 사람은 역전이에 휘말린 것이다."[8]

많은 심리학자들이 모든 치료사의 정동(affect)이 역전이인 것은 아니라는 중요한 지적을 하였다. 그러나 정신분석학적 동태복수법(psychoanalytic law of Talion)에 대한 강한 집착이 있다: 모든 전이 상황은 역전이에 의해 응답을 받는다.[9]

역전이는 무의식적 현상이기 때문에 그것은 치료사가 간파하기 어렵다. 많은 저자들이 역전이의 신호들을 열거하였다. 다음은 치료사가 역전이의 경우에 경험할 수 있는 태도들이나 감정들의 조합된 목록이다.

- 상담 시간을 기다리거나 두려워함
- 치료하는 동안 지루해하고, 조는 듯하고, 부주의함
- 내담자와 지나치게 동일시함
- 내담자에게 화를 내거나 질투를 느낌
- 상담 시간의 결과로 개인적인 즐거움이나 혐오감, 우울감을 느낌
- 내담자를 두려워함
- 내담자에게 좋은 인상을 받거나 내담자를 싫어함
- 내담자를 보호하거나 난폭하게 다룸
- 내담자를 거부하거나 내담자에게 화를 냄
- 내담자에게 부모님의 사랑을 느낌

- 내담자에 대해 환상을 갖거나 마음을 빼앗김
- 내담자에 대해 꿈을 꿈
- 내담자에 대해 긍정적이거나 부정적인 감정을 강하게 느낌
- 내담자를 부적절하게 만지거나 쓰다듬음
- 간헐적으로 좌절감이나 성가심을 느낌
- 내담자와 가외의 치료를 하는 것에 어려움을 경험함
- 상담 시간 동안 불안해함
- 내담자에게 사랑이나 증오로 반응함
- 합의한 것에 대해 부주의함: 약속을 잊어버리거나 일찍 혹은 늦게 도착하거나 필요 이상으로 연장함
- 내담자의 의존성을 조장함
- 내담자와 논쟁하거나 방어적이 됨
- 시종일관 반영만 하거나 너무 빨리 혹은 부정확하게 해석함
- 치료의 종결을 후회하거나 바람

2차 세계대전 이후에야 역전이의 주제에 관하여 많은 연구가 나왔다. 그 전까지는 그 주제는 다소 당혹스럽게도 간과되었다. 프로이트는 1910년에 이 현상에 대해 처음으로 글을 썼지만, 그는 그것을 피해야 할 치료적 오류로 보았다. 그러나 제시 태프트(Jessie Taft)와 같은 사회사업가들과 프레데릭 알렌(Frederick Allen)과 같은 정신과 의사, 칼 로저스와 같은 심리학자들과 많은 신진 분석가들에게 내담자들에 대한 긍정적인 따뜻함은 강한 치료적 동인이자 매우 바람직한 것으로 고려되었다. 상담은 점점 더 다른 사람의 관찰과 도움으로 한 사람에게 일어나는 어떤 것으로서가 아니라 양편의 교류적인 관계로서 인식되는 것 같다. 윌리엄 슈나이더(William Snyder)와

준 슈나이더(June Snyder)는 "많은 사람이 적절한 심리치료에는 역전이가 있고 그것을 어느 정도 표현하는 것이 바람직함을 지지한다"[10]고 결론을 내렸다.

나는 내 연구에서 상담사의 현실적이고 의식적인 어떤 느낌들이 상담의 상호작용에서 드러날 수 있도록 허용되어야만 한다는 점을 강력하게 지적하였다. 물론 이러한 감정들은 역전이가 아니라 관계에서 상담사가 투자한 것일 수도 있다. 주드 마머(Judd Marmer)는 1955년에 만약 "역전이"라는 용어가 언제나 환자-의사 관계의 불합리한 측면들을 언급할 때만 사용되었다면, 그리고 만약 다른 용어들이 그것이 합리적인 측면들에 대해 사용되었다면, 의미론적 혼란은 많이 피할 수 있었을 것이라고 주장하였다.[11] 아마도 관계의 개념을 상담의 상호작용의 합리적이고, 현실적이고, 의식적인 측면으로 생각하는 것은 이 지점에서 유용한 것이 될 것이다.

다른 치료사들과는 다르게 윌리엄 슈나이더는 치료하는 동안 나타나는 내담자들에 대한 긍정적인 정동을 인정하는 것에 대해 아무런 반대도 하지 않았을 뿐만 아니라 이러한 과정이 보다 긍정적인 관계를 형성하는 데 정말로 도움이 된다고 믿었다. 그는 상담사들이 우호적으로 느낄 때, 그들은 이러한 몸짓이 보다 좋고 보다 치료적인 관계라는 목표에 기여할 것이라는 사실을 드러내야만 한다고 생각했다.[12]

여기에서 상담사들에 관해 쓰거나 암시한 거의 모든 것이 상담하는 목회자들에게도 동일하게 적용된다. 목회자들은 관계에 잘 집중해야 한다. 역전이는 가능한 경우 가장 잘 피해야 한다. 일단 목회상담사들이 역전이를 어느 정도 정확하게 인식할 수 있다면 그것을 두려워할 필요가 없다.

10장 기독교적인 자원들을 활용하기

관계 중심 목회상담사는 기독교 신앙에 대해 잘 알고 있고 기독교 신앙에 대한 이해와 자원들을 상담에 가져온다. 이러한 자원들을 사용하는 것은 목회자에게는 호흡하는 것만큼이나 자연스럽다. 그것들은 삶에 대한 목회자의 견해를 담고 있고 흔히 목회자의 인격에 동화되어 있다. 이 자원들 가운데 세 가지가 토론을 위해 선정되었다: 고백과 용서, 기도 그리고 성경.

고백과 용서

고백은 기독교 전통의 일부분이다. 고백에서 사람은 다른 사람에게 자신 안에 존재한다고 믿는 악을 언어로 표현하고 그렇게 함으로써 그것을 외부 세계에 둔다. 오토 랑크는 "치료 상황에서 정서적 표현으로만 구성된 언어화(verbalization)는 행동이나 정서의 상징적인 대체일 뿐만 아니라 실제로 자아의 부분들을 거절하는 것(내보내는 것)을 표상한다"[1]고 하였다.

특히 자유교회 전통에 있는 개신교인들은 서로에게 그들의 잘못을 고백하는 일의 중요성을 축소하는 경향이 있다. 그러나 그들의 전통이 어떠하든 목회상담사들은 내담자들이 죄책감을 정직하게 직면하고 하나님의 용서를 구할 수 있도록 도와줄 때 비로소 그들의 역할을 완수하는 것이다. 신뢰하는 상담 관계에서 내담자들은 흔히 그들이 죄를 고백하고 정직하게 감정들에 직면할 수 있다는 것을 발견한다. 목회상담사들과의 의미 있는 관계 속에서 내담자들은 하나님과의 관계를 형성하거나 재건하기 시작한다.

목회자들은 상담에서 고백을 들을 때 몇 가지 사실들을 고려해야만 한다. 첫째, 분리와 소외는 알려진 죄의 주요 결과들이다. 자신이 죄를 지었음을 아는 사람들은 전에처럼 그들의 공동체를 대면할 수 없다. 그러므로 고백은 단순한 정화(catharsis) 이상의 것이다. 그것은 만약 그렇게 하지 않았더라면 분리된 경험이 되었을 것을 사회적인 것으로 만드는 과정이다. 둘째, 지혜로운 목회상담사들은 고백된 죄가 가장 문제가 되는 것이라고 너무 빨리 받아들이지 않는다. 내담자들은 흔히 반응을 보기 위해서 먼저 "시험적 사례"를 제시한다. 셋째, 잘못을 너무 가볍게 고백하는 것과 그 사람을 너무 빨리 안심시키는 것은 위험하다. 그렇게 하면 내담자들은 죄책감을 느꼈던 것에 대해 죄책감을 느끼게 된다.[2]

상담 과정에서 내담자는 대개 하나님의 임재와 속죄의 과정을 인식하게 된다. 유능한 목회상담사들은 내담자들에 대한 태도와 반응 속에서 하나님의 수용과 용서를 전달하고, 그렇게 함으로써 내담자의 특별한 욕구들을 만족시키기 위해서 영적인 자원들을 사용한다. 내담자들이 죄책감과 배신감, 수치감만을 알고 있을 때 목회자는 그들이 자기 이해와 신뢰, 하나님의 용서를 알 수 있도록 도우려고 노력한다.

하나님의 용서를 경험하는 것은 의심할 바 없이 목회상담의 가장 고유한 특징이다. 하나님이 정말로 그들을 용서해 주셨다고 믿는 사람들은 죄의 짐을 덜고 죄의 중심에 있는 두려움을 소멸시킨다. 영국의 목회자인 레슬리 웨더헤드(Leslie Weatherhead)는 하나님의 용서를 죄의 모든 효과의 말소가 아니라 관계의 회복으로 설명했다. 용서는 하나님과의 관계가 마치 죄를 결코 범하지 않았던 것처럼 지속되는 것을 의미한다. 그것은 죄의 형벌이 끝났음을 의미한다. 이제 더 이상 하나님으로부터의 분리는 없다. 용서는 성격이 점진적으로 악화되는 것을 정지시킨다. 삶에서 죄의 결과들은 남아 있지만 좀더 이해할 수 있는 개인적인 해석이 주어진다.3)

물론 목회자들은 그들 자신이 용서할 수 있는 것은 아니지만 고해자와 함께 서거나 무릎을 꿇고서 하나님의 용서를 위해 기도할 수 있다. 그러한 행동으로 목회자들은 그들 역시 하나님의 은혜가 필요해서 서 있는 죄인이며, 만약 그들이 정직하고 겸손하게 하나님을 찾는다면 용서의 통로들이 열려 있다는 사실을 보여준다.

캐롤 와이즈는 목회상담은 용서에 대해 말하는 것으로 이러한 자원을 제한해서는 안 되고 실제로 용서의 태도를 보여주어야만 한다고 주장하였다. 용서의 경험에 기초가 되는 것은 수용되었다는 경험이다. 상담사는 죄의 깊이와 상관없이 내담자가 전달하는 것은 무엇이든지 수용하기 때문에 죄가 항상 만들어 내는 깊은 고립감을 깨뜨리고 그 사람을 다시 받아들여지는 관계 속으로 인도한다. 목회상담은 용서받았다는 느낌을 압도하는 경험 속으로 가져오려고 할 필요가 없지만, 사람들이 죄를 만들어 내는 태도들을 제거하는 것을 도와주려고 해야 한다. 그것은 용서를 받아들이는 것을 어렵게 만드는 태도를 제거함으로써 내담자가 용서를 받아들이도록 도우려

고 한다.⁴⁾

　하나님-인간의 만남의 내용을 은혜의 전달이나 죄의 용서로 정의하는 것과 그러한 만남을 위한 길을 예비하는 것은 사뭇 다른 일이다. 신학적인 용어들로 궁극적인 말을 안다고 해서 실존적인 관계에서 목회상담사들이 효과적으로 그것을 전달할 수 있는 준비가 되었다고 할 수는 없다. 하나님의 은혜를 전달하는 길을 예비하는 것은 최상의 전문 능력과 종교적 헌신을 필요로 하는 극히 복잡한 과제다.⁵⁾

　사람들은 하나님의 용서를 경험하고 나면 대개 그들의 삶에서 다른 관계들을 모두 고려하기 시작한다. 그들 자신의 인간성을 직면하고 하나님께 수용되고 용서받은 내담자들은 그들 주변에 있는 사람들에게도 좀더 관대하다. 다른 사람들이 중대한 오류들을 범하더라도 내담자들은 흔히 그들의 관계들을 재평가하고 그들에게 좀더 관대해질 수 있다. 이 단계에서 내담자들은 회복하기 위해서 그들이 할 수 있는 다양한 일들을 목회상담사와 토론할 수 있다.

기도

　상담에서는 공적으로 드려지는 기도와 이해하고 도와주기 위한 마음으로부터 나온 간구로서 더욱 깊은 의미의 기도를 구분할 필요가 있다. 웨인 오우츠는 이렇게 구분했다. "목회상담은 적절히 이해되고 실행될 때 그 자체가 총체적인 기도의 경험이다."⁶⁾ 한 사람이 다른 사람의 도움을 통해서 자기 자신에 대한 진실을 알려고 하는 곳에 기도가 있다. 도움을 구하며 울고 있는 아기처럼 필요한 것을 표현할 때 거기에 기도가 있다. 사람들이 그들 자신을 발견하기 위한 노력 속에서 상담 관계의 아픔과 고난을 거쳐 갈 때 거기에 기도가 있다.

그러한 기도는 내담자와 상담자 사이의 의사소통을 필요로 한다. 그러나 목회자들과 내담자들 모두가 각 상담 회기의 초기에 분리감을 느끼는 경향이 있다. 세 번째 현존으로서 인식되는 성령께서 양편 모두를 혼자라고 느끼게 하는 분리의 벽을 허물고 그들이 대인관계에 들어갈 수 있도록 하신다. 이와 같이 성령께서 그들의 교통을 도우신다.

심리치료 영역에서 발견된 것들에 의해 강조되는 기본적인 가치들 가운데 하나는 인격 전체에 대한 없어서는 안 되는 동찰 혹은 내석 계시의 특징이다. 기도는 흔히 하나님께 은사를 구하거나 이미 죄라고 결정이 난 것들을 하나님께 고백하는 것으로서 생각되었다. 이러한 기도의 개념은 그것이 얼마나 타당한가에 상관없이 그러한 통찰을 봉쇄하는 경향이 있다. 보다 법률적인 준거 체계에서 기도는 거의 자기 태형(self-flagellation)이나 자기 고양(self-exaltation) 경험이 된다. 보다 예배학적인 준거 체계에서 기도는 흔히 내주하시는 성령의 창조성과 자발성을 강요하는 고정된 형식이 된다. 그러나 기도들에 대한 성경의 평가는 기도하는 사람들이 그들의 가장 솔직한 감정들을 하나님께 표현했음을 보여준다. 그렇게 함으로써 그들은 이러한 감정들을 그들 스스로에게 이해시키는 법을 배웠다.

관계 중심 상담사들은 내담자들이 그들의 영혼을 하나님 앞에 쏟아놓도록 격려한다. 목회자들은 흔히 그러한 과정에서 일종의 제3자가 된다. 이러한 기도는 공식적인 "머리를 숙인" 기도가 아니지만, 사람들이 목회자들에게 그들이 감당해야만 하는 좌절감에 대해 하나님께 느끼는 부정의감을 표현하는 기도다. 역사적으로 볼 때 하나님은 이러한 종류의 기도를 허용하셨다. 그러나 목회자들은 흔히 그것 때문에 혼란스러워진다. 그들은 때때로 욥의 친구들처럼 논쟁적이게 되고, 말이 많아지고, 고압적이게 됨으로써 성급하게 하나님을 방어한다. 그러나 이러한 목회상담사들은 하나님께서 그들의 참 자기를 수용하셨다는 사실을 발견할 때 더 이상 어느 누구의 참 자기에 대항해서 하나님을 보호하려고 할 필요가 없다.[7]

때때로 기도는 목회상담사들에 의해 오용된다. 어떤 사람들은 순진하게도 기도를 문제들에 대한 쉬운 해결책으로 제안한다. 기도는 개인적인 통찰의 대체물로 제공될 수 있고, 많은 사람들이 기도를 할 때 그들의 실제 감정들을 표현하기보다는 말해야만 하는 것들을 말해야 한다고 느낀다. 하나님께서 예비하신 응답을 주시기를 기대하는 의존적인 사람들은 목회자가 그들을 위해 기도해 줄 것을 요청할 수 있다. 목회자는 그가 이러한 사람들에게 하나님 앞에 자신의 두 발로 서서 그들 자신의 기도를 할 수 있도록 요구해야만 한다는 사실을 알 수 있다. 목회자는 부드럽게, 하지만 그러한 사람들이 상담사는 버팀목이 아니라는 사실을 알도록 해주는 신뢰와 확고부동함을 가지고 그렇게 해야만 한다. 목회자는 만성적으로 의존적인 사람들이 기도를 진정제나 마취제, 혹은 위약으로 사용하지 않도록 해야만 한다. 기도는 삶의 방식이지, 삶을 회피하기 위한 중독이 아니다.

성경

성경은 "무엇이든지 전에 기록한 바는 우리의 교훈을 위하여 기록된 것이니 우리로 하여금 인내로 또는 성경의 안위로 소망을 가지게 함이니라" (롬 15:4)고 한다. 프린스턴 신학교의 목회신학 교수인 도날드 캡스(Donald Capps)는 상담에서 성경의 역할을 관찰하고, 1953년에 웨인 오우츠(Wayne

Oates)⁸⁾를 필두로 해서 성경이 목회상담사들에 의해 위로하거나, 가르치거나, 진단하기 위해서 폭넓게 사용되어 왔음을 발견하였다.⁹⁾

목회자들이 개인적으로 성경을 이해하고 특정한 상황들에 적용하듯이 상담에서도 성경의 진리들과 교리들을 적용할 것이라는 점은 의심의 여지가 있을 수 없다. 그러나 이것은 성경을 인용하거나 성경 이야기를 해주는 것과는 다르다. 목회자가 성경에 익숙한 내담자를 대할 때, 성경은 그 배경이 없이는 불가능할 정도로 유용한 자원이 된다.¹⁰⁾

상담에 성경을 사용하는 것은 흔히 상담사-내담자 관계에 권위주의의 차원을 들여온다. 만약 목회자들이 허용적인 관계를 유지하는 데 관심이 있다면 성경을 자주 사용하는 것이 상담의 상황에 위협적인 요소를 들여옴으로써 긴장을 초래한다는 것을 발견할 것이다. 권위의 상징으로서 성경은 목회자들에 의해 때때로 검과 방패 모두로 사용될 수 있다. 그것은 쉽게 목회자에 의해 적대감을 표현하는 도구, 혹은 그들 스스로가 위협받고 있다고 느낄 때 보호의 수단이 된다.

반대로 윌리엄 흄(William Hulme)은 성경이 상담 상황에서 어떻게 건설적으로 사용될 수 있는지를 설명하였다. 내담자가 통찰에 대해 말하고 난 후 목회자는 그 통찰을 다시 말하는 대신에 때때로 통찰을 성경의 인용문과 서로 관련시킬 수 있다. 만약 내담자가 그 상관성에 대해 진정한 관심을 보이는 것 같다면 목회자는 회기가 끝날 때 카드에 인용문을 적어 줄 수 있다. 목회자들은 이런 식으로 지나치게 성경적으로 연관시키는 것은 삼가야만 한다. 그렇지 않으면 그것은 설교라는 인상을 줄 것이다.¹¹⁾

내담자들에게 과제로 생각해 볼 수 있는 적절한 성경 구절을 골라 주는 것은 "독서 치료"(bibliotherapy)라고 할 수 있을 것이다. 과제를 위해 성경을 사용하는 것은 상담 관계를 상담 회기 사이의 시간으로까지 확장시킨다. 독서치료는 그것이 내담자들이 그들의 감정들과 관련된 특징들을 생각하도록 하기 위해서 사용될 때 상담에서 시간을 절약해 준다. 내담자들은 성령께서 말씀의 메시지에 대한 이해를 자극할 때 그들의 사고에 있어서 자극을 받을 수 있다. 독서치료는 또한 내담자가 상담 시기들 사이에 성경을 통해서 지지를 발견할 수 있도록 해준다.

목회자에게 상담을 받는 모든 사람이 독서치료에 열려 있는 것은 아니다. 언제 성경을 사용할 것인가를 결정하는 것은 문제의 본질에 달려 있는 것만큼 내담자에게도 달려 있다. 만약 그 사람이 독서치료에 대해 수용적이지 않다면 그러한 과제를 부과하는 것은 유익이 되기보다는 해가 된다.

성경과 기도가 문제들에 대한 마술적인 해결책들을 주지 않기 때문에 분노의 감정들을 가지고 목회자에게 온 내담자는 상담 관계를 통해서 그것들의 타당성을 이해하고 느끼게 될 수 있다. 이것을 통해서 그러한 사람은 하나님과의 헌신적인 교제를 회복할 수 있다.

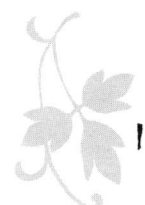

11장 문제 중심의 기록들을 활용하기

　의학박사인 로렌스 위드(Lawrence L. Weed)에 의해 개발된 문제 중심의 의학적 기록은 의학계에서 점점 더 폭넓게 사용되어 왔다.[1] 그것은 환자의 진단과 치료에 관한 결과들과 개념들을 상세히 기록하기 위한 논리적이고 체계적인 방법이다. 문제 중심의 기록(Problem-Oriented Record-POR 혹은 Problem-Oriented Medical Record-POMR)은 네 가지의 주요 요소들로 구성된다. (1) 신원, 주요 불만, 현재의 질환, 의학적 역사, 사회적 역사, 가족과 부부의 역사, 정신 상태를 포함하는 데이터베이스의 구축, (2) 모든 문제들을 번호를 매긴 목록으로 정리한 것, (3) 더 많은 정보 수집과 치료, 환자 교육을 포함하는 각각의 문제에 대한 계획들 수립하기, (4) 번호가 매겨진 진행 기록에 요약된 각각의 문제에 대한 사후 점검.

　전통적인 정신의학적 기록은 일관된 구성, 명료함, 정확성이 확실히 결여되어 있고 읽기도 쉽지 않다. 따라서 정신의학에서는 POR에 대한 관심이

지난 수 년 간 눈에 띄게 증가하였다.2) 문제들을 공식화하는 것이 특별히 까다로운 것으로 드러났고 그 체계의 세부적인 내용과 시간을 소모하는 측면들이 비판되기는 했지만, POR은 지속적으로 확산되고 있다.3)

목회상담사에게 있어서 POR에 대한 지식은 몇 가지 이유들 때문에 중요하다. POR은 (1) 내담자의 역사와 관찰한 내용, 과거와 현재의 치료에 대하여 상담자가 기억하는 데 보조수단으로, (2) 손쉽게 이용할 수 있는 내담자에 대한 최신 정보의 저장소로, (3) 치료에서 실제로 일어나는 일들에 대한 정확한 반영으로, (4) 임상적 가설들을 개발하고 검증한 것에 대한 기록으로, (5) 연구 목적들을 위한 정보의 근거로서, (6) 교육 목적을 위한 수퍼바이저나 동료들의 수퍼비전을 위해 사용할 수 있는 학문적 문서로서, (7) 정확한 법적 문서로서 사용된다.

내가 우려하는 바는 목회상담사들이 그들이 사람들을 상담한 것에 대해 적절히 기록을 유지하는 일에 다소 정확하지 않았다는 것이다. 목회상담의 역사에서 의학 박사인 리처드 캐봇(Richard Cabot)은 러셀 딕스(Russell Dicks)가 그의 환자들과의 기도들을 기록하는 것에 매우 감명을 받았고, 그런 목회자는 병원의 직원으로 초빙해야만 한다고 강하게 느꼈기 때문에 자기 돈으로 그에게 비용을 지불하였다. 나는 우리 목회상담사들이 때때로 "비밀 보장"이라는 미명하에 적절하고 전문가적인 기록을 남기지 않는 구실로 삼는 것은 아닌지 의심스럽다. 관리적 의료 서비스(managed care)가 생겨나고 제3의 지불자들이 치료 계획을 요구하게 되면서 전문적인 목회 심리치료사들은 치료를 위한 치료 계획에 매우 익숙해질 필요가 있게 되었다.4)

데이터베이스

내담자에 대한 정보를 수집한 것을 자료(data)라고 정의함으로써 POR은 불완전한 정보에 기초한 해석을 피하도록 도와준다. 자료는 평가 없이 가능한 한 많이 수집된다. 이것은 일단 진단적인 예감이 생겨났는데 다른 중요한 자료를 무시한 것 같은 인상 때문에 더 많은 자료를 모으려고 하는 유혹을 최소화한다. 이것은 일종의 "터널 시야"(tunnel vision)와 중요한 영역들을 간과하는 것을 피하도록 도와준다. POR은 (1) 내담자에 관한 정보를 수집하는 것을 (2) 문제를 정의하는 통합적인 과정과 (3) 치료적 접근의 공식화로부터 분리해야 함을 강조한다.

접수 과정은 흔히 목회상담사가 한 시간 이상 면담하는 것을 필요로 할 것이다. 다음의 개요를 사용해서 데이터베이스를 수집하는 데는 한 회기에 한 시간 반이나 두 시간, 혹은 두 회기나 그 이상의 긴 회기를 필요로 할 수 있다. 자료는 질문-대답 형식에서가 아니라 내담자의 문제들에 대해 토론하는 가운데 모아진다.

1. **신원**(identification): 이름, 생년월일, 성, 인종, 결혼 여부, 의뢰처, 주소, 전화, 정보의 원천, 신뢰도 등을 기록하라.
2. **주요 불만**: 내담자가 왜 왔는지 혹은 왜 상담하도록 보내졌는지를 가급적이면 내담자 자신의 말로 간단히 기록하라.
3. **현재의 질병**: 여기에서 주요 목적들은 (1) 그 사람이나 부부, 혹은 가족 생활에서 문제 영역들을 규정하고 (2) 진단적 공식화를 위해서 충분한 정보를 얻는 것이다. 이것은 최초의 문제 목록을 형식으로 사용해서 설명하는 방식이나 문제의 제목을 기입하는 방식으로 기록될 수 있다.

각 문제에 대해서 발생 시각과 유형, 문제의 특징들, 촉발 요인들 그리고 내담자의 정서적 반응들에 대한 진술이 포함되어야만 한다.
4. **의학적 역사**: 현재의 질병에 중요한 최근과 과거의 의학적 역사를 포함시켜라. 상담자의 의사의 이름과 주소, 전화번호를 분명히 기록하라. 마지막 검진이나 신체 검사가 언제 있었는가? 식욕이나 몸무게, 수면에 관련된 문제들이 있으면 포함시켜라.
5. **사회적 역사**:
- 경제: 수입과 부채, 재정을 누가 어떻게 관리하는지, 그리고 경제적 상황에 대한 느낌을 포함시켜라.
- 직업과 병역: 직업과 병역의 역사, 직업 안정도, 직업 변경의 이유들, 상사와 동료, 부하직원들과의 관계를 요약하라.
- 교육: 교육의 수준과 유형을 기록하라. 가정의 교육 규범, 교사와 학생들의 관계, 학교에 대한 느낌.
- 오락과 취미: 여가 시간을 활용하는 데 사람이나 사물이 포함되는가, 아니면 혼자 지내는가?
- 종교: 가입과 훈련, 최근의 실천 수준, 최근 삶에서 종교의 역할이나 영향력을 포함시켜라.
- 성: 성적인 정보와 경험, 기능, 감정들에 대해 평가하라.
- 투약과 약물: 알콜과 신경안정제, 항우울제, 불법적인 약물들, 처방약, 진정제 등을 포함시켜라.
- 대인관계: 친구 관계의 양과 질을 평가하라.
- 법률: 최근과 과거의 법률 기관과의 상호작용.
- 문화: 만약 내담자가 문화적 하위집단에 속해 있다면, 이것이 행동이나 치료, 태도에 어떻게 영향을 미치는가? 거주 도시에서의 거주 시

간, 출생지 혹은 고향을 포함하라.

6. **가족과 부부의 역사**:
- 원가족(family of origin): 아버지와 어머니, 형제들은 어떤 사람들이었는가, 그리고 내담자는 그들과 어떻게 관계하였는가? 출생 순위도 기록하라.
- 결혼 혹은 동거: 배우자나 동거인에 대해 기술하고, 관계의 역사를 기록하고, 통제, 영향력, 독단성, 만족, 오락 등을 포함하여 두 사람 사이의 상호작용을 평가하라.
- 자손: 사랑, 분노, 훈육 혹은 불일치와 관련하여 내담자와 집에 살고 있는 자녀나 다른 사람들과의 상호작용을 포함하여 그들에 대해 기술하라. 생활 환경에 대한 만족을 평가하라.

7. **정신상태 검사**:
- 태도와 행동: 외모, 복장, 치장, 인상, 태도, 움직임, 버릇, 불안.
- 정신 활동: 자발성, 적절성, 반응성, 일관성, 사고연상, 불연속성, 연상 중단, 혼란함, 생각의 비약.
- 분위기와 정동: 감정적인 표현, 일관성, 적절성의 정도를 기록하라.
- 사고 내용: 적합성, 완전성, 추상성, 별나거나 기괴한 생각, 환각, 망상, 강박, 관련성, 일치성을 평가하라.
- 지각 능력과 지적 능력: 방향감각, 주의, 기억, 회상, 계산, 읽기, 쓰기, 이해, 개념 형성, 지식을 고려하라.
- 통찰과 판단: 역기능에 대한 인식, 행동의 선택, 만족을 성취할 수 있는 능력을 기록하라.

8. **심리 검사**: 결과들을 요약하라.

9. **진단적 인상**: 표준 목록(DSM)에 따라 해석하라.

데이터베이스는 회기들 중에 노트 필기에 의해 축적되거나 첫 번째 혹은 두 번째 면담 이후에 기록될 수 있다. 나는 그것이 매끄럽게 흘러가고 절대로 30분이 넘어갈 정도로 너무 길게 걸리지 않는다는 것을 발견했다. 완성될 수 없는 부분들은 "정보 불충분"이라고 써넣고 차후에 정보를 더 수집할 수 있는 기억 매체로 삼는다.

문제 목록

위드 시스템(the Weed system)은 데이터베이스를 수집한 후에 "환자의 현재뿐만 아니라 과거의, 의학적인 것뿐만 아니라 사회적이고 정신의학적인 모든 문제들"[5]을 요약한 문제 목록을 작성하는 것을 강조한다. 각 문제는 목회상담사의 이해와 일관되게 정제된 수준에서 목록이 작성되어야 하지만 진단적 추측은 피해야만 한다. 물론 목회자는 때때로 특정 내담자를 다루는 데 개인적인 문제들이 있을 테지만 그것들을 기록해서는 안 된다. "이것이 내담자를 위한 문제인가?"라는 질문은 문제가 정의되기 전에 긍정되어져야만 한다. 문제 목록에는 특정 행동에 대한 기술에서 광범위한 진단 범주들에 이르기까지 전반적인 것들이 포함된다. 위드가 강조했듯이 문제 목록은 "'내용의 목차'이자 결합된 '색인'(index)이고 그것을 작성할 때 얼마나 주의를 기울이는가가 전체 기록의 질을 결정한다."[6]

문제 목록은 각 문제가 그것이 정의되는 순간에 시작되고, 새로운 문제들이 규정될 때 추가되고, 최근의 문제들이 융합되고 좀더 세련되고, 이전의 문제들은 약화되거나 해결된다는 의미에서 역동적이다. 혹시 문제가 시작된 날짜를 안다면 괄호 안에 추가할 수 있다. 내담자가 이해하거나 동의하지 못하지만 상담사에게 분명해 보이는 문제들로부터 내담자가 동의하는 문제들을 구별하는 것은 중요한 것 같다. 나는 내담자들이 그들이 동의하는 문제들을 해결하는 데 더 많은 노력을 기울인다는 의견에 동의한다.[7] 내담자와 함께 문제 목록을 살펴보는 것은 상담 계약을 굳건히 해주고 내담자의 고지(告知)에 의한 동의(informed consent)를 확장시켜 준다.

문제 목록은 자연스럽게 데이터베이스에 수집된 정보로부터 나온다. 나의 상담 기록들의 어떤 사례들이 그 방법을 설명해 줄 것이다.

만약 다른 문제들과 명백한 관계가 없다면 문제들은 분리해서 기록이 되어야만 한다. 만약 두 문제가 명백하게 관계가 있지만 구별된 치료 프로그램을 필요로 한다면, 그것들은 분리해서 기록되어야만 한다. 이것은 두 가지 방식으로 될 수 있다. 주요 문제는 위의 환자 A. B.의 문제 번호 4에서처럼 문제의 다양한 증상들을 구체적인 하위 범주들로 기록될 수 있다. 혹은 문제들은 독립적으로 기록할 수 있지만, 다른 문제들과 그것들의 관계는 "~

환자 A. B. 31세 미혼 남성

문제 번호	확인된 날짜	드러난 문제들	약화된 날짜	해결된 날짜
1	9-22-96	종교적 의심		10-28-96
2	9-22-96	직장 문제		
3	9-22-96	여자 친구와 헤어짐		
4	9-22-96	우울증		
	9-22-96	A. 수면 장애	11-24-96	
	9-22-96	B. 식욕 부진	11-24-96	
	9-22-96	C. 에너지 부족		
	9-22-96	D. 체중 감소		11-24-96

에 부차적인"(2°)을 사용해서 기록할 수 있다. 그러므로 환자 A. B.의 문제는 다음과 같이 기록할 수 있다.

    4 우울증
    5 4에 부차적인(2° to 4) 수면 장애
    6 4에 부차적인(2° to 4) 식욕 부진
    7 4에 부차적인(2° to 4) 에너지 부족
    8 4에 부차적인(2° to 4) 체중 감소

각 문제에 대한 초기 계획

상담자의 이해 수준에서 내담자의 각 문제들에 대해 명확하게 진술하고 나면 위드의 각 문제에 대한 치료 계획의 다음 단계로 진행된다. 위드는 각 문제를 위한 계획이 세분되어야 하는 세 가지 영역을 명시하였다.

이것들 가운데 첫 번째는 **더 많은 자료를 수집하는 것**이다. 여기에는 내담자나 가족들로부터 더 많은 정보를 모으거나, 이전의 치료사로부터 예전의 기록들을 얻거나, 심리 검사를 실시하는 것이 포함된다.

두 번째 범주는 **치료 계획**이다. 행동수정 프로그램에 대한 기술이나 사용된 심리치료의 유형에 대한 설명과 같이 각 문제를 다루기 위한 특별한 계획들이 여기에 포함된다.

강조의 세 번째 영역은 **내담자 교육**이다. 여기에는 자신의 문제나 치료, 상담자가 얻을 수 있는 외부 정보에 대해 특히 내담자에게 얘기될 혹은 얘기되지 않을 것들에 대해 기록한다.

C와 D 부부, 41세와 46세

문제 번호	확인된 날짜	드러난 문제들	약화된 날짜	해결된 날짜
1	10-1-96	대화의 문제	12-8-96	
2	10-1-96	화	11-26-96	
3	10-1-96	분노와 의심 (Dorothy)		
4	10-1-96	낮은 자존감(Dorothy)	11-12-96	
5	10-1-96	투덜거림(Clark)		
6	10-1-96	경청(Clark는 그가 말할 때 Dorothy가 듣는다고 느끼지 않는다)		
7	10-1-96	성관계가 좀처럼 없음		
8	10-1-96	음주의 문제(Clark)		
9	10-1-96	너무 많은 시간을 혼자 있음(Dorothy)		
10	10-1-96	변화에 대한 저항(Clark)		10-14-96

G가족들, 40, 38, 18, 14, 9, 4세

문제 번호	확인된 날짜	드러난 문제들	약화된 날짜	해결된 날짜
1	7-18-96	아내의 통제되지 않은 노여움의 표현(고함치기와 때리기)		
2	7-18-96	남편을 믿을 수 없다는 아내의 환상과 비난		
3	7-18-96	가끔 나타나는 아내의 환시 (발병 날짜 5-1-95)	5-28-96	
4	7-18-96	아내의 우울증		
5	7-18-96	교회 출석 문제		9-9-96
6	7-18-96	사회적 고립	11-3-96	
7	7-18-96	불충분한 데이터베이스		8-21-96
8	8-11-96	남편의 철수		
9	8-21-96	Harry의 정신지체		
10	8-21-96	Harry의 화		
11	8-21-96	Jeff의 야뇨증		

11장: 문제 중심의 기록들을 활용하기

이것이 어떻게 활용되는지에 대한 설명은 위에 나열된 문제들을 가진 가족들에게서 주어진다. 문제 번호 11인 제프의 야뇨증을 다루기 위한 계획은 다음과 같다.

1. 자료를 더 모은다. 야뇨증에 대한 어떤 의학적 혹은 심리학적 원인들이 있는 것으로 볼 수 있는지 그레스 박사와 확인한다.
2. 치료. (a) 통찰 중심의 치료를 사용하여 제프가 그의 야뇨증의 원인이나 이익에 대해 어떻게 이해하고 있는지 이해하도록 한다. (b) 그와 그의 부모에게 배뇨 빈도 도표를 만들고, 그가 자다가 오줌을 싸는지 매일 확인하도록 한다.
3. 내담자 교육. 그의 부모, 특히 어머니에게 마른 잠옷과 잠자리를 제공하지 않도록 지시한다. 또한 저녁 7시가 되면 수분의 섭취를 멈추도록 한다.

진행 기록

POR의 네 번째 기본적인 요소는 문제 목록에 서술된 각 문제들이 회기를 거치면서 다루어질 때마다 그것들에 대해 사후 기록을 체계적으로 하는 것이다. 각각의 경과 기록은 번호와 날짜가 기록되어야 한다. 회기 동안 토론이 필요한 문제들은 그것들의 원래 제목과 번호에 따라서 기록되어야 하고 상호작용은 요약되어야 한다. 기록들은 상담사의 기호에 따라 회기 중이나 회기 후에 남겨질 수 있다.

이와 같은 요약을 위해서 위드에 의해 하나의 형식이 제안되었다. **주관적인**(subject) 자료에는 문제에 관한 내담자의 중요한 증상들에 대한 보고가 포함된다. 내담자의 감정과 분위기, 활동, 계획, 상담 평가와 진행에 관한 내담자의 진술들 혹은 가족이나 친구들의 진술들이 여기에 기록된다. 때때로 인용이 사용된다.

객관적인(object) 자료에는 내담자에 대한 상담사나 다른 건강 전문가들의 관찰들이 포함된다. 여기에는 외관과 행동, 정동과 같은 정보가 포함될 것이다. 검사 결과들도 여기에 포함될 수 있다.

평가(assessment) 부분은 상담사의 문제 분석을 위한 곳이다. 여기에서는 문제에 대한 상담사의 최근의 이해를 요약하고 다음과 같은 질문들에 대한 답을 기록해야만 한다. (1) 왜 이것이 지금 이 내담자에게 문제가 되는가? (2) 문제가 어떻게 내담자의 기능을 방해하는가? (3) 변화를 위해서는 무엇이 필요하고 그 변화는 어떻게 일어날 수 있는가? (4) 이 문제는 내담자의 다른 문제들과 어떻게 관련이 되는가? (5) 내담자는 이 문제를 안고 어떻게 지내왔는가?

계획(plans) 부분은 처음의 계획들을 수정하기 위해 사용된다. subjective, objective, assessment, plans 네 단어의 첫 번째 글자들은 SOAP를 형성한다. 따라서 모든 진행 기록은 이 체계로 된다. 예를 들어 다음의 사례들을 보자.

진행 기록들: C와 D, 10-9-96

문제 2: **화**

S: 그는 화를 발산시키기 위해서 큰 소리로 욕하는 것을 좋아한다. 그

그녀는 이런 행동을 싫어하고 때때로 그가 그렇게 할 때 방을 나간다.
O: 그녀는 회기 중에 어떤 화도 내지 않는다. 그는 종종 적대적으로 생각된다.
A: 그녀는 자신의 화를 내면화시킨다. 그는 그의 분노를 건설적으로 사용하지 않는다.
P: 통찰 치료와 바하의 분노 박물관

문제 4: **낮은 자존감**(Dorothy)
S: 그녀는 자신의 몸에 대해 부끄러워하고 자신이 못생겼다고 생각한다.
O: 그녀는 대개 젊은 여성들이 입는 옷을 매우 말쑥하게 입었다.
A: 낮은 자존감
P: 통찰 치료

문제 7: **성적 문제들**
S: 도로시는 성교 전에 끌어안고 말하는 것은 좋아한다. 그는 그들이 잠자리에 있을 때 많이 말하는 것을 좋아하지 않는다. 왜냐하면 그는 그렇게 하는 것을 원하지 않고, 자신이 달콤한 속삭임에 전혀 익숙하지 않다고 생각하기 때문이다.
O: 그녀는 낭만적으로 접촉하고 말하는 것을 좋아한다. 그는 그녀의 성적인 반응성에 대해 찬사를 보냈다.
A: 그녀는 아마도 그가 여전히 자신을 사랑하고 있다는 것을 확신하지 않는 것 같다. 문제 번호 4에 비추어 볼 때 그녀는 자신이 그를 기쁘게 하고 있다는 확신을 필요로 한다.

P: 통찰 치료와 마스터스와 존슨의 무기력을 위한 기술들.

문제 9: **너무 많은 시간을 혼자 있음(도로시)**

S: 클락크는 자신이 도로시가 집에서 너무 많은 시간을 혼자 있다고 생각한다고 말했다. 도로시는 동의했지만 자신의 엉덩이에 문제가 있기 때문에 자신이 익숙하게 했던 어떤 일들을 하지 못한다고 주장하였다.

O: 그녀는 다소 수동적이고 어느 정도 자신의 현재 존재 상태에 만족하였다.

A: 참여의 부족. 그녀는 지나치게 그에게 의존한다.

P: 그녀가 어떤 활동, 특별히 그들이 함께 할 수 있는 어떤 일에 그녀가 참여하는 것에 대해 토론하기.

문제 10: **변화에 대한 저항(클락크)**

S: 클락크는 자기 자신에 대해 만족하고 기꺼이 변화하거나 변화시킬 필요가 있다고 느끼지 않는다고 말했다.

O: 그는 이것을 문제로 제기하였다.

A: 그는 부부간의 문제에 있어서 그의 몫을 부인하고 있다.

P: 통찰 치료.

POR에 따른 진행 기록들의 구성은 목회상담사들에게 내담자들에 대해 체계적으로 생각하는 것을 지속적으로 상기시키고 그들이 실제로 그렇게 하고 있는지에 대한 증거를 제공한다.

결론

목회상담사들이 파일로 보관하는 기록들은 상담이 적절하게 진행되었는지에 관한 주석이다. 어떤 상담사들에게 기록들은 그들이 어떻게 일을 하고 있는지를 보여준다. 왜냐하면 파일 폴더들이 거의 비어 있거나 그것들의 내용이 결합되지 않은 퍼즐처럼 보일 것이기 때문이다. POR은 퍼즐 조각들을 그것들이 있었던 대로 의미 있게 맞추기 위한 구성의 틀을 제공한다. POR은 이러한 부족함들을 보다 즉시 알 수 있음에도 불구하고 다른 기록 시스템들처럼 조잡함과 간단함을 남용하는 데 빠질 수 있다.

기록은 적절히 이뤄질 때 의뢰나 연구, 수퍼비전을 위해 자기 자신이나 다른 사람들과 의사소통을 하는 수단이 된다. 목회상담사들에 대한 메시지로서 POR은 일차적으로 정보의 유지를 위한 기제의 역할을 한다. 가끔 POR을 살펴보면 문제를 기술하고 개입하는 데 있어서 일관되지 못하고, 생략하고, 정확하지 않았던 것이 있었는지를 볼 수 있다.

의뢰되는 사례들에서 POR은 다른 치료사에게(내담자의 동의하에) 전달되는 정보의 원천으로서 쉽게 이해될 수 있다. 그것은 또한 만약 목회상담사가 법정에 소환되어야만 한다면 그에게 위엄 있는 법적 문서를 제공해 준다.

POR은 연구를 위한 방법론을 만들어 낼 수 있도록 상담 기록들을 충분히 체계화해 준다. 모든 종류의 요소들이 축적된 그러한 기록들로부터 평가나 통계학적 분석, 논평을 위해 선택될 수 있다.

POR은 상담 수퍼비전에서 교수 도구로서 비길 데 없는 것이다. 수퍼바이저는 그러한 문제들에 대한 학생들의 이해를 쉽게 시험하고, 학생들의 적절한 활동에 대해 긍정적인 강화를 제공하고, 누락된 문제들을 확인해 주고, 문제들 사이의 상관관계들을 보여주고, 대안적인 치료 방법들을 제안해 주고, 사후 점검을 세밀하게 모니터링해 준다.

    POR을 사용하는 것에 관한 가장 좋은 것은 그것이 도움을 받으러 오는 사람들에 대한 치료와 돌봄을 개선해 준다는 점이다.

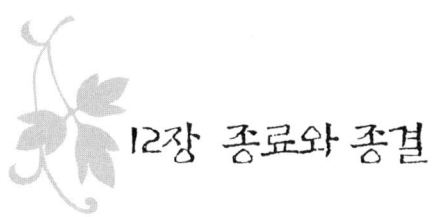

12장 종료와 종결

모든 일에는 끝이 있기 마련이다. 상담에서 각각의 면담은 종료(closing)되어야 하고, 연속된 상담의 면담들도 종결(termination)해야만 한다. 치료 상황에서 시간의 제한은 다른 제한들과 마찬가지로 상담 관계에 삶의 상황의 많은 측면들을 제공해 준다. 각 면담을 적절히 종료하고 상담 상황을 적절히 종결하는 것은 치료 관계를 위해 모두 중요하다.

상담 회기 종결하기

상호간에 시간의 제한이 있다는 것에 대한 인식은 대개 첫 번째 면담의 협의사항에서 초기에 이루어진다. 목회자나 내담자 모두가 당면한 문제를 책임 있게 다루기 위해서는 많은 면담이 필요할 것이라는 점을 결정한다면,

각 면담의 시간은 보통 그들의 계약의 일부가 된다. 일단 내담자들이 시간 제한에 대해 인식하게 되면, 그들은 상담 회기 동안에 그들 스스로 어떻게 속도를 조절해야 할지에 대해 더 좋은 생각을 많이 하게 된다.

목회상담사가 각 면담을 종료하는 방식은 충분히 고려해야 한다. 한 사람에게 심한 불안을 느끼게 하고 시간이 다 되었다고 면담을 끝내는 것은 매우 위험하다. 그것은 내담자들로 하여금 상담의 전체 주제에 의해 위협당했다고 느끼게 만들고, 이것은 집중적으로 문제를 다루려는 그들의 노력을 거의 견딜 수 없을 만큼 지연시킬 수 있다. 목회상담사의 가장 무거운 책임들 가운데 하나는 회기가 끝나기 전에 내담자가 불안을 감소시킬 수 있도록 도와주는 것이다.[1]

일반적으로 말하면 원래의 시간 제한을 고수하는 것은 조종하려는 내담자의 통제하려는 경향을 줄여 주고, 이성의 내담자들에게 목회자의 신중한 의도들을 확인시켜 주고, 수줍어하고 수동적인 내담자들에게 시간은 그들이 가장 잘 사용할 수 있을 때 정말로 그들이 사용하는 시간이라는 사실을 강조해 줄 것이다. 드물게 시간 제한의 연장이 적절해 보이는 경우에도 이러한 변화는 그냥 주어져서는 안 되고 직접적으로 언급되고, 토론되고, 함께 동의되어져야만 한다. 그럴 때 관계는 개방적이고, 정직하고, 믿을 수 있고, 의존할 수 있다. 시간의 주제가 당면한 문제들에 비해서 극히 작은 것일 수 있지만, 그것은 내담자에게 더욱 큰 주제들에 반응하는 감정과 행동 양식을 표현할 수 있는 기회를 준다.

면담을 끝내는 데 필요한 한 가지 원칙은 예정된 종료 전에 몇 분 동안 강도에 있어서 서서히 약해지도록 하는 것이다. 실제로 면담을 끝내기 위해서 제안된 어떤 기술들은 (1) 시간 제한에 대해서 언급하기, (2) 그 회기의 중요한 특징들을 요약하기, (3) 다음 약속을 잡기, (4) 어떤 과제를 제안하기. 무엇인가를 읽거나 하거나 생각해보기, (5) 문이나 시계를 바라보는 것과 같이 끝내기 위한 미묘한 준비 몸짓하기, (6) 일어서기 그리고 (7) 문으로 가서 열기다. 면담을 종결할 때 주요 목표는 성취된 것들을 내담자에게 지속적인 유익이 되도록 통합하는 것이다.2)

친밀한 감정을 나눈 내담자들, 특히 죄의 본성에 대해 무엇인가 고백한 사람들에게는 상담자의 지속되는 존중에 대해 확인시켜 주어야만 한다. 목회상담사들은 내담자들에게 그러한 고통스러운 영역들에 대해 토론함으로써 자신들에게 보여주었던 신뢰에 감사하고 그들에게 이러한 내용들은 비밀에 붙여질 것임을 상기시키고 싶을 것이디. 이러한 행동은 그렇게 하지 않으면 면담들 사이에 붕괴될 수도 있는 관계를 강화시켜 준다.

때때로 내담자들은 상담실을 떠나면서 매우 중요하고 가능성 있는 어떤 말을 한다. 아마도 떠나야 한다는 압박이 그들로 하여금 면담 동안에 생각했던 것을 말하게 하는 것 같다. 때때로 내담자는 이렇게 하면서 나가는 길에 도화선에 불이 붙은 정서적인 폭탄을 상담실에 던지는 것처럼 보인다. 예를 들어 나의 내담자들 가운데 한 사람은 막 문을 열고 떠나기 전에 "아시겠지만요, 저는 저의 불감증의 문제를 잘 피해 왔다고 생각합니다. 그러나 실제로 저는 매번 어찌어찌해서 그것에 대해 말했습니다." 이와 같이 떠나면서 하는 말들을 기록해 둠으로써, 상담사들은 다음 면담에서 그것들을 적절히 꺼낼 수 있다.

상담 관계 종결하기

치료 관계로부터 마지막으로 떠나는 내담자의 경험은 상담자와 상담 상황 모두에 대한 건설적이고 창조적인 작별이다. 종결을 통해서 내담자들은 그들이 형성된 이후 전혀 위협을 받지 않았던 깊은 연합으로부터 철수해야 하는 두려움과 고통을 견딜 수 있음을 알게 되고, 그들 자신 안에서 적절한 대체 구조를 발견할 수 있다. 결합하려는 의지와 분리하려는 의지 사이의 상호작용은 첫 면담에서 마지막 면담까지 계속된다. 그러나 내담자들에게는 지지해 주는 관계를 거부하고 독립적인 자기를 주장하는 마지막 지점을 향해 그들을 움직여 가는 일반적인 경향이 생겨난다.

목회상담사들은 종결과 관련하여 독특한 문제를 안고 있다. 목회적 책임을 감당하면서 그들은 보통의 경우 일반치료사들보다 더 많은 사후 상담과 대화를 내담자들과 가진다. 내담자들은 목회자를 지속적으로 친근하게 느끼지만, 그들은 전에 느꼈던 치료 관계에 대한 절망적인 필요를 더 이상 가지고 있지 않다. 이것은 다음 장에서 좀더 토론될 것이다.

목회자들은 사람들이 만족을 주거나 보상을 주었던 상황을 떠난 것을 섭섭해한다는 점을 이해해야만 한다. 이러한 이유로 목회상담사들은 너무 상처가 되지 않는 작별을 허용하기 위해서 긍정적인 전이의 강도가 치료의 후기 단계들에서 충분히 감소된 것을 볼 수 있도록 많은 주의를 기울이려고 노력해야 한다.

오토 랑크는 아마도 이 분야의 다른 어떤 초기의 저자들보다도 종결 방법의 중요성을 강조했던 것 같다. 그는 치료의 종결에서 출생 외상(birth trauma)과 유사한 분리 외상(trauma of separation)을 보았다. 그는 치료 과정의 마지막 시기에, 내담자에 의해 보조 자아(assistant ego)로 보였던 치료사가 이제 현실 자아(real ego)로 보이게 된다고 하였다. 그는 다음과 같이 조언하였다. "현실의 수용과 동시에 일어나는 이러한 보조 자아의 포기가 내게는 치료의 가장 중요한 문제인 것 같다. 해결을 위해 조심스러운 준비가 미리 이루어져야 하기 때문이다."[3]

내담자들은 흔히 초기 면담에서 목회상담사들에게 상담 과정이 얼마다 오래 걸릴지 묻는다. 많은 목회자들이 그러한 초기 시점에 종결 날짜를 예상하는 일을 떠맡는 위험을 감수하는 것을 원하지 않는다. 그러나 제롬 프랭크(Jerome Frank)가 조사한 많은 실험 연구들에 따르면 개선의 속도는 흔히 상담사들이 내담자들에게 가져다주는 경험에 의해 크게 좌우될 수 있다. 그 연구들은 또한 단기 치료에 대한 호의적인 반응이 지속될 수 있음을 보여주었다.[4]

상담 상황이 종결되려고 할 때 그 관계는 내담자들에게 큰 의미가 있게 된다. 따라서 종결은 어떤 불안을 일으킬 수 있다. 나는 일반적으로 목회상담이 오래 지속되면 될수록 종결에 필요한 회기들이 더 많아진다고 했던 로널드 리(Ronald Lee)에게 동의한다.[5] 이러한 상황에서 내담자들에게는 상담사들이 이러한 반응들을 더 많은 치료에 대한 요구로 해석하기보다는 이러한 불안을 내담자들이 표현할 수 있도록 도와주는 것이 필요하다. 목회상담사들은 상담을 기꺼이 종결하고 내담자들에 대한 관계가 보다 명목상의 목회자-교인 관계로 되돌아갈 수 있도록 해야만 한다.

일반적으로 상담 과정은 자발적으로 종결될 것이다. 상담에 대한 일련의 정교한 연구들은 내담자의 반응들이 상담의 종결에 대해 긍정적이고 자발적이 되게 하는 경향이 있음을 보여주었다. 상담사는 종결하기 위해서 내담자의 다른 단서들을 찾을 수 있다. (1) 통찰과 이해와 같은 상담의 일반적인 목표들이 성취되었음을 보여줌, (2) 문제에 대한 해결책과 지시에 대한 지적인 인식, (3) 불안과 같은 요소들의 감소, (4) 행동의 개선. 그 연구에서 상담사들은 목표들이 성취되었거나 그들이 생각하기에 진척이 되지 않아서 상담을 지속하는 것을 보장하지 못할 때 상담을 종결했다. 일단 문제의 윤곽이 드러나면 많은 상담사들은 제한된 시간에 이르렀을 때 종결 절차를 시작하는 방식으로 시간 제한을 구조화한다.[6]

내담자들은 여러 가지 이유로 상담을 스스로 종결한다. 여기에는 내담자의 저항, 시간 제한, 일정을 잡는 문제들, 상담에 대한 무지, 불안이나 외상, 비용 그리고 상담자가 더 이상 필요하지 않다는 느낌으로 인한 중단들이 포함된다. 목회상담사들은 흔히 내담자들이 그들 자신에게 세우는 것보다 더 높은 목표들을 내담자들에게 세운다. 내담자들은 때때로 새롭게 발견된 통찰들을 가지고 혼자서 무엇인가 하려고 헛된 시도들을 몇 번 해보다가 결국 다시 돌아오게 된다.

말로 준비하는 것은 일련의 면담들을 종결하는 데 첫걸음이다. 목회상담사들은 최대한의 유익이 주어진 지점에 이르렀다고 느낄 때 내담자들로부터 유사한 의견이 표현되는지 경청하기 시작하고, 그들에게 동의할 수 있다. 내담자가 일차적으로 화자가 되고 목회자는 청자가 되는 비대칭적인 관계를 유지하는 대신에 목회자가 좀더 많이 말하고 해석은 덜 하는 좀더 평등한 관계를 형성할 수 있다.[7]

칼 메닝거(Karl Menninger)는 "어떤 환자들은 일단 종결 날짜에 대해 다소 임시적으로 상호적인 동의가 이뤄지면, 갑자기 더 안 좋아질 것이다. 마치 무의식이 자아의 독단적인 결정에 대해 맹렬하게 저항하듯이 많은 증상들이 재발할 것이다. 대개 필요한 것은 단순히 날짜를 늦추는 것이다."[8]

내가 일련의 면담들을 종결하기 위해서 잘 사용하는 자연스러운 기법은 점진적으로 줄이는 것이다. 일주일에 한 번 약속을 했던 내담자는 격주에 한 번으로 줄이고, 그 다음에는 세 주에 한 번으로, 이렇게 해서 공식적인 작별이 적절해 보일 때까지 줄여간다. 덜 만나는 것은 흔히 관계에 있어서 강도나 의존성을 감소시켜 주는 동안 얻은 것을 통합하는 데 도움이 된다.

교회의 목사로서 역할을 하는 목회자들은 그들이 상담했던 교인들을 계속 만나기 때문에 이 사람들과의 관계를 완전히 종결할 수는 없다. 그럼에도 불구하고 목회자들은 혹시 주어진다면 지나치지 않은 선물을 받아 줌으로써, 하나님을 향한 감정이나 적대감을 지도해 줌으로써, 성장하는 사람이 교회에서 하나님을 섬길 수 있는 특별한 기회와 방법들을 제공함으로써 내담자들이 교회 생활에 다시 적응하도록 도울 수 있다. 이와 같이 목회자들은 내담자들의 가장 깊은 감정들을 하나님과 개인들의 삶을 향한 그분의 은혜로운 목적을 향해 선이시킬 수 있다.⁹⁾

실제로 상담 상황의 공식적인 종결이 이뤄질 때 상담자는 내담자가 상담에 머물기 위해서 자유롭게 돌아올 수 있음을 느낄 수 있도록 해주어야만 한다. 내담자들은 만약 명백한 필요가 생긴다면 그들이 다시 돌아오는 것을 피하기 위해서 너무 많은 에너지를 소모해서는 안 된다는 사실을 인식할 필요가 있다. 그들은 만약 실제로 문제들이 생겼을 때는 목회자를 만날 수 있음을 알아야만 한다. 치료 경험의 유익들은 부분적으로는 이러한 집중적인 관계는 그것이 마침내 끝나고 정상적인 목회자-교인 관계가 재개될 것이라는 생각과 함께 시작되어야 한다는 내담자의 인식으로부터 생겨난다. 이와 같이 상담의 종결기는 상담사-내담자 관계가 발달해 가면서 내담자들이 그들 스스로 인식할 수 있는 차이점들을 확인시키거나 재확인시키는 과정이 된다.

상담 관계의 종결은 목회상담사에게 다른 사람을 도와주었다는 만족감을 기져디주지민, 또한 그깃은 때때로 기대한 모든 것이 나 날성뇌지는 않았다는 점을 겸손하게 인정하도록 해준다. 더구나 정직한 상담사들은 대개 다른 사람들을 도울 때 그들 자신도 도움을 받는다는 사실을 인정한다. 목

회상담사는 하나님의 능력이 모든 변화를 가능하게 하기 때문에 그분께 감사할 수 있다.10)

PART 3

목회자들에게 관계는 무엇을 의미하는가?

목회자의 대화는 대부분 실제로 상담이라고는 할 수 없는 목회적 돌봄(pastoral care)을 수반한다. 예를 들어 목회자의 대화들 가운데 많은 부분은 정확히 "예비 상담"(precouseling)적인 상호작용이라고 할 수 있다. 폴 존슨(Paul E. Johnson)은 목회적 돌봄에 관한 그의 책에서 관계를 목회상담의 핵심이자 목회 사역의 열쇠로 보았다.[1] 이에 기초해서 우리는 목회자가 공식적인 상담 상황이 아닌 다양한 상황들에서 상담 기술을 사용할 수 있음을 쉽게 알 수 있다.

이 책의 마지막 부분의 목적은 목회상담 관계의 의미들을 제시하고 그것들을 보다 일반적인 목회적 돌봄과 사역에 적용하는 것이다. 여기에서 나의 가설은 몇몇 개인들을 심층적으로 다루는 것이 더 많은 사람들에게 의미 있게 사역할 수 있는 일반적인 어떤 원리들을 제공해 줄 것이라는 것이다.

13장 아는 사람들을 상담하기: 목회자의 독특한 문제

상담과 분리된 목회자의 경험은 사람들이 부모와 같은 인물들에 대해 느꼈던 것처럼 목회자들에 대해 생각하고 느끼는 경우들로 가득하다. 이와 같이 전이는 부정적인 것이든 긍정적인 것이든 교회 상황에서 많이 일어난다. 목회자들은 흔히 그것을 원하거나 이해하지 못한 가운데 단지 사람들이 어린 시절에 경험했던 양식들을 반복하는 역할을 함으로써 이러한 반응을 불러일으킨다. 레슬리 모저(Leslie Moser)는 "사람들은 지속적으로 다른 성격들을 그들의 친구들과 아는 사람들에게 전이시킨다"[1]고 하였다. 예전에 프로이트는 그것을 다른 방식으로 설명하였다. "전이는 모든 인간관계에서 자연스럽게 일어난다 … . 그것은 모든 곳에서 치료적 영향력의 확실한 전달 수단이다. 그리고 그것이 있음을 알아채지 못하면 못할수록 그것은 더욱 강력하게 작동한다."[2]

전이 현상 때문에 심리치료 영역에 있는 많은 사람들은 치료사가 친척들이나 친구들, 아는 사람들을 내담자로 받아들여서는 안 된다고 주장하게 되었다. 그러나 목회자들은 흔히 그들이 잘 아는 사람들에게 상담을 요청받는다. 이것은 다음의 일반적인 지침에 의해 수행될 수 있다.

예비 상담적 접촉들

시워드 힐트너는 "목회자의 대부분의 전문적인 접촉들은 좁은 의미에서 상담이 아니라 예비 상담적인 목회 사역이다"[3]라고 하였다. 내담자의 "예비 선택"(pre-selection) 현상은 사람들을 상담을 위해 목회자들에게로 이끄는 주요 요인들 가운데 하나다. 목회자들은 교회와 종교를 대표하기 때문에 많은 사람들이 그들에게 온다. 이와 같이 목회자의 종교적이고 문화적인 역할 때문에 목회상담 관계에서 전이 혹은 역전이 현상이 나타날 강력한 가능성이 있는 것 같다.

브리스터에 의하면 목회자의 예비 상담 활동에는 (1) 지역사회와 교회, 병원, 그리고 어떤 곳에서의 사회적인 접촉들, (2) 흔히 기도가 수반되는 병원이나 가정에서의 격려 심방들, (3) 세례나 결혼을 위해 사람들을 준비시키기 위해서 흔히 목회자에 의해 주도되는 가르침, (4) 어떤 교회에 관한 문제나 교리적인 문제, 혹은 어떤 성경 본문을 해석해 주기 위한 목적으로 이뤄지는 면담들, (5) 훈육상의 대화들, (6) 단 한 번의 대화에서 수치감, 죄책감, 적대감, 불안감 등을 드러내는 고백적인 면담들, (7) 어떤 개인이나 가족을 위해 직원이나 부교역자들, 혹은 다른 전문적인 사람들에게 자문을 구하는 대화들, (8) 교회의 다양한 프로그램들과 기능들에 관하여 교회 지도자들과 사역자들과 나누는 관리상의 대화들 그리고 (9) 설교와 예배 인도가

포함된다.4)

  예비 상담 대화들은 비교적 짧은 기간과 그러한 대화들에서 목회자가 가질 수 있는 주도성과 책임감, 그것들이 이뤄질 수 있는 상황들의 범위, 상담에서 토론되는 수 년에 걸쳐 발달해 왔던 문제들과 비교되는 관심의 즉시성에 의해 실제 상담과 구분될 수 있다. 이러한 예비 상담 대화들은 과소평가되어서는 안 된다. 왜냐하면 내담자의 관점에서 보면 그것들은 대개 매우 중요한 것이기 때문이다. 개인 존재를 정리하는 것과, 영적인 능력, 방향의 명료화에 대한 개인적인 필요들은 많은 부분으로 이뤄진 상담에서 만큼이나 단 한 번의 비공식적인 면담에서도 절박할 수 있다.

  사람들과의 예비 상담 접촉에서 목회자들은 사람들에게 너무 우호적이고 친밀해져서 심각한 문제가 있을 때 더 이상 목회자나 상담자로서 효과적으로 사역할 수 없게 되지 않도록 잘해야 한다. 어떤 목회자들은 그들의 사역을 우정에 기초하려고 노력한다. 아마도 시골과 소도시 교회 교인들은 이러한 행동 방향을 기대할 것이다. 그런 목회자들은 교인들의 집에 노크도 없이 뒷문으로 들어가서, 스스로 커피를 따르고, 부엌 식탁에 앉고, 신발을 벗어 던지고 그리고 여전히 그 가족에게 사역하기에 충분할 만큼 객관적으로 되려고 노력한다. 목회자는 그 가족에게 이상적인 아들이 된다는 환상을 심어 주거나 그들에게 의지가 되는 어떤 사람을 원하는 그 가족의 필요를 채워 주기 위해서 이러한 "설교자" 사고방식을 차용할 수 있다. 그러나 그러한 목회자는 실제로 우호적인 관계의 수준에서 상담 관계의 수준으로 옮겨갈 수 있어야 한다면 아마도 그렇게 하는 데 큰 어려움을 겪을 것이다.

  목회자는 어떤 다른 관계 유형을 가장하여 상담하는 것을 거절해야만 한다. 내 경험에서 이 사례를 고려해 보자. 나는 정신병원에서 수퍼바이저가

되기 위한 임상목회 교육(clinical pastoral education)을 하고 있을 때 종교적인 문제들을 토론한다는 미명하에 매우 자주 나를 만나러 왔던 사회사업가 학생과 친해지게 되었다. 나는 결국 이것이 치료를 대체하는 것은 아닌가 라는 의문을 갖게 되었다. 내가 나의 목회상담을 감독해 주고 있던 사회사업가와 협의할 때, 그녀는 그 젊은 남자(그녀가 치료에 임하도록 하려고 애썼던)가 상황의 현실에 대해 직면해야만 한다고 느꼈다. 나는 조금 주저하다가 그 학생에게 직면하였다. 그는 몇 분 후에 매우 화를 내게 되었고 우정을 끝내겠다고 단언했다. 그럼에도 불구하고 그는 나중에 심리치료를 시작했고, 우리는 다른 차원에서 목회적 우정을 재개하였다.

예비 상담은 또한 목회자들이 잠재적인 내담자들과 가지는 첫 번째 면담에 적용되는 용어다. 이 시점에서 목회자들의 입장에서 지나치게 소위 비지시적인 태도를 보이면 실제로 관계를 죽일 수 있다. 왜냐하면 내담자들이 그것을 무의미한 것으로 받아들일 수 있기 때문이다. 상담사들은 언제나 어떻게 하면 한 시간을 가장 잘 사용할 수 있는지 알아야 하는 책임에 직면하고, 다른 치료사들과는 다르게 목회자들은 그들 나름의 "접수 면담"을 해야만 한다. 목회자들은 이 첫 번째 면담—예비 상담 면담—이 이뤄지는 동안 상황을 평가해야만 한다.

그러나 첫 번째 면담 이전에라도 내담자의 태도들을 구성하고 있는 어떤 것들에 대한 실마리를 인식할 수 있다. 만약 존스 양이 이전에 내담자였던 친구의 권유로 자발적으로 목사를 만나러 왔다면 그녀는 그녀의 친구처럼 상담 받을 준비가 되어 있는 것이다. 만약 그녀의 친구가 심리 검사들을 받았다면, 그녀도 그것들을 받으리라 기대할 것이다. 만약 그녀의 친구가 스미스 목사를 좋아했다면, 그녀 역시 아마도 그를 좋아할 것이라고 기대할 것이고, 긴장을 푸는 데 그리 오랜 과정이 필요하지 않을 것이다. 빌은 완전히 다른 경우일 것이다. 그는 학교에서 반복되는 위반 때문에 부모가 목사로부터 상담을 받으라고 요구했던 문제 청소년이었다. 이 사례에서 우리는 빌이 목사를 그를 이해하지 못하고 그를 반대하는 권위적인 인물들 가운데 한 사람으로 보리라는 것을 예상할 수 있다.

예비 상담에 대한 흥미로운 실험 연구가 상담 센터의 치료 대기자 명단에 있는 26명을 대상으로 해서 이뤄졌다. 이 사람들은 그들 자신에 대한 반복되는 Q-분류법 진술을 제공했고, 연구 결과 상담을 해보지 않았던 대기자 명단에 있는 사람들에게 성공적인 상담을 해봤던 사람들과 유사한 일반적인 개선의 경향이 나타났다. 주체들의 자기 개념(self-concept)이 보다 긍정적이고 보다 일관되게 되는 경향이 있었고 자기 이상(self-ideal)은 이전보다 더욱 긍정적이게 되었다. 물론 모든 사례에서 이러한 변화들은 상담에서 보고된 것들보다 더 작은 것들이다.[5] 이 연구에 기초해서 목회자의 예비 상담사역은 매우 중요하고 유용한 것이라고 할 수 있다.

아는 사람들을 상담하기

목회자는 교인들의 목사로서 공식적인 접촉들과 지역사회에 사는 사람들과 친구요 이웃으로서 비공식적인 접촉들 모두를 가진다. 이 두 가지 유형의 접촉들을 무차별적으로 뒤섞는 것은 때때로 관계의 혼란을 가져온다. 그러므로 목회자들은 아는 사람들을 상담하는 독특한 문제를 통해서 생각할 필요가 있다.

정신분석가들은 특성상 그들이 전에 사회적 접촉을 가졌던 어떤 사람을 내담자로 받아들이는 것을 거부한다. 프로이트는 다음과 같이 말했다.

분석가와 그의 새로운 환자나 그들의 가족들이 우정의 관계에 있거나 서로 사회적 관계를 가지고 있을 때 특별한 문제들이 생겨난다. 친구의 아내나 자녀를 치료해 달라고 요구를 받은 정신분석가는 치료의 결과가 어떻게 되든지 상관없이 그 우정을 희생할 준비를 해야만 한다. 그럼에도 불구하고 만약 신뢰할 만한 대리인을 찾을 수 없다면 희생을 감수해야만 한다.[6]

프로이트는 환자들에 대한 분석가의 객관성이 매우 중요하다고 느꼈다. 예를 들어 그의 친구들이 알듯이 프로이트는 이집트학에 강한 흥미가 있었다. 언젠가 그는 그 주제에 너무 매력을 느끼게 되어서 이집트학 학자였던 환자를 객관적으로 도와줄 수 없게 되는 것을 깨달았다. 그의 전문가적 성실성으로 인해 그는 그 사람을 이집트학에 관심이 없는 다른 분석가에게 보냈다.[7] 유사하게, 임상심리학 박사인 랍비 헨리 케이건(Henry E. Kagan)은 뉴욕의 마운트 버논에 있는 시나이 회당의 500가정이나 되는 그의 교인들과는 절대 상담을 하지 않았다고 하였다. 그는 다른 랍비에 의해 그에게 의뢰된 사람들에게만 상담을 제공하였다.[8]
  목회자는 교인들과 친구들, 아는 사람들과 효과적으로 상담할 수 있는가? 힐트너는 우정(friendship)과 친절(friendliness)을 구분하였다. 친절은 명백히 사람들에 대한 따뜻함, 진정한 관심, 진실된 염려를 말하며, 이것은 다른 어떤 목회적 관계에서만큼이나 상담에서도 중요하다. 우정은 목회자가 무엇인가를 주는 관계일 뿐만 아니라 받는 것이기도 하다. 이와 같이 상담은 우정이 아니다. 상담의 본질은 두 사람이 한 사람의 문제들과 관심들, 염려들, 가치들에 주의를 집중하기로 동의하는 것이다.[9] 만약 치료적 접촉들이 보통의 친절한 접촉들로부터 엄격하게 분리된다면 상담은 만족스럽게 이뤄질 수 있다.

상담사가 되는 것과 친구가 되는 것 사이에는 적어도 세 가지의 차이점이 있다. 첫째, 상담사는 훈련을 통해서 다른 사람의 심리적인 어려움들을 흔히 친구가 이해하는 것보다 훨씬 잘 이해할 수 있다. 둘째, 치료적 관계는 상호적이지 않다. 내담자들의 관심과 문제들, 안녕이 언제나 우선시되는 한편 상담사들은 단지 개인적인 필요들을 고려하도록 요청할 뿐이다. 상담사들은 통상 노여움이나 비판에 대해 방어적으로 반응하거나 내담자의 즐거움에 기초해서 관계를 지속할 것인지를 결정하지 않는다. 셋째, 상담실 약속과 상담료와 같은 공식적인 것들은 우정에 해당되지 않는다.[10]

치료 관계는 보다 구조화되어 있다는 점에서 가장 친밀한 관계들과도 다르다. 그것은 어떤 시간들(50분의 회기들)과 어떤 공간(상담사의 사무실)을 포함하고, 과제(내담자의 안녕을 증진시키는) 중심적이며, 그것은 그것이 성공적일 때 끝내거나 바꾸어야 한다.[11]

목회자들이 개인적인 친구들과의 관계를 일시적으로 재정의하고 잠시 동안 그들의 상담사가 되어 줄 수 없는 일반적인 이유는 없다. 칼 로저스는 내담자들은 "치료하는 동안 혹은 치료가 끝난 후에 정상적으로 그들의 관계의 직접적인 현실에 수반되는 것을 넘어서서 상담사를 사교적으로 혹은 직업적으로 별 효과 없이 만날 수 있다"[12]는 것이 그의 신념이라고 하였다. 그러한 상황에서 가장 큰 혼란은 목회자가 관계로부터 무엇인가를 지속적으로 받으려고 하는 정서적인 욕구를 인식하지 못하는 것으로부터 생겨난다. 친구들과 상담하는 것의 계약을 맺어야 하는 측면들은 다음과 같은 차원들을 가질 수 있다.

너와 나는 친한 친구였고 우리가 함께 당연하게 여길 수 있는 많은 것들이 있다. 그러나 우리는 지금 단순히 친구로서 말하고 있는 것이 아니다. 미래에 네가 무엇을 하든지 간에 네가 어떤 일이 일어나고 있는지 더 잘 알도록 하기 위해서 우리는 너에 대해 얘기하고 있고 네가 이 어려운 경험을 극복할 수 있도록 도와주려 하고 있다.

개인적으로 아는 사람들을 치료하는 것이 전적으로 불리한 것은 아니다. 사실 몇 가지 명백한 이점들이 있다. 상담사는 명백하게 나타난 행동을 기초로 해서 이러한 친구들을 안다. 더구나 우정 때문에 도와주려는 동기가 강하다. 마지막으로 친밀관계와 관계가 상담 초기에 이미 형성되어 있다.

물론 목회자들은 그들의 가족이나 매우 친한 친구들조차도 공식적으로 상담할 수 없다. 목회자들은 가족들의 행동에 대해 최소한 부분적으로 책임이 있고, 친한 친구 관계는 특성상 서로 주로 받는 호혜적인 상황이다. "상담사가 치료 밖에서의 개인의 행동 기준에 대해 책임을 지면 질수록 내담자가 치료 시간 동안 자유로워지고 스스로 책임지는 것은 더 어려울 수 있다."[13]

교회의 목회자로서의 역할과 교인들을 위한 목회상담사로 역할을 모두 하는 목사에게 해로운 이중 관계가 될 수 있는 가능성에 기여하는 세 가지 요소가 있다. 첫째, 많은 목회자에게 공통적인 성격적 특징들은 경계선을 세우는 것을 어렵게 한다. 그러한 목회자들은 자신이 도움이 되는 것을 필요로 하는 사람을 기쁘게 하는 사람들이다. 둘째, 많은 목회자들에 의해 높이 평가되는 주요 보상들 가운데 하나는 다른 사람들의 칭찬과 동경이다. 가장 인기 있는 목회자는 최소의 경계선이나 한계를 지키고 항상 만날 수 있고 교인들을 돕기 위해서 가족이나 개인에 대한 배려를 기꺼이 제쳐두는 사람들일 것이다. 셋째, 제한된 자기 인식과 함께 사심 없이 봉사하는 직업적 이미지는 목회상담사들을 그들 자신의 필요들을 채우기 위해서 내담자

들을 이용하는 데 쉽게 빠지게 한다.14)

그럼에도 불구하고 만약 치료적 관계가 우정과 같은 다른 관계들과 전적으로 다른 것이 아니라면 목회자는 교인들인 내담자들을 도와줄 수 있다. 목회자들은 개인적으로나 사회적으로나, 사적으로나 공적으로나 상담을 위해 오는 많은 사람들과 자연스럽게 교제하게 될 것이다. 게다가 목회자들은 때로는 상담 기간 동안 식사하자는 초대나 가정을 방문해 달라거나 다른 가족들을 보살펴 달라는 요청을 받을 수 있다. 목회자의 사모도 대개 내담자들과 사회적인 관계를 가진다.

목회자가 상담 상황과 별개로 내담자들과 접촉하는 유일한 상담가의 유형은 아니다. 예를 들어 학교 상황에서 교사들인 상담사들도 그렇게 한다. 윌리엄 슈나이더(William Snyder)는 펜실베니아 주립대학의 심리학 교수로서 했던 그의 상담에 대해서 다음과 같이 기술하였다.

> 한 내담자는 그가 치료를 하고 있는 시간에 대해 수퍼비전을 받으면서 조교 활동을 했고, 한 내담자는 치료사에게 치료를 받는 한편 그 치료사에게 그 자신의 치료 작업에 대한 수퍼비전을 받았다. 우리는 분명히 치료 관계의 이러한 오염들(contaminations)이 이상적이라고 느끼지는 않는다. 그 상황에서 그것들은 불가피해 보인다. 그것들은 치료적 과제를 치료사들과 내담자들 모두에게 좀더 어렵게 만들었다. 그러나 사실은 이러한 치료사의 이중 역할들에도 불구하고 치료적 관계는 대개 심각하게 오염되지 않은 채 어떻게든 유지된다는 것이다.15)

목회자는 어떻게 아는 사람들과 상담하는가? 상담 관계는 본질적으로 목회적 관계이고, 어떤 특정 문제들을 다루기 위해서 비교적 짧은 시간 동안 심화되고 강화된다. 차이점은 양적인 것이지 질적인 것이 아니다. 탐구를 위한 면담을 수행하면서 참가자들은 특별하고 일시적인 관계를 끝맺을 때 일반적인 목회적 관계를 재개할 것이라는 인식을 가지고 보다 공식적인 상담에 동의하였다. 상담 관계에 관한 계약은 내담자가 회기들을 지속하거나 좀더 시간이 지난 후에 다시 시작하는 책임을 주로 지는 것이다. 선형적 방식으로 보았을 때 상담을 포함하는 목회자-교인 관계에는 이론상 (1) 상담에 앞서 개인적으로 나누는 것; (2) 보다 공식적인 상담 관계에서 내담자의 사적인 세계에 들어가는 것; (3) 내담자의 상황을 평가하는 것; (4) 기독교적인 관점에서 개인의 곤경을 관찰하는 것; (5) 상담을 종결하고 덜 공식적인 목회적 관계를 재개하는 것이 포함된다.

힐트너는 일반적인 목회적 관계에서 목회상담 관계로의 전환은 목회자가 그 전환을 명쾌하게 인정하는 것을 주저하는 것에 비례하여 어렵다고 하였다. 그렇게 하는 것을 주저하는 목회자는 상담 관계의 본질을 부분적으로 모호하게 남겨둔다. "일단 드러내놓고 살펴보면 다른 어떤 상담과 거의 다를 바가 없다는 것이 우리의 경험이다." 16)

이 주제에 관한 두 가지의 다른 측면들은 이미 언급되었지만 되풀이할 가치가 있다. 첫째, 목회자들은 이미 많은 내담자들을 알고 있을 뿐만 아니라 내담자들의 배우자들과 친척들과 친구들과 사회적 접촉들을 가진다. 칼 메닝거는 "게으름 혹은 자신감의 결여 때문에 많은 분석가들이 가까운 친척들을 만나는 것을 거부하고, 그렇게 함으로써 환자에 대한 노력들을 무력하게 한다." 17)고 하였다. 메닝거가 의도한 것은 관련된 치료사들이 환자들의 가족과 친해지는 것을 좋아해야 한다는 것이었다. 목회자들은 그렇게 하는 것에 대해 소심하게 느낄 필요가 없다.

다른 측면은 목회자들이 상담에서 이뤄지는 대화에 대해 매우 신중할 때 내담자들이 그들의 언어적 상호교환에 대해 생생하고 자유롭게 토론할 수 있다는 점을 인식할 필요가 있다. 목회상담사들은 그들의 말들이 반복될 때 그것들이 그들의 일반적인 사역에 방해가 되기보다는 기여할 수 있도록 이것을 염두에 두어야만 한다.

상담 후의 접촉들

분명히 목회자는 상담 과정이 종료되었다고 해서 교인 내담자들과 일반적인 접촉을 중지하지 않는다. 오히려 내담자와의 관계는 목회자와 교인이라는 보다 명목상의 차원들로 되돌아간다. 관계 중심 목회상담사는 이것이 자동적으로 일어날 것이라고 기대하기보다는 더 많은 것을 한다. 다음은 내담자와의 전환 과정에 대한 명쾌한 토론이다.

어떤 내담자들은 목회상담사가 섬기는 교회에 나온다 할지라도, 어떤 경우 목회자들은 상담을 통해서 도와주려고 하고 있는 교인들을 잃는다. 이것은 모든 것을 고백한 내담자들이 나중에 그들의 고백자들을 마주 볼 수 없기 때문일 수 있다. 부분적으로 이러한 이유 때문에 로마 가톨릭에서는 고해소에서 고해성사를 할 때 사제가 보이지 않도록 했다. 이 때문에 힐트너와 콜스톤은 다음과 같이 제안하였다.

> 사후 만남에서 보이는 수치감 반응은 특별한 관계가 특성상 카타르시스—속을 털어놓고 마음의 부담을 더는 것— 를 가져다주고 동화력이 있었던—수용해 주고, 명료화해 주고, 새로운 결정을 하도록 하는—정도에 따라 다르다. 힐트너의 경험에서 그가 상담했던 이전의 교인들이 결과적으로 그를 피하는 정

도는 부분적으로 상담사로서 그 자신의 부족함 때문이지만, 더 많은 부분은 그가 문제를 해결하는 데 성공적이었는가 혹은 그렇지 않았는가 때문이다. 만약 그가 그것을 성공적으로 해결했다면 그들은 그것에 대한 그의 기억이 노출에 관한 것이라기보다는 해결에 관한 것으로 안다. 심리적인 노출에 대한 수치감은 정신적인 편력에 대한 동정적인 이해 속으로 해소되었다.18)

내 의견으로는 두 가지 부가적인 요소들이 중요하다. 내가 말했듯이 목회자들은 내담자들이 너무 많은 것을 고백하도록 허용해서는 안 된다. 때때로 그러한 내담자들은 수문들을 열었다가 그것들을 닫는 데 어려움이 있고, 그렇기 때문에 너무 많은 더러운 물이 나오는 것을 허용한다. 때때로 상담사가 내담자들에게 그들이 의도했던 것보다 더 많은 것을 말하도록 하는 너무 비지시적이고 조용한 직면에 의해 내담자들에게 불안이 생겨난다. 이 과정에서 좀더 상담하려는 내담자의 동기는 고갈되지만, 그 관계가 수용과 이해를 발달시키기에 충분한 시간이 없다. 그래서 이러한 내담자들은 목회자를 만나거나("그분이 나에 대해 어떻게 생각하실지 모르겠어요") 또 다른 만남을 위해서 다시 오는 것을 어려워하게 된다("다음 시간에는 그분이 나에게서 어떤 애기를 끌어내실지 모르겠어요").

나의 다른 관심사는 그러한 고백의 내용을 듣는 목회적 동기를 다루는 것이다. 만약 내담자들이 그들의 목회자들이 언젠가 그들을 드러낼 수 있다고 생각하거나 목회자들이 실제로 내담자들의 음울한 고백들을 듣고 나서 그들을 인간으로 생각하지 않는다면, 내담자가 다른 교회에 가는 지혜를 고려하는 것은 자연스러운 일이다.

치료 이후의 관계에 대하여 정신과 의사인 줄스 매서만(Jules Masserman)은 다음과 같이 말했다.

만약 치료가 잘 이뤄지고 신경증적 전이가 적절히 해소되면 환자와 치료자는 다른 의학 분야에서도 허용할 수 있고 바람직한 상호 존중과 이해에 기초하여 계속할 수 있을 것이다. 그러나 이 관계에는 환자의 편에서는 해결되지 않은 미움이나 지나친 미화나 충성이 포함되지 않고 치료사의 편에서는 직업적인 회피나 착취가 포함되지 않는다. 이전의 내담자들이 몰려와서 계속해서 우러러 받드는 치료사는 그러한 기초에 대해 의문을 가질 수 있다. 그러나 주어진 도움에 대한 어느 정도의 감사는 자연스럽고 건강한 반응이고 이것 때문에 환자나 치료사가 난처해 할 필요는 없다.[19]

목회상담의 사후 점검 단계에서는 몇 가지가 문제가 된다. 첫째, 지나친 의존은 내담자들을 불필요하게 반복해서 목회자들에게 되돌아오게 하는 문제다. 능력을 얻기 위한 기도의 기술과 하나님을 의지하는 훈련을 통해서 그러한 내담자들에게 가르치는 것은 목회자들이 할 수 있는 가장 효과적인 일이다. 또한 목회자가 내담자에게 반드시 성취해야 하는 완벽주의적인 목표를 내세운다면 두려움과 적대감이 문제가 될 수 있다. 마지막으로, 한담(gossip)은 상담 회기들 동안 얘기되었던 것을 다른 사람들에게 말하는 경향이 있는 목회자들에게 해악이 될 것이다.

공식적인 종결 이후 사후 상담을 위한 처음 몇 번의 접촉이 결정적이다. 목회자는 예배 중에 혹은 예배가 끝나자마자 평소 같지 않게 사라진다거나 눈 접촉을 피한다거나 하는 회피의 징조들에 대해 주의해야만 한다. 어떤 내담자들은 목회자를 보면 당혹감을 느낄 수 있다. 만약 목회자가 상담이 끝나고 난 후 첫 주간에 약간의 편안한 사회적 접촉들을 시도하고 전화로 이러한 염려에 대해 토론한다면 문제는 대개 해결될 수 있다.[20]

어떤 목회자들은 상담료를 받지 않을 것이다. 전문 상담사는 내담자들이 정기적으로 상담료 지불을 통해서 감사를 표현할 수 있는 구조를 가지고 있다. 어떤 목회자들은 이런 행동 과정을 취하기보다는 내담자들이 그들의 감사를 하나님과 교회에 표현할 수 있도록 도와주려고 한다. 그러나 목회자는 분명하게 감사를 표현하려고 하는 내담자의 소망의 중요성을 묵살해서는 안 된다. 교회에 등록하는 것이나 자원봉사를 하는 것, 목회자에게 인사하는 것, 혹은 선물을 주는 것은 모두 내담자가 느끼는 의무를 다하는 것의 일부다. 이러한 것들은 또한 상담 과정에서 일어날 수 있는 어떤 전이를 해소하는 데 도움이 될 수 있다.

한국목회상담협회(the Korean Association of Pastoral Counselors)의 "윤리 규정"은 이 장에서 논의된 많은 주제들을 다루고 있다. 그것은 부록에 포함되어 있고 신중히 연구되어야만 한다.

14장 목회 사역

목회 사역은 신약성경의 가르침과 실천에 나타난 관계 구조에 기초한다. 목회자들에게 관계의 영향력들은 사람들의 상황 속에 담겨 있는 하나님의 뜻을 추구하는 것과 분리될 수 없다. 상담사-내담자 관계는 목회 사역에서 이러한 추구를 보충해 준다.

메닝거 재단의 토머스 클링크(Thomas W. Klink)는 목회 사역의 기본 단위로서 "만남"(encounter)을 제안하였다. 그는 사역의 생명을 나타내는, 다른 사람의 의미 있는 존재를 만나고(개인적으로 혹은 원거리 대화를 통해서) 인정하는 독특한 순간을 언급하기 위해서 이 용어를 사용하였다. 만남을 통해 지속적이고 흔히 다면적인 관계 안에 다소 명백한 기대들이 나타난다. 어떤 특별한 목회적 계약들이 성취되고 나면, 지속적인 관계는 일부 수정이 되더라도 재개된다. 이 만남의 개념은 목회 사역을 가장 넓은 가능한 기초 위에 세우기 위해서 사용된다.[1]

일반적인 목회적 관계

캐롤 와이즈는 "일반적인 목회적 관계는 목회자의 많은 활동의 전체적인 아치의 쐐기돌이다"[2]라고 하였다. 목회자들은 아마도 어떤 것들을 함(doing)으로써 뿐만 아니라 어떤 종류의 사람이 됨(being)으로써 성공적인 사역을 할 수 있을 것이다. 그러나 목회자들은 다른 사람들과의 관계를 거의 자원으로 생각하지 않는 것 같다. 오히려 그들은 그들에게 도움이 되도록 말해주거나 해줄 수 있는 어떤 것을 생각해 낼 수 있기를 바란다. 공식적인 관계와 비공식적인 관계 모두에서 공감적 이해와 존경, 성실성, 구체성을 드러내는 목회자들은 대개 교인들에게 사역의 모든 단계에서 도움이 되는 것으로 생각된다. 롤로 메이는 "모든 인간의 접촉에서 인격의 변형이 일어난다"[3]고 하였다.

치료적 관계는 단지 대인관계의 한 예일 뿐이다. 칼 로저스는 동일한 법칙들이 모든 관계들에 적용된다고 주장하였다. 따라서 만약 부모나 교사, 관리자, 혹은 목회자가 자녀나 학생들, 직원들, 혹은 교인들에게 건강한 심리적 환경을 조성해 줄 수 있다면, 보다 온전한 관계가 존재하게 될 것이다.[4] 피들러(F. E. Fiedler)의 관계에 대한 경험적 연구에서, 보통 사람들도 이상적인 치료적 관계를 전문가들의 용어들과 크게 연관이 있는 용어들로 설명할 수 있었다는 사실은 "건강한 치료적 관계는 다른 건강한 관계와 너무나도 유사함"을 시사한다.[5]

그러므로 관계를 통한 사역은 목회자들이 일련의 교리들이나 제도적인 프로그램이 아니라 관계 속에서 그들 자신을 제공할 때 가능하다. 전통적으로 목회자들은 하나님을 표상하기 때문에 이러한 관계들은 매우 중요하다. 그러한 목회자들은 대인관계의 질에 의해 유능함을 평가받게 된다.

그러나 개인들과 소그룹들과 대그룹들에 대한 관계를 통한 목회 사역은 흔히 전이에 의해 방해를 받는다. 정신의학자인 에드가 드레이퍼(Edgar Draper)에 의하면, 역사적으로 목회는 교인들에게 교회의 구성원들을 "아버지"나 "형제"로 부르도록 함으로써 전이를 고무했던 유일한 전문직이다. 목회자들은 세상에, 특히 교인들에게 비논리적인 반응의 가능성을 가진 초상(figure)을 제공한다. 목회자가 현장에 도착하면 대개 집단 행동의 변화들과 가정의 변화, 새로운 대화의 방향, 그리고 놀라운 모습들이 나타난다. 목회자들이 이러한 반응들을 참아 주고 때로는 그것들에 웃음으로 반응하는 것을 배울지라도, 너무나 자주 그들은 오해를 한다.[6]

내가 새로 목회를 시작했을 때 일어난 한 사건은 이것을 설명해준다. 나는 상당히 젊고 매력적인 여인을 심방하고 있었다. 그녀는 알콜 중독자의 아내였고 나는 그녀에게 적극적인 종교 생활을 재개할 수 있도록 격려하고 싶었다. 그녀는 자신이 왜 그렇게 이따금씩 교회에 나가는지 내가 이해할 수 있도록 도와주려고 애쓰다가, 결국 그 교회의 전임 목사가 자신을 도와주려고 했고 결과적으로 자신이 그와 사랑에 빠졌음을 느끼게 되었다고 했다. 그녀는 너무나 죄책감이 들었기 때문에 교회에 더 이상 나갈 수 없었고, 그 교회의 후임 목회자들과 말하는 것을 피하였다.

이 여인은 긍정적인 전이에 대해 조금 이해하게 되면서 하나님의 용서에 대한 경험으로부터 크게 유익을 얻었다. 그러나 만약 그녀와 연루되었던 전임 목사가 어떤 일이 일어나고 있는지에 대해 이해했다면, 전반적인 상황은 피할 수 있었을 것이다.

폴 존슨(Paul Johnson)은 사회에서 목회자의 역할은 다른 사람들이 목회자들을 그들 자신과의 관계에서 바라보면서 목회자들에게 기대하는 것에 의해 규정된다고 주장하고 목회자들의 사역을 "대인관계적 소명"

(interpersonal vocation)이라고 하였다. 목회자들은 중요한 가치를 만드는 인간과 하나님과의 관계 속으로 들어가서 그들의 사역을 수행한다. 목회자는 목회자의 소명을 감당해 나갈 때 인간과 하나님 사이에서 모두에게 더 나은 관계를 위하여 화해의 대사로서 중재해야 한다.7)

역동적인 목회적 의사소통

역동적인 목회적 의사소통은 성실한 인간 상호간의 대화와 이해를 위해 필요하다. "역동적"이라는 말은 인간 발달의 심층적인 차원들과 대인관계들 안에서 작동하는 강력한 힘들을 함축한다. "목회적"이라는 말은 목회자-교인 관계의 상황적 특성을 설명한다. "의사소통"은 인간 상호간의 대화에서 주고 받는 것을 생각나게 하지만, 많은 비언어적인 요소들까지 포함한다. 물론 시간과 강도의 측면에서 볼 때 인간의 모든 접촉이 상담이 되는 것은 아니지만, 원리상 그것의 특성을 부분적으로 갖고 있다.

역동적인 목회적 의사소통은 보통 목회자가 사람들과의 관계 속에서 경험하는 모든 것에서 작동한다. 신중한 직업 분석을 통해서 목회자는 일차적으로 인간 상호간의 만남의 언어로 말한다는 사실이 드러난다. 사역의 노선이 개인 대 개인 접촉들과 개인과 그룹의 만남들을 따라 일차적으로, 그러나 배타적이지는 않게 잡혀진다. 따라서 목회자의 중심 기능은 본질적으로 의사소통의 기능이다. 설교와 교육, 목회적 돌봄과 상담 그리고 목회적 직무의 다양한 행정적 기능들은 의사소통이 좌우한다.

목회자의 사회적 대화, 조언의 대화, 상담 대화 그리고 치료적 대화 간의 차이점들을 살펴보는 것이 적절할 것이다. 이것들은 대화라는 배경을 공통

요소로 갖고 있다. 그러나 각각은 다른 목적을 가지고 있다. 아놀드 부크하이머(Arnold Buchheimer)와 사라 카터 발로흐(Sarah Carter Balogh)는 그들의 책 『상담 관계』(The Counseling Relationship)에서 그 차이점들을 쉽게 발견할 수 있음을 보여주었다. **사회적 대화**의 목적은 왜곡(distortion)을 유지하는 것이다. 사람은 실제로 어떤 역할이 그 사람을 나타내는가와 상관없이 자신이 의식적으로 혹은 무의식적으로 유지하기를 원하는 역할을 한다. 예를 들어, 짐은 그의 친구에게 "나는 아이비 리그 학교에 가고 싶지만, 아마도 그렇게 하지 못할거야"라고 얘기할 것이다. 그의 친구는 "너는 항상 염려하는구나! 너는 들어갈 수 있을거야"라고 대답한다.

조언의 대화(advisement conversation)는 일련의 미리 예정된 상황들과 관계가 있다. 사람들은 어떤 상황들을 대면할 수 있는 그의 능력과 그것들을 맞설 수 있는 가능성에 직면한다. 예를 들어, 이러한 상황들은 대학 입학 정책과 관련해서는 성적, 혹은 인력시장과 관련해서는 기술과 능력일 수 있다. 개인들의 어떤 면-그들의 행동의 어떤 실례-은 그들로부터 추출되고, 그들을 드러내는 것으로 고려되고, 일련의 일반적인 상황들과 연결된다.

상담 대화(counseling conversation)는 내담자들의 세상에 대한 그들의 관점을 표현하는 상황이다. 상담에서의 전제는 이 관점이 왜곡되었고 상담 과정을 통해서 사람들은 그들의 왜곡됨을 수정하고 그 후에 그들의 행동을 바꾼다는 것이다. 사람들의 즉각적인 자각이나 인식 안에 있는 현재와 언어적 자료가 강조된다. 예를 들어, 고등학생이 "나의 가장 큰 소망은 아이비 리그 학교에 들어가는 것입니다"라고 말할 것이다. 상담사는 소년의 의심들을 인식하고 상담 과정의 일부로서 이것들을 반영해 줄 수 있다. 소년의 의심들은 사실일 수도 있고, 현실적으로 그 자신에 대한 부적절한 관점의 작용일 수도 있다.

치료적 대화(therapeutic conversation)에서 접근 방식은 역사적이고 상징적이고 무의식적인 정보를 재활성화하고 고려하는 것에 크게 의존한다. 여기에서 대화의 기본적인 내용은 과거의 경험들을 고려하고 과거에 일어난 것과 현재를 왜곡시키기 위해서 억압되었던 것을 재구성하는 것이다. 아이비 리그 학교에 가려고 했던 소년의 사례에서 치료사는 부모와의 관계와 그 자신에 대해 확신하지 못하게 했던 과거의 경험들을 살핌으로써 소년의 의심들을 다루었을 것이다. 치료사는 내담자의 의심들이 현재의 왜곡이고 만연된 자기 불신이라는 더욱 깊은 문제들의 증상이라고 생각했을 것이다.[8]

목회적 대화의 특성은 다음과 같이 요약될 수 있다. 교회가—교회를 통해 그리스도께서—목회자에게 위임했기 때문에 목회적 대화가 일어난다. 사람들은 그들 자신이 하나님의 면전에 있음을 알 때 목회적 대화는 그 목적을 이룰 수 있다. 목회적 대화는 단지 신학적인 문제들만이 아니라 폭넓은 주제들을 다룰 수 있다.[9] 그러한 만남에 이르기 위해서 목회자는 성실한 대화를 시작하고, 적극적인 경청으로 이해하고, 다른 사람에게 귀 기울임으로써 그들이 말할 수 있도록 초대하고, 비인간적인 문화 속에서 기독교적인 관심을 드러내는 기술들을 마스터해야만 한다.[10]

어떤 성격 패턴을 가진 목회자들은 어떤 형태의 의미 있는 관계를 형성하는 데 어려움이 있다. 사람들은 참된 기독교인들은 전혀 문제가 없다는 인상을 주는 완벽주의자나 어떤 이야기에 대해 한쪽 면만을 보는 경직된 권위주의자를 의지하려고 하지 않는다. 그들은 또한 교회를 성공적으로 운영하기 위해서 사람들을 이용하는 데 여념이 없는 관리자뿐만 아니라 사람들에게 과도하게 인상을 주려고 하는 "잘난 체하는 폭로자"(cocky debunker)를 피한다.[11]

기독교의 예배

"무엇을 설교해야 할까?"라는 질문을 안고 매주 설교 준비를 하는 목회자는 사람들에게 직접적으로 말하는 것을 잘 하지 못한다. 그 대신에 접근은 "누구에게 말해야 할까, 그리고 그들의 필요들은 무엇인가?"가 되어야만 한다. 목회자는 일련의 관계없는 추상적인 말들로 이뤄진 목적으로 영혼들에게 감동을 줄 수는 없을 것이다. 유능한 목회자는 예배 의식에서 사람들을 가르치고, 동시에 교인들 간의 개인적인 차이점들을 인식하고 공공 예배에서 참여자들의 관심을 기억한다.

목회자들은 설교는 예배의 맥락에서 이뤄진다는 점을 은연중에 인식해야만 한다. 그들은 예배에서의 하나님과의 교제를 사회에서의 사람들과 대화와 건설적이고 상상력 있게 연결시키려고 해야만 한다.

병원 원목의 선구자였던 러셀 딕스(Russell L. Dicks)는 "우리는 지성으로 생각하지 않고 감성으로 생각하기 때문에, 우리는 생각에 의해서가 아니라 정서에 의해 움직이기 때문에, 우리는 머리로 결정하는 것이 아니라 가슴으로 결정하기 때문에 건강한 관계는 목회 사역과 설교에서 중요하다"[12]고 하였다.

웨인 오우츠는 상담 사역을 계속하는 목회자는 삶의 상황에 맞는 설교를 하는 방향으로 옮겨가게 될 것이라고 주장하였다. 그러한 설교의 특징들은 다음의 네 가지로 설명될 수 있다. (1) 어떤 도덕적 교훈들을 준수하도록 사람들을 훈계하는 것이 아니라 인간 존재에 대해 성경적 진리에 비추어 해석하기, (2) 이런 혹은 저런 종류의 행동에 대한 비난보다는 개인과 집단의 행동 동기에 대한 개인적 통찰의 발달, (3) 교인들이 스스로 그리스도의 정신과 조화되지 않음을 발견한 행동에 대한 통제력을 얻기 위한 수단으로서 그들에게 하나님과 서로에 대한, 그리고 그들 자신에 대한 믿음을 격려하기, (4) 하나님과의 동료의식의 성장과 이러한 변형의 우정을 통한 인격의 변화.13)

이러한 설교는 순환적인 움직임을 낳는다. 설교는 상담을 위한 준비가 되고, 목회적 돌봄과 상담에서 발달된 치료적 관계는 설교에 감동과 의미를 더해 준다.

얼마나 많은 상담 회기들이 설교 준비에 이르게 할 수 있는가는 살펴볼 가치가 있다. 상담하는 목회자들은 설교들에서 상담으로부터 나온 특별한 예화들을 사용하기 위해 계획을 세울 때 어떤 기본적인 규칙에 따라서 잘 해야 한다. 첫째, 내담자에게 있는 긍정적이고, 용기를 주고, 이타적인 특성들을 보여주는 예화들을 사용하는 것이 적절하다. 그러나 목회자들이 내담자들에 대해 가질 수 있는 경멸적이거나 냉소적으로 익살스러운 태도들을 보여주는 예화들은 사용하지 않는 것이 적절하다. 둘째, 목회자들은 이 정보를 사용하기 전에 항상 관련된 사람들에게 허락을 얻어야 하고, 그들은 허락에 대해 인식해야만 한다. 셋째, 상담하는 목회자들은 상담 회기들로부터 얻는 특별한 예화들과 함께 대부분의 예화들을 문헌 자료로부터 얻을 것이다. 넷째, 설교를 통해서 직접적으로 표현되는 목회자의 태도는 사람들이 그들에게 상담사로서 신뢰를 가질 수 있도록 격려해 주어야만 한다.

선한 목자는 자신의 진수를 전달하려고 해야 한다. 왜냐하면 사람들은 흔히 그들이 목회자들을 보는 것과 같은 방식으로 교회를 보기 때문이다. 물론 실제로 설교자는 두 가지 방식으로 의사소통을 할 수 있다: 하나는 입으로 말하는 것에 의해서, 다른 하나는 신체가 말하는 것에 의해서. 만약 목회자가 자신 역시 죄인임을 인정하는 것과 같은 방식으로 교인들과 동일시한다면, 이것은 교인들이 목회자를 동일시하는 데 도움이 될 것이다. 분명히 사람들은 높은 사람이 이미 만들어 놓은 조언을 받아들이는 것보다는 그들 자신과 유사한 문제들을 안고 씨름하는 사람에게 더 잘 귀를 기울일 수 있다. 설교자의 메시지의 내용과 전달은 그의 개인적인 의식적 혹은 무의식적 욕구들과 긴밀하게 연결되어 있다. 설교자는 사람들을 헐뜯고 비난하기 위해서, 그들이 새로운 생각을 지지하도록 하기 위해서, 혹은 영적인 통찰과 평안을 가져다주기 위해서 강단을 사용할 수 있다. 결과적으로 특정 설교자의 정서적 욕구들은 경청하고 있는 사람들과의 대인관계를 굳게 하거나 억제하는 주요 요인이다.[14]

만약 목회자가 목회적 돌봄과 상담을 통해서 여념없이 사람들에게 경청하고 그들과 의미 있는 관계를 형성할 수 있다면, 교인들은 설교에 대해 여념없이 경청하고 의미 있게 목회자와 관계를 형성할 것이다. 이렇게 해서 교인들은 목회자들을 말하는 설교자로서뿐만 아니라 경청하는 목회자로서 인식할 수 있다.

목회적 돌봄과 심방

목회 사역은 일차적으로 신앙 공동체에서 특별한 역할을 위해 부르심을 받은 사람들과 때때로 숙련된 주의를 요구하는 특별한 욕구들을 가진 하나님의 백성의 관계다. 교제 밖에 있는 사람들에게 하나님의 목적은 그들이 발견되고 그 과정에서 그들이 그들 자신을 발견하는 것이다. "목회적 돌봄"은 교회와 교회에 속한 개인이나 가족들에 대한 다양한 사역들 간의 관계들을 말한다. 목회적 돌봄의 관계에서 목적은 관련된 사람들이 하나님의 면전에서, 하나님의 백성들의 교제 안에서 그들 자신의 삶을 보다 효과적으로

살아가도록 도와주는 것이다.15)

목회적 돌봄의 목표들은 교회의 그것들과 매우 유사하다: 사람들을 그리스도와 그리스도인의 교제로 인도하기, 그들이 죄를 회개하고 하나님의 구원을 받아들이도록 도와주기, 형제애와 사랑 속에서 그들 자신과 그들의 공동체와 살아가도록 도와주기 그리고 그들이 신앙과 확신 속에서 행동할 수 있도록 하기.

심방은 다른 어떤 활동 못지않은 목양 사역 전통의 일부다. 그것은 목회자의 관심을 개인적인 방식으로 전달할 수 있는 사역의 절대 필요한 측면이다. 어떤 심방은 단순히 새신자들이 익숙한 환경으로부터 벗어나서 새로운 공동체에 적응하려고 할 때 그들이 이웃이 된 것을 환영하는 것과 같은 호의적인 만남인 반면, 어떤 심방은 더욱 깊은 수준의 상담을 촉진한다. 브리스터는 목회 심방의 세 가지 주요 형태를 제시하였다. (1) 정기적으로 교회의 메시지와 교제를 개인과 가족들에게 전하는 **정기 심방**; (2) 위기나 고난에 처한 사람들에게 기독교적 자원들을 제공하는 **긴급 심방**; (3) 목회자가 비구조화된 상황에서 사람들을 만나지만 극히 중요한 **평상적인 접촉**들. 목회자들은 전화나 편지, 혹은 가정이나 병원, 회사, 다른 공공 장소를 방문함으로써 접촉할 수 있다.16)

비록 많은 목회자들이 실제적으로 목회심방을 포기했고 다른 목회자들은 인위적인 접촉들을 만드는 데 집중했다고 하더라도, 관계 중심의 목회자가 심방 중에 가지는 주된 관심은 대인관계의 깊이다. 불행하게도 많은 목회자들이 심방이 그 자체로 의미 있고 유용하다는 사실을 간과하고 목회심방을 단지 사람들을 주일날 교회에 오도록 하는 수단으로 사용한다. 캐롤 와이즈가 관찰했듯이 "소명의 기본적인 목적은 교구에서 교인들과 친밀한 목회적 관계를 형성하고 유지하는 것이다."17)

사역을 우정(friendship)보다는 관계(relationship) 위에 세우는 목회상담사들은 친구가 아니라 전문가가 됨으로써 목회적 돌봄을 모르는 사람들과 아는 사람들 모두에게 확장할 수 있다. 전문가가 됨으로써 목회자들은 너무 가깝지도 않고 너무 멀지도 않은 상태에서 도와줄 수 있다. 사람을 위한 성실한 관심에 기초한 이러한 종류의 관계는 그리스도의 현존을 드러내는 것이다.

부록 A

미국목회상담협회 자격 규정

미국목회상담협회(American Association of Pastoral Counselors, AAPC)에는 인증 회원과 비인증 회원의 두 가지 유형의 회원 자격이 있고 각각에 속하는 하위 범주들이 있다. 모든 회원 등급에는 가입 신청을 하기 전에 갖춰야만 하는 특정 요건들이 있다.

인증 회원의 범주들

인증 회원의 범주들에는 감독(Diplomate), 전문가(Fellow)와 잠정적인 인증 등급인 준회원(Member Associate)이 포함된다.

자격 인증을 위한 교육적 준비는 목회상담사의 훈련에 도움이 되고 사람에 대한 폭넓은 경험과 관련된 이해를 형성시켜 주어야만 한다. 이것은 목회자가 이론적 지식을 사람들을 대하는 목회 사역에 연관시킬 수 있고 목회 사역으로부터 이론적인 지식을 끌어낼 수 있는 환경, 예를 들자면 학교와 실천 현장 모두가 상호 연관이 있는 환경에서 이뤄져야만 한다.

준회원 MEMBER ASSOCIATE (잠정적인 인증):
준회원에 지원하는 사람들은 대개 최근에 목회상담 영역에서 훈련 프로그램을 마친 사람들이다. 흔히 여기에 해당하는 사람은 Fellow 범주에 해당하는 형식적인 요건들은 갖추었지만 폭넓은 실습과 경험으로 이루어지는 수련이 부족할 수 있다. 이 수련생 회원 자격의 범주는 준회원이 Fellow로서 충분한 인증을 향하여 가는 동안 주어지는 잠정적인 인증이다. 이것은 7년 안에 완수될 수 있다.

준회원 신청자는 논문 심사를 받는다. 준회원으로 선정된 사람들은 지역 위원회에서 개인 면접을 받아야 한다.

준회원의 요건은 다음과 같다: B. A.와 M. Div., 협회가 인정하는 학교에서 주어지는 신학이나 목회상담 분야의 석사나 박사 수준의 학위, 협회가 인정하는 교단 명망가의 추천, 지역교회와의 지속적이고 책임 있는 관계, 1 unit의 임상목회 교육(Clinical Pastoral Education)에 해당하는 자기 반성적인 목회경험의 수료, 3년의 목회경력, 375시간의 목회상담과 이에 대한 125시간의 지도(단 지도의 1/3은 AAPC가 인정하는 목회상담 훈련 프로그램이나 협회 감독에게 받아야 함), 7년 안에 전문가나 감독으로 완전히 인증을 받기 위한 계획 제출.

감독이나 전문가의 검정 과정은 지역 인증위원회와의 면대면 면담이다. 위원회는 면담을 준비하면서 임상 자료들의 제출을 요구한다. 준회원 신청은 지역인증위원회와의 면담을 거쳐 협회에서 인정된다.

전문가 FELLOW:

준회원의 모든 요건에 다음이 추가되어야 한다. 목회상담 분야에서 M. A. 나 S. T. M., D. Min., Ph. D. 혹은 동등 학위, 고급 수준에서 목회상담사로서 활동한 증명된 능력, 1,000시간의 목회상담과 최소 125시간의 지도(전체 1,375시간의 상담과 250시간의 지도).

미국 부부 및 가족 치료협회(American Association of Marriage and Family Therapy)의 임상 회원 및 감독과 박사 수준의 임상 혹은 상담 심리학자들은 AAMFT의 인증 증명이나 주정부 인가의 심리학자 면허 증명을 제시함으로써 AAPC의 전문가로 신청할 수 있음, 협회가 인정하는 교단 명망가의 추천, 지역교회와의 지속적이고 책임 있는 관계, 임상 활동의 영적/목회적 차원의 통합.

감독 DIPLOMATE:

전문가의 모든 요건에는 다음 중 최소한 세 가지가 해당되어야 한다—학문적 업적(PhD 혹은 동등 학력), 연구, 출판, AAPC에서의 지도력, 목회적 돌봄/목회상담의 교수나 지도, 교회/공동체에 대한 기여, 또한 각각 최소한 30시간씩 적어도 5명의 AAPC 회원 자격 후보 지도하기와 이에 대한 개인 지도 50시간.

미국목회상담협회(American Association of Pastoral Counselors)
9508 A Lee Highway
Fairfax, Virginia 22031
703-385-6967

부록 B

한국목회상담협회 자격 규정[1]

제 1장 총칙

제1조(목적)

본 규정은 한국목회상담협회가 수여하는 한국 목회상담사 및 기독교상담사의 자격을 규정하는 것을 목적으로 한다.

제2조(정의)

1. 목회상담사

목회상담사라 함은 신학을 전공한 자로서 한국목회상담협회와 한국목회상담학회가 인정하는 대학 및 기관에서 소정의 학점을 이수한 후 자격 시험에 합격하고 수련 과정을 거쳐 자격 심사에 통과한 자를 말한다.

2. 기독교상담사

기독교상담사라 함은 세례를 받은 기독교인으로서 한국목회상담협회와 한국목회상담학회가 인정하는 대학 및 연구기관에서 소정의 학점을 이수

---

1) 역주 - 한국적인 상황에 대한 소개를 위해 원서에 없는 부분을 추가하였음. 추가적인 내용은 한국목회상담협회 사이트 http://www.kapc.or.kr 를 참조하라.

한 후 자격 시험에 합격하고 수련 과정을 거쳐 자격심사에 통과한 자를 말한다.

제 2장 자격 규정, 자격 시험, 수련 과정 및 자격 심사

제3조(등급)

목회상담사 및 기독교 상담사의 자격은 상담사, 전문가, 감독으로 다음과 같이 8종목으로 구분한다.

1. 목회상담사 (Pastoral Counselor) - 1급
2. 목회상담사 (Pastoral Counselor) - 2급
3. 기독교상담사 (Christian Counselor) -1급
4. 기독교상담사 (Christian Counselor) - 2급
5. 목회상담 전문가 (Pastoral Counseling Specialist)
6. 기독교상담 전문가 (Christian Counseling Specialist)
7. 목회상담 감독 (Pastoral Counseling Supervisor)
8. 기독교상담 감독 (Christian Counseling Supervisor)

제4조
(목회상담사-2급)

목회상담사의 자격 요건은 다음과 같다.

1. 대학에서 신학을 전공하거나 대학원 M. div(목회학 석사)에 준하는 교육을 받은 자.

2. 한국목회상담협회 및 한국목회상담학회가 인정하는 대학, 대학원 및 상담기관에서 총 상담 관련 과목 24학점 이상을 이수한 자(이 과목들은 대학원 수준이어야 하며 자격심사위원회의 심사를 받아야 한다.)
3. 한국목회상담협회가 주관하는 자격 시험에 통과한 자.

(목회상담사-1급)

목회상담사의 자격 요건은 다음과 같다.

목회상담사 2급 자격 요건을 갖춘 자 중에서
1. 한국목회상담협회가 인정하는 감독의 지도 아래 총 100시간 이상(개인지도 50시간(감독 2인에게 각 25시간 이상의 슈퍼비전), 집단 지도 50시간의 실습 교육을 받은 후 그 감독 중 1인의 추천을 받은 자. 단, CPE 1Unit(약 400시간)의 실습 교육을 받은 자는 집단 지도 50시간을 면제받을 수 있다.
2. 한국목회상담협회가 인정하는 상담 전문가로부터 24회 이상의 개인 상담을 받은 자.
3. 한국목회상담협회 자격위원회의 심사를 통과한 자.

제5조
(기독교상담사-2급)

기독교상담사의 자격 요건은 다음과 같다.

1. 세례를 받은 기독교인이어야 한다.
2. 한국목회상담협회 및 한국목회상담학회가 인정하는 대학, 대학원 및

상담기관에서 총 24학점 이상을 이수한 자.
3. 한국목회상담협회가 주관하는 자격 시험에 통과한 자.

(기독교상담사-1급)
기독교상담사의 자격 요건은 다음과 같다.

기독교상담사 2급 자격 요건을 갖춘 자 중에서
1. 한국목회상담협회가 인정하는 감독의 지도 아래 총 100시간 이상(개인지도 50시간(감독 2인에게 각 25시간 이상의 슈퍼비전), 집단 지도 50시간의 실습 교육을 받은 후 그 감독 중 1인의 추천을 받은 자. 단, CPE 1Unit(약 400시간)의 실습 교육을 받은 자는 집단 지도 50시간을 면제받을 수 있다.
2. 한국목회상담협회가 인정하는 상담 전문가로부터 24회 이상의 개인상담을 받은 자.
3. 한국목회상담협회 자격위원회의 심사를 통과한 자.

제6조(목회상담 전문가)
목회상담 전문가의 자격은 다음과 같다.

1. 다음의 두 항목 중 하나에 해당된 자.
   가. 목회상담사 자격을 인정받은 후 5년 이상 이 분야에 종사한 자.
   나. 목회상담 분야의 박사 학위(목회학 박사 포함)를 취득했거나 한국목회상담협회와 한국목회상담학회가 인정하는 기관에서 상담학 석사 학위 후 24학점 이상을 이수한 자.

2. 500시간 이상의 개인상담 경력이 있는 자. 단 CPE 고급 과정을 수료한 자는 100시간의 개인상담 경력을 인정한다.
3. 한국목회상담협회가 인정하는 감독에게서 30회 이상의 개인 지도를 받은 자.
4. 한국목회상담협회 자격위원회의 심사를 통과한 자.

제 7조(기독교상담 전문가)

기독교상담 전문가의 자격은 다음과 같다.

1. 다음의 두 항목 중 하나에 해당된 자.
    가. 기독교상담사의 자격을 인정받은 후 5년 이상 이 분야에 종사한 자.
    나. 상담분야의 박사 학위를 취득했거나 한국목회상담협회와 한국목회상담학회가 인정하는 기관에서 상담학 석사 학위 후 24학점 이상을 이수한 자.
2. 500시간 이상의 개인상담 경력이 있는 자. 단 CPE 고급 과정을 수료한 자는 100시간의 개인상담 경력을 인정한다.
3. 한국목회상담협회가 인정하는 감독에게서 30회 이상의 개인 지도를 받은 자.
4. 한국목회상담협회 자격위원회의 심사를 통과한 자.

제8조(목회상담 감독)

목회상담 감독의 자격은 다음과 같다.

1. 다음의 두 항목 중 하나에 해당된 자.
    가. 목회상담 전문가 자격을 인정받은 후 5년 이상 이 분야에 종사한 자.
    나. 목회상담 분야의 박사 학위(Ph. D. 또는 동등학위)를 취득했거나, 또는 이 분야에서 두드러진 학문적 업적을 인정받은 자로서 한국목회상담학회의 추천을 받은 자.
2. 2,000시간 이상의 개인상담 경력이 있는 자.
3. 한국목회상담협회 자격위원회의 심사를 통과한 자.

제9조(기독교상담 감독)
기독교상담 감독의 자격은 다음과 같다.

1. 다음의 두 항목 중 하나에 해당된 자.
    가. 기독교상담 전문가 자격을 인정받은 후 5년 이상 이 분야에 종사한 자.
    나. 상담 분야의 박사 학위를 취득한 자, 또는 이 분야에서 두드러진 학문적 업적을 인정받은 자로서 한국목회상담학회의 추천을 받은 자.
2. 2,000시간 이상의 개인상담 경력이 있는 자.
3. 한국목회상담협회 자격위원회의 심사를 통과한 자.

제10조(자격 시험 및 과목)
자격 시험은 필답 시험으로 하며 과목은 자격의 종별에 따라 아래의 과목을 부과한다.

1. 목회상담사

목회상담방법론, 목회상담과 현대상담이론, 목회상담과 정신역동이론 (프로이드 & 융), 목회상담과 현대심리치료(대상관계이론 & 자기심리학, 인지 및 행동치료이론 등 1개 분야 선택), 목회상담과 가족치료, 목회임상과 진단교육(협회교육 세미나 수강으로 대치)

2. 기독교상담사

목회상담방법론, 목회상담과 현대상담이론, 목회상담과 정신역동이론 (프로이드 & 융), 목회상담과 현대심리치료(대상관계이론 & 자기심리학, 인지 및 행동치료이론 등 1개 분야 선택), 목회상담과 가족치료, 목회임상과 진단교육(협회교육 세미나 수강으로 대치)

제11조(자격 시험 시행세칙)

자격 시험에 관한 세부 사항은 목회(기독교)상담사 자격 시험 시행 세칙에 따른다.

제3장 자격의 유지

제12조(계속 교육의 의무)

자격증을 수여 받은 자는 협회 교육위원회가 시행하는 계속 교육 세미나에 참석해야 하며, 부득이하게 참여하지 못할 시는 사전 또는 사후에 사유서를 제출해야 한다(3회 이상 무단 불참 시는 교육위원회의 의뢰를 받아 자격심사위원회가 자격 박탈을 심의한다).

제13조(윤리 강령 준수의 의무)

자격증을 수여 받은 자는 윤리위원회가 정한 윤리 강령을 준수해야 하며 이를 위반할 경우, 윤리위원회의 의뢰를 받아 자격심사위원회가 자격 박탈을 심의한다.

제14조(회비 납부의 의무)

자격증을 수여 받은 자는 협회가 정하는 일정한 금액의 회비를 납부해야 한다(위반 시에는 임원회의 결의에 따라 자격심사위원회가 자격 박탈을 통고한다).

제4장 자격 심사위원회

제15조(자격 심사위원회의 구성)

자격 심사위원회는 5인 이상의 위원으로 구성하며, 한국목회상담협회 자격 심사위원장이 구성한다.

제16조(자격 심사위원의 자격)

자격 심사위원은 목회상담 감독 중에서 선임한다.

제17조(자격 심사위원장)

자격 심사위원장은 한국목회상담학회 임상위원회 위원장이 맡는다.

부록 C

다축 평가 보고 양식[1]

다음은 다축 평가의 보고를 위한 하나의 가능한 양식으로 제시되었다. 어떤 상황에서 이 양식은 정확히 그대로 사용될 수 있지만, 다른 상황에서는 특별한 필요들을 충족시키기 위해서 수정될 수 있다.

축 1: 임상적 장애

    임상적 관심의 초점이 되는 기타 상태

DSM-IV 부호   DSM-IV 명칭

_ _ _ _ - _ _   _____

_ _ _ _ - _ _   _____

_ _ _ _ - _ _   _____

축 2: 인격 장애

DSM-IV 부호   DSM-IV 명칭

_ _ _ _ - _ _   _____

_ _ _ _ - _ _   _____

_ _ _ _ - _ _   _____

---

1) 역주 - 미국정신의학회 편, 『정신장애의 진단 및 통계 편람 제4판』, 이근후 외 역 (서울: 하나의학사, 1995)을 참조.

축 3: 일반적인 의학적 상태

ICD-9-CM 부호　　ICD-9-CM 명칭

___ ___ ___ . ___ ___　　_____

___ ___ ___ . ___ ___　　_____

___ ___ ___ . ___ ___　　_____

축 4: 심리사회적, 환경적 문제

___일차적인 지지 집단과의 문제(자녀[V61.9], 성인[V61.9], 부모-자녀 [V61.2]. 상술하라: _____

___사회적 환경과 관련되는 문제(V62.4). 상술하라: _____

___교육적 문제(V62.3). 상술하라: _____

___직업적 문제(V62.2). 상술하라: _____

___주거의 문제(V60.9). 상술하라: _____

___경제적 문제(V60.9). 상술하라: _____

___건강 서비스 문제(V63.9). 상술하라: _____

___법적 체계와 범죄의 관계 문제(V62.5). 상술하라: _____

___기타 심리사회적 문제(V62.9). 상술하라: _____

축 5: 전반적인 기능 평가
부호: ___ ___

부록 D

전반적 기능 평가 척도(GAF)[1]

정신 건강과 정신 장애의 가설적인 연속선상에서 심리적, 사회적, 직업적 기능을 고려해 본다. 신체적(환경적) 제한으로 인한 기능 손상은 포함되지 않는다.

부호 (주의: 필요한 경우는 중간 점수도 사용된다. 예: 45, 68, 72 등)

100 전반적인 활동에서 최우수 기능, 생활의 문제를 잘 통제하고 있고 개인의 많은 긍정적인 특질로 인하여 타인의 모범이 되고 있음. 증
91   상 없음.

90   증상이 없거나 약간의 증상(예: 시험 전 약간의 불안)이 있음, 모든 영역에서 잘 기능하고 다양한 활동을 하고 있고 흥미를 느끼고 있음. 사회적인 효능감이 있고, 대체로 생활에 만족, 일상의 문제나 관

---

[1] 0-100까지의 전반적인 심리적 기능평가는 Luborsky의 Health-Sickness Rating Scale을 참고로 정의되었다. (Luborsky, L., "Clinicians' Judgements of Mental Health," *Archives of General Psychiatry* 7:407-417, 1962). Spitzer와 그의 동료들은 Health-Sickness Rating Scale을 개정하여 the Global Assessment Scale(GAS)을 만들었다(Endicott, J., Spitzer, R. L., Fleiss, J. L., and Cohen, J., "The Global Assessment Scale: A Procedure for Measuring Overall Severity of Psychiatric Disturbance," *Archives of General Psychiatry* 33:766-771, 1967). GAS의 개정본은 DSM-III-R에 the Global Assessment of Functioning(GAF) Scale로 포함되었다. Ibid., p. 32.

81　심사 이상의 심각한 문제는 없음(예: 가족과 가끔 말싸움)

80　만약 증상이 있다면, 일시적이거나 심리사회적 스트레스에 대한 예
　 상 가능한 반응임(예: 가족과의 논쟁 후 집중하기가 어려움). 사회
　 적, 직업적, 학교 기능에서 약간의 손상 정도 이상은 아님(예: 일시적
71 인 성적 저하).

70　가벼운 몇몇 증상(예: 우울한 정서와 가벼운 불면증) 또는 사회적, 직
　 업적, 학교 기능에서 약간의 어려움이 있음(예: 일시적인 무단결석,
　 또는 가정 내에서 훔침), 그러나 일반 적인 기능은 꽤 잘되는 편이며,
61 의미 있는 대인관계에서 약간의 문제가 있음.

60　중간 정도의 증상(예: 무감동한 정서와 우회증적인 말, 일시적인 공
　 황 상태) 또는 사회적, 직업적, 학교 기능에서 중간 정도의 어려움
51 (예: 친구가 없거나 일정한 직업을 갖지 못함)이 있음.

50　심각한 증상(예: 자살 생각, 심각한 강박적 의식, 빈번한 소매치기)
　 또는 사회적, 직업적, 학교 기능에서 심각한 손상(예: 친구가 없거나
41 일정한 직업을 갖지 못함)이 있음.

40　현실 검증력과 의사소통에서의 장해(예: 말이 비논리적이고, 모호하
　 고, 부적절하다) 또는 일이나 학교, 가족관계, 판단, 사고, 정서 등 여
　 러 방면에서 주요 손상이 있음(예: 친구를 피하는 우울한 사람, 가족
　 을 방치하고, 일을 할 수 없고, 나이 든 소아는 나이 어린 소아를 빈

31 번하게 때리고 집에서 반항하고, 학업에 실패함).

30 망상과 환각에 의해 심각하게 영향 받는 행동, 또는 의사소통과 판
    단에 있어서 심각한 손상, 지리멸렬, 전반적으로 부적절하게 행동하
    기, 자살에의 몰입이 있거나, 또는 거의 전 영역에서 기능할 수 없음
21 (예: 하루 종일 침대에 누워 있음, 직업과 가정과 친구가 없음).

20 자신이나 타인을 해칠 약간의 위험(예: 죽음에 대한 명확한 예견 없
    이 자살을 시도, 빈번하게 폭력적이고 조증의 흥분 상태) 또는 최소
    한의 개인 위생을 유지하는 데 실패(예: 대변을 묻힘), 또는 의사소통
11 의 광범위한 손상(예: 대개 부적절하거나 말을 하지 않음)이 있음.

10 자신이나 타인을 심각하게 해칠 지속적인 위험(예: 재발성 폭력), 또
    는 최소한의 개인 위생을 유지함에 있어서 지속적인 무능, 또는 죽
1   음에 대한 명확한 기대 없는 자살 행동이 있음.

0   부적절한 정보.

부록 E

한국목회상담협회 윤리 강령[1]

1. 총론

우리는 한국목회상담협회(Korean Association of Pastoral Counselors)의 회원으로서 각 회원의 신앙 전통이나 가치관을 존중한다.

우리는 전문가로서의 품위를 지키고 상담자로서의 능력을 지속적으로 개발한다.

우리는 협회의 윤리 강령의 원칙들과 절차들을 준수할 책임을 진다.

우리는 협회 회원의 자격을 유지하기 위해서 다음의 윤리 강령 조항들을 지킬 것을 서약한다.

1. 본 회원은 신앙공동체와의 연계하에서 회원으로서의 책임을 수행한다.

---

[1] 역주-이 윤리 강령은 한국목회상담협회(http://www.kapc.or.kr)에서 미국목회상담협회의 윤리 강령을 토대로 한국적인 상황에 맞게 제정한 것임. 미국목회상담협회의 윤리 강령은 http://www.aapc.org의 내용을 참조하라.

2. 본 회원 혹은 기관들은 종교, 인종, 성, 국적 등이 다르다는 이유로 고용이나 교육의 기회 그리고 전문적인 도움을 주는 데 차별을 두지 않는다.

3. 본 회원은 본 협회의 교육 프로그램에 계속 적극적으로 참여하여 자기발전을 꾀한다.

4. 본 회원은 감독과 동료들과의 관계를 계속 유지하여 단독적인 활동에서 올 수 있는 통찰력과 판단력의 저하를 막아야 한다.

5. 본 회원은 건전한 사생활을 유지하며 자신에게 발생하는 문제나 고민에 대해서도 겸손하게 적절한 도움을 청한다.

6. 본 회원은 본인의 능력 범위 내에 있는 문제만을 상담한다.

2. 전문적인 업무들

1. 본 회원은 목회/기독교 상담사로서 활동할 때 상담사로서의 전문성을 이용하여 부당한 이익을 취하지 않는다.

2. 본 회원은 협회에서 인정하는 자격의 수준을 내담자에게 분명히 밝히며 그 자격에 합당한 활동만을 한다.

3. 본 회원은 전문가로서 상담료에 대하여 내담자와 분명하게 의논한다.

4. 본 회원의 활동은 협회가 제시한 업무 및 회계 절차에 따라 수행한다.

5. 본 회원은 동료나 다른 전문가에 대하여 공개적으로 비방하지 않는다.

3. 내담자와의 관계

본 회원은 내담자와의 관계에서 다음에 제시하는 사항들을 준수하여야 한다.

1. 특별한 사유로 전문적인 도움이나 관계를 유지할 수 없을 경우 즉시 다른 전문가에게 소개 및 의뢰한다.

2. 내담자와 그가 속해 있는 공동체의 도덕적, 사회적, 종교적 표준들에 대해 세심한 배려를 기울인다. 우리의 신앙을 다른 사람에게 강요하지 않는다.

3. 내담자가 상담으로부터 도움을 분명히 받는다면 판단이 섰을 경우에만 상담자/내담자 관계를 유지한다.

4. 내담자가 원하였거나 동의를 한 경우에라도 내담자와 성적으로 부적절한 행위를 하지 않는다.

4. 비밀 보장

본 회원은 상대하는 모든 사람들의 존엄성과 안녕을 존중하고 상담 과정을 통해 획득한 내담자에 대한 정보를 보호할 의무가 있다.

1. 내담자에 대한 기록은 비밀 유지와 보안이 보장되는 방법으로 보관하거나 처분한다.

2. 강의나 공개 발표시 내담자에 대한 내용을 언급할 경우에는 반드시 그의 신분을 철저히 보호한다.

3. 윤리에 관한 협회의 내용, 자료, 조사 보고서 및 관련 기록 등에 대해 철저하게 비밀을 유지하여야 한다. 이들 자료를 법정에서 다른 회원을 상대로 사용할 경우에는 조직의 비밀 유지 조항을 위반하였으므로 대상이 된다.

5. 피감독자, 학생 및 피고용자와의 관계(생략)

6. 타전문가들과의 관계

본 회원은 건강을 돌보는 모든 전문가들과 전문가로서의 상호교류 및 학문적 상호교류를 통하여 서로의 발전을 꾀한다.

1. 우리는 내담자의 동의하에 내담자가 치료를 받고 있는 다른 전문가와 사전 동의와 협의를 하지 않고서는 다른 상담자에게 치료를 받고 있는 내담자를 동시에 상담하지 않는다.

2. 타 전문가와의 관계를 비정상적으로 종료한 상담자를 대할 때 타 전문가에 대한 예의를 지킨다.

7. 홍보

본 협회 혹은 회원 차원에서의 광고, 공적인 발표 혹은 홍보 활동 등을 포함한 광고 활동은 대중의 판단 및 선택을 돕기 위한 목적에서만 행한다.

1. 타 기관과의 결연 및 조직의 기능을 허위로 홍보하지 않으며, 타 기관으로부터의 지원 및 보증을 허위로 작성하여 홍보하지 않는다.

2. KAPC의 이름을 학위로 기재할 수 없다.

3. 다음의 내용을 담은 공고는 할 수 없다.

    1) 내담자의 두려움이나 불안함을 이용하거나 감정에 호소할 목적으로 사용된 내용

    2) 제공되는 서비스에 타 기관과의 비교를 통해 관심을 갖게 하는 내용

3) 내담자를 현혹하여 끌어들이려는 내용

4. 라디오나 텔레비전 등의 매체를 통해 대중에게 실시하는 광고의 경우 반드시 사전에 녹음 및 녹화하여 협회의 심의를 통과해야 하며, 실제 방송된 내용은 녹음 및 녹화한 것을 제출하도록 한다.

8. 윤리 강령 실시 절차

본 회원이 윤리적 문제에 저촉될 시는 다음과 같은 절차를 따른다.

1. 일반 절차

1) 본회의 회원은 윤리 강령 위반 사례에 접했을 시는 이를 윤리위원회에 통보할 의무가 있다.

2) 모든 윤리 강령 위반 시에는 윤리위원회가 해당 회원이나 다른 사람에게 직접적인 문제가 되지 않을 경우에는 해당 회원에게 해명을 듣거나 주의를 주도록 한다.

3) 본인에 대한 윤리 문제가 제기되었을 경우에는 윤리위원회에 신고한다.

4) 윤리위원회는 문제 제기 신고를 받는 즉시 협회의 임원진이나 위원회

에 자문을 구한다. 본 협회 회장에게는 문제 제기 사항에 대해 보고하도록 한다.

5) 윤리 문제는 사건이 발생한 날로부터 7년 간 유효하다.

6) 윤리위원회는 아래 각 항의 수집된 정보에 근거해서 조사에 착수할 수 있다.
   a. 타 전문기관 혹은 소속된 종교 단체로부터의 회원 자격 박탈 통보
   b. 대중 매체
   c. 목회상담가로서의 자격 및 활동에 관련하여 유죄 판결을 받을 수 있는 행위를 했거나 유죄 판결을 받았다는 사실을 알았을 경우
   d. 과거에 전문직 증명서나 자격증을 박탈당한 사례가 있다는 사실을 알았을 경우
   e. 신체적, 정신적 사유로, 혹은 알코올 등의 물질에 대한 중독으로 인해 목회상담 활동을 계속할 능력이 부족하다는 사실을 알았을 경우

7) 윤리위원회는 주요 당사자로부터 윤리적 문제 제기가 접수되는 대로 즉시 조사에 착수한다. 그리고 문제 제기 내용의 복사본 한 부를 해당 회원에게 발송한다.

8) 윤리위원회가 자체적인 동기로 조사를 실시할 경우, 해당 회원의 위반 사항에 대한 문서를 작성하여 한 부를 해당 회원에게 발송한다.

9) 상담자는 내담자가 다른 목회 혹은 기독교 상담자로부터 비윤리적(성

적 접촉 혹은 금전) 요구를 당했다는 사실을 알았을 경우 곧 윤리위원회에 이 사실을 보고하여야 하며, 윤리위원회는 보고된 사항을 즉시 처리하되, 반드시 내담자의 비밀을 유지하여야 한다.

10) 윤리위원회는 문제를 제기한 자, 문제 제기의 대상자 그리고 정보 수집을 위해 진술이 필요한 자들을 대상으로 개별적인 면담을 실시한다. 모든 당사자들을 보호하되 불필요한 정보나 약속을 제공하지 않는다.

11) 모든 전화 통화나 접촉에 대한 날짜와 대화 내용 요약을 기록으로 남긴다.

12) 윤리위원회 위원장의 판단에 따라 조사 절차의 적절한 진행을 위해 법적 자문을 구할 수도 있다. 해당 회원 역시 자비로 변호사를 고용할 수는 있으나, 윤리위원회 회의나 조사 면담시 참석시킬 수는 없다.

13) 조사 대상 회원과 평소 개인적인 친분이 있거나 동창 관계 등이 있는 윤리위원회의 위원은 조사 및 협의 과정으로부터 제외된다. 위원장이 이에 해당된다면 위원장 대행을 선출하도록 한다.

14) 비밀 보장은 필수적이다. 그러나 본 협회의 회원이나 일반인으로부터 문의가 있을 때, 일반인과 협회 및 그 회원들을 보호하기 위해 반드시 필요한 상황이라면, 윤리위원회의 위원장 혹은 위원은 a) 현재 위반 사항에 대한 조사가 진행 중이거나 b) 해당 회원이 처벌을 받았

거나 자격 박탈을 당할 것이라는 사실을 공개할 수 있다. 그 밖의 세부사항은 공개할 수 없다.

15) 사건 조사와 징계처분은 윤리 강령 위반이라고 추정되는 행위를 범한 사람이 당시 회원일 경우에만 실행될 수 있다. 만약, 회원이 위반 행위 도중이나 그 이후, 또는 사건 조사가 진행되는 도중 회원 자격을 포기할 경우에는 윤리 절차를 마무리한다.

2. 실행 조처

사건 조사가 완결된 후에는 윤리위원회가 다음과 같은 네 가지 조처를 취할 수 있다.

1) 문제 제기가 근거 없다는 권고

2) 경고 처분

3) 견책 처분

4) 면직 또는 복권

3. 항소 절차

위에 명시된 네 가지 조처가 취해질 경우, 원고와 해당 회원에게 배달증

명우편으로 이 사실을 통보하고 이를 받았다는 사실을 확인해야 한다.

1) 조처 2, 3, 4는 협회 회장을 통해 항소심사위원회에 상소 청구할 수 있다. 항소심사위원은 윤리위원회 위원장, KAPC 회원으로 구성된다.

2) 심사위원회가 항소에 대해 내리는 결정은 최종적이다.

4. 통보

1) 회원이 견책 처분을 받을 경우 이를 현재의 또는 예정된 고용자, 감독, 고문 등에게 서면으로 보고해야 한다. 윤리위원회 위원장은 견책 처분에 대한 통보를 회원이 소속된 종파, 관련된 정부 기구, 회원이 속해 있는 모든 전문기관 등에 보낸다.

2) 항소 기간이나 절차가 완결된 후에는 견책 또는 면직 처분에 대한 결정내용이 추후 발행되는 KAPC 소식지에 공개된다. 이 내용은 회원의 이름, 최종학위, 활동지역, 견책 또는 면직사유와 날짜, 윤리 강령 위반 내용 등에 국한된다. 윤리적 조사에 불응하거나 협조를 거부한 이유로 면직되었을 경우, 이 내용과 더불어 그외에 위반한 다른 내용도 공개한다.

5. 부적절한 성적 행위

부적절한 성적 행위에 대한 고소 혹은 보고가 있을 경우 다음과 같은 절차를 밟는다.

1) 문제 제기가 접수된 후 윤리위원회 위원장은 즉각 협회 임원진에게 이를 통보하고 제반 정보를 제출한다.

2) 윤리위원회 위원장은 3명의 윤리위원회 위원들로 구성된 소위원회를 편성하여 이들로 하여금 사건 조사 결과 내용을 검토하고 윤리위원회 기능을 수행하게 한다.

3) 윤리위원회의 기능을 수행하는 동안 소위원회는 윤리위원회를 대신하여 사건 조사 결과 내용을 검토하고 필요할 경우 추가 조사를 지시하거나 처벌에 대한 결론을 내릴 수 있다. 윤리위원회의 심의는 비밀 회의를 통해 이루어지며 해당 회원, 원고, 그들의 변호인 등이 회의에 초청될 수 있다.

4) 윤리위원회의 판결이 견책 또는 면직 처분과 관련될 경우에만 회원은 이에 대해 항소할 수 있다. 항소는 최종 재판권을 갖는 윤리위원회에 접수될 수 있다. 항소는 윤리위원회의 통보가 이루어진 후 30일 이내에 접수되어야 한다. 소송이 계류 중일 경우에는 윤리위원회가 소송에 대한 판결을 연기할 수 있고 잠정적으로 불항소 또는 징계 처분 약정을 부과할 수 있다. 윤리위원회의 판결이 이루어진 후 30일 이내에 새로운 물증이 발견될 경우 해당 회원 또는 원고는 윤리위원회에 재심리를 요청할 수 있다. 단, 이는 이전에 항소한 적이 없었을 경우에 한한다. 재심리에 대한 결정권은 윤리위원회가 전적으로 갖는다.

6. 비상윤리위원회

1) 공공복지, 협회 회원의 권리, 협회의 이익 등을 보호하기 위해 비상윤리위원회를 둔다. 이는 협회 회장, 부회장, 총무, 임원 혹은 관련 위원회 위원장 등으로 구성된다. 비상윤리위원회가 필요 조처를 취할 경우 법률 자문을 출석시킨다.

2) 회원의 행위가 정도에 지나쳐 정상적인 위원회 절차를 통해 수습하기에는 공공복지, 해당 회원, 협회 등을 위협할 수 있다고 결론이 내려지는 경우 비상윤리위원회를 소집한다. 본회가 진상을 검토하고 사건 조사를 진행하는 동안 회원의 모든 자격을 임시로 박탈할 수 있다.

3) 회원은 비상윤리위원회가 판결한 모든 내용을 서면으로 통보 받는다. 또한 동시에 윤리위원회에도 통보한다. 비상윤리위원회의 회원 자격 박탈이 최종 유죄 판결이 아니고, 최종적으로는 윤리위원회가 이 사건을 충분히 조사한 후 판결을 내리고 사건을 최종 처리해야 할 의무가 있다.

미주

서문

1. Petruska Clarkson, "Integrative Psychotherapy, Integrating Psychotherapies, or Psychotherapy after 'Schoolism'?" In Colin Feldham (ed.), *Which Psychotherapy?* Thousand Oaks, CA: Sage, 1997, p. 37.

서론

1. 참조. E. Brooks Holifield, *A History of Pastoral Care in America* (Nashville: Abingdon Press, 1983), and John T. McNeill, *A History of the Cure of Souls* (New York: Harper Brothers, 1951).
2. Joint Commission of Mental Illness and Health, *Action for Mental Health* (New York: Basic Books, 1961), 103.
3. I. Elinson, E. Padilla, and M. Perkins, *Public Image of Mental Health Services* (New York: Mental Health Materials Center, 1967).
4. Joseph Veroff, Richard A. Kulka, and Elizabeth Douvan, *Mental Health in America: Patterns of Seeking Help from 1957 to 1976* (New York: Basic Books, 1981).
5. J. McHolland, ed., *The Future of Pastoral Counseling* (Fairfax, VA: AAPC, 1993), 115.
6. Jerome D. Frank, The Demoralized Mind, *Psychology Today* 6 (April 1973), 26.
7. Helen Harris Perlman, *Relationship: The Heart of Helping People*

(Chicago: University of Chicago Press, 1979), 12.
8. Petruska Clarkson, "Integrative Psychotherapy, Integrating Psychotherapies, or Psychotherapy after 'Schoolism'?" In Colin Feldham (ed.), *Which Psychotherapy?* Thousand Oaks, CA: Sage, 1997, p. 35.
9. William U. Snyder and June B. Snyder, *The Psychotherapy Relationship* (New York: McMillan, 1961), 287.
10. Ibid., 270.
11. Joseph W. Eaton, The Client-Practitioner Relationship as a Variable in the Evaluation of Treatment Outcome, *Psychiatry 22* (May 1959), 189-195.
12. Donald M. Sundland and Edwin N. Barker, The Orientation of Psychotherapist, *Journal of Consulting Psychology 4* (April 1962), 201-212.
13. F. E. Fiedler, A Comparison of Therapeutic Relationship in Psychoanalytic, Nondirective, and Adlerian Therapy, *Journal of Consulting Psychology 14* (December 1950), 436-445.

제 I 부

1. Eli A. Rubenstein and Morris B. Parloff, eds., *Research in Psychotherapy* (Washington: American Psychological Association, 1959), 235.

1장

1. Dayton G. Van Deusen, *Redemptive Counseling* (Richmond, VA: John Knox Press, 1960), 79.

2. C. H. Patterson, *Relationship Counseling and Psychotherapy* (New York: Harper & Row, 1974), 11.
3. Charles Gerkin, *The Living Human Document: Revisioning Pastoral Counseling in Hermeneutical Mode* (Nashville: Abingdon, 1984), 145.
4. Otto Rank, *Will Therapy and Truth and Reality*, translated by Jessie Taft (New York: Alfred A. Knopf, 1945).
5. Martin Buber, *I and Thou*, translated by Walter Kaufman and G. S. Smith (New York: Scribner's, 1970).
6. 이 책에서 성경인용은 New Revised Standard Version에서 되었다.
7. Abraham Maslow, Motivation and Personality: second edition (New York: Harper & Row, 1970).
8. Paul E. Johnson, *Psychology of Pastoral Care* (Nashville: Abingdon, 1953), 29.
9. Seward Hiltner, *Theological Dynamics* (Nashville: Abingdon, 1972), 18-35.
10. Johnson, *Psychology of Pastoral Care*, 30.
11. Frederick C. Thorne, *Principles of Personality Counseling* (Brandon, VT: Journal of Clinical Psychology, 1950), 22.
12. Robert A. Harper, *Psychoanalysis and Psychotherapy: 36 Systems* (New York: Jason Aronson, 1974).
13. Richie Herink, ed., *The Psychology Handbook* (New York: New American Library, 1980).
14. Patterson, *Relationship Counseling and Psychotherapy*, 9; Patterson, C. H. The Therapeutic Relationship: Foundations for an Eclectic Psychotherapy (Monterey, CA: Brooks/Cole, 1986).
15. William B. Oglesby, Jr., *Biblical Themes for Pastoral Care* (Nashville: Abingdon, 1980), 13-32.
16. J. Harold Ellens, *God's Grace and Human Health* (Nashville:

Abingdon, 1982), 114.
17. D. Smith, Trends in Counseling and Psychotherapy, *American Psychologist* 37 (1982).
18. 참조. 참고문헌. 이들이 그들의 절충주의적 입장들을 언급하는 저서들은 참고문헌에 모두나와있다.
19. Wayne E. Oates, *Protestant Pastoral Counseling* (Philladelphia: Westminster, 1962), 190-91, 212.
20. C. W. Brister, *Pastoral Care in the Church*, (New York: Harper, 1964), 170.
21. Edgar Jackson, *The Pastor and His People* (Manhasset, NY: Channel, 1963), 13.
22. F. Fiedler, "Comparative Investigation of Early Therapeutic Relationships" (PhD Diss., University of Chicago, 1949).
23. Ralph William Heine, "An Investigation of the Relationships Between Change and the Responsible Factors as Seen by Psychotherapists of the Psychoanalytic, Adlerian, and Nondirective Schools" (PhD Diss., University of Chicago, 1950).
24. John D. Black, Common Factors of the Patient-Therapist Relationship in Diverse Psychotherapies, *Journal of Clinical Psychology* 8 (July 1952), 302-306.
25. Oliver Hutchings Bown, "An Investigation of Therapeutic Relationships in Client-Centered Psychotherapy" (PhD Diss., University of Chicago, 1954).
26. Albert Ellis, "The Future of Cognitive-Behavior and Rational Emotive Behavior Therapy." In Stephen Palmer and Ved Varma, eds., *The Future of Counseling and Psychotherapy*, Thousand Oaks, CA: Sage, 1997, p. 1.
27. J. C. Norcross, ed., *Handbook of Eclectic Psychotherapy* (New

York: Brunner/Manzel, 1986).
28. Richard Dayringer, ed., *Dealing with Depression: Five Pastoral Interventions* (Binghamton, NY: The Haworth Press, 1995).
29. Wayne E. Oates, *An Introduction to Pastoral Counseling* (Nashville: Broadman, 1959), 5.
30. Jackson, *The Pastor and His People*, 19-20.
31. Everett Barnard, You and Your Relationship, *Church Administration* 9 (November 1967), 12.
32. Paul E. Johnson, *Psychology of Religion* (Nashville: Abingdon, 1959), 69-70.
33. Charles Stewart, Relationship Counseling, *Journal of Pastoral Care* 13 (Winter 1959), 218.
34. Van Deusen, *Redemptive Counseling*, 80.
35. Edward E. Thornton, *Theology and Pastoral Counseling*, (Englewood Cliffs, NJ: Prentice-Hall, Inc., 1964), 40, 71.
36. Oates, *Protestant Pastoral Counseling*, 57-58.

2장

1. Seward Hiltner and Lowell G. Colston, *The Context of Pastoral Counseling* (Nashville: Abingdon, 1961), 27.
2. Ronald R. Lee, *Clergy and Clients: The Practice of Pastoral Psychotherapy* (New York: Seabury, 1980), and Carroll A. Wise, Pastoral Psychotherapy (New York: Jason Aronson, 1983).
3. Lawrence M. Brammer and Everett L. Shostrom, *Therapeutic Psychology* (Englewood Cliffs, NJ: Prentice-Hall, Inc., 1968), 144.
4. John Patton, *Pastoral Counseling: A Ministry of the Church* (Nashville: Abingdon, 1983), 167.
5. Carl R. Rogers, *Counseling and Psychotherapy* (Boston: Houghton

Mifflin, 1942), 30.
6. Helen Harris Perlman, *Relationship: The Heart of Helping People* (Chicago: University of Chicago Press, 1979), 22-47.
7. Sheldon Cashdan, *Object Relations Therapy: Using the Relationship* (New York: W. W. Norton, 1988), xii.
8. Michael Kahn, *Between Therapist and Client: The New Relationship*, revised edition (New York: Freeman, 1997), 112.
9. Carl R. Rogers, ed., *The Therapeutic Relationship and Its Impact* (Westport, CT: Greenwood, 1967), 81-82.
10. Carl Gustav Jung, *The Practice of Psychotherapy*, edited by H. Read, M. Fordham, and G. Adler, 16 vols. (New York: Pantheon, 1953-1961), 137.
11. Otto Rank, *Will Therapy and Truth and Reality*, translated by Jessie Taft (New York: Alfred A. Knopf, 1945), 37.
12. Rogers, *Counseling and Psychotherapy*, 30.
13. C. J. Gelso and J. A. Carter, The Relationship in Counseling and Psychotherapy: Components, Consequences, and Theoretical Antecedents, *Counseling Psychologist* 13, 155-243, 1985; M. J. Lambert, D. A. Shapiro, and A. E. Bergin, The Effectiveness of Psychotherapy. In S. L. Garfield and A. E. Bergin, eds., *Handbook of Psychotherapy and and Behavior Change*, third edition, New York: Wiley, 1986, pp. 157-211; D. E. Orlinsky and K. I. Howard, Process and Outcome in Psychotherapy, Ibid., pp.311-381.
14. Arthur H. Becker, "The Function of Relationship in Pastoral Counseling" (PhD Diss., Boston University, 1954), 초록.
15. F. E. Fiedler, The Concept of an Ideal Therapeutic Relationship, *Journal of Consulting Psychology* 14 (August 1950), 239-245.
16. Becker, "The Function of Relationship in Pastoral Counseling," 298-

308.

17. I. V. Coleman, Patient-Physician Relationship in Psychotherapy, *American Journal of Psychiatry* 104 (April 1948), 641.
18. Wayne E. Oates, *An Introduction to Pastoral Counseling* (Nashville: Broadman, 1959), 75.
19. Brammer and Shostrom, *Therapeutic Psychology*, 145-149.
20. Fiedler, The Concept of an Ideal Therapeutic Relationship, 241.
21. Becker, "The Function of Relationship in Pastoral Counseling," 250, 253, 285.
22. William Schonfield, *Psychotherapy: The Purchase of Friendship* (Englewood Cliffs, NJ: Prentice-Hall, Inc., 1964), 89.
23. Becker, "The Function of Relationship in Pastoral Counseling," 387-88.
24. Howard Clinebell, *Basic Types of Pastoral Care and Counseling*, revised edition (Nashville: Abingdon, 1984), 378.
25. William U. Snyder and June B. Snyder, *The Psychotherapy Relationship* (New York: McMillan, 1961), 165.
26. Richard E. Farson, Introjection in the Psychotherapeutic Relationship, *Journal of Consulting Psychology* 8 (winter 1961), 341.
27. American Association of Pastoral Counselors, *Handbook* (Fairfax, VA: American Association of Pastoral Counselors, 1986), 2:2.
28. I. D. Yalom, *Existential Psychotherapy*. (New York: Basic Books, 1980), p. 401.
29. Carroll A. Wise, *Pastoral Counseling: Its Theory and Practice* (New York: Harper Brothers, 1951), 39.
30. Edgar Jackson, *The Pastor and His People* (Manhasset, NY: Channel, 1963), 18.
31. Morris B, Parloff, Some Factors Affecting the Quality of Therapeutic

Relationships, *Journal of Abnormal and Social Psychology* 52 (January 1956), 5-10.1
32. Becker, "The Function of Relationship in Pastoral Counseling," 269.
33. Carl R. Rogers, *The Clinical Treatment of the Problem Child* (New York: Houghton Mifflin, 1939), 284.
34. Jerome D. Frank, The Dynamics of Psychotherapeutic Relationship, *Psychiatry* 22 (February 1959), 17-29.
35. William Doherty, *Soul Searching: Why Psychotherapy Must Promote Moral Responsibility* (New York: Basic Books, 1995).
36. Irene E. Waskow, Counselor Attitudes and Client Behavior, *Journal of Consulting Psychology* 27 (October 1963), 409.
37. C. W. Brister, *Pastoral Care in the Church*, (New York: Harper and Row, 1964).
38. Carl R. Rogers, *On Becoming a Person* (Boston: Houghton Mifflin, 1961), 330.
39. Karl Menninger and Philip S. Holzman, *Theory of Psychoanalytic Technique*, second edition (New York: Basic Books, 1973), 96.
40. Rogers, *On Becoming a Person*, 50-55.
41. Joint Commission of Mental Illness and Health, *Action for Mental Health* (New York: Basic Books, 1961), 103.
42. Martin G. Vorhaus, *The Changing Patient-Doctor Relationship* (New York: Horizon, 1957), 23.
43. Wayne E. Oates, ed., The Findings of the Commission on the Ministry, *Annals of the New York Academy of Sciences* 63 (November 1955), 416-417.
44. Richard Dayringer, A Learning Theory Approach to Pastoral Counseling, *Pastoral Psychology* 20 (March 1969), 40.
45. Snyder and Snyder, *The Psychotherapy Relationship*, 149.

46. Petruska Clarkson, "Integrative Psychotherapy, Integrating Psychotherapies, or Psychotherapy after 'Schoolism'?" In Colin Feldham (ed.), *Which Psychotherapy?* (Thousand Oaks, CA: Sage, 1997), p. 35.
47. Stanley W. Standal and Raymond J. Corsini, eds., *Critical Incidents in Psychotherapy* (Englewood Cliffs, NJ: Prentice-Hall, Inc., 1959), 94.
48. Frederick C. Thorne, *Principles of Personality Counseling* (Brandon, VT: Journal of Clinical Psychology, 1950), 127.
49. Rogers, *On Becoming a Person*, 43.
50. Thorne, *Principles of Personality Counseling*, 155-156.
51. Wayne E. Oates, *The Christian Pastor* (Philadelphia: Westminster, 1964), 145.
52. Jackson, *The Pastor and His People*, 144.
53. Richard Dayringer, Relationship-The Chaplain's Basic Tool, *American Protestant Hospital Association Bulletin* 30 (January 1967), 11, 23-28.
54. Seward Hiltner, *Pastoral Counseling* (Nashville: Abingdon, 1949), 21.
55. Hiltner and Colston, *The Context of Pastoral Counseling*, 21.

제 2 부

1. Otto Rank, *Will Therapy and Truth and Reality,* translated by Jessie Taft (New York: Alfred A. Knopf, 1945), 167-169.

3장

1. Lawrence M. Brammer and Everett L. Shostrom, *Therapeutic*

Psychology (Englewood Cliffs, NJ: Prentice-Hall, Inc., 1968), 171.
2. Carroll A. Wise, P*astoral Counseling: Its Theory and Practice* (New York: Harper Brothers, 1951), 40.
3. Arnold Buchheimer and Sarah Carter Balogh, *The Counseling Relationship: A Case Book* (Chicago: Science Research Associates, 1961), 4.
4. Glenn V. Ramsey, The Initial Counseling Interview, *Pastoral Psychology* 17 (November 1966), 30.
5. Rollo May, *The Art of Counseling* (New York: Abingdon-Cokesbury, 1939), 127-129.
6. Richard Dayringer, The Problem-Oriented Record in Pastoral Counseling, *Religion and Health* 17 (1978), 39-47.
7. Paul Pruyser, *The Minister as Diagnostician: Personal Problems in Pastoral Perspective* (Philadelphia : Westminster, 1976).
8. R. F. Larson, The Clergyman's Role in the Therapeutic Process: Disagreement Between Clergyman and Psychiatrists, *Psychiatry* 31 (1968), 250-263.
9. Edgar Draper, *Psychiatry and Pastoral Care* (Englewood Cliffs, NJ: Prentice-Hall, 1965), 31.
10. Ramsey, The Initial Counseling Interview, 33.
11. Seward Hiltner and Lowell G. Colston, *The Context of Pastoral Counseling* (Nashville: Abingdon, 1961), 55-56.
12. Draper, *Psychiatry and Pastoral Care*, 66-68, 115.
13. Oscar Pfister, *Christianity and Fear*, (London: George Allen and Unwin, 1948), 552.
14. American Psychiatric Association, *Diagnostic and Statistical of Manual Mental Disorders*-fourth edition (New York: American Psychiatric Association, 1994).

15. Carl R. Rogers, *Counseling and Psychotherapy* (Boston: Houghton Mifflin, 1942), 250-251.
16. Brammer and Shostrom, *Therapeutic Psychology*, 183.
17. William F. May, Code, Covenant, Contract, or Philanthropy, *Hastings Center Report* 5 (December 1975), 29-38; *The Physician's Covenant: Images of the Healer in Medical Ethics* (Phliladelphia: Westminster, 1983).
18. Richard E. Farson, Introjection in the Psychotherapeutic Relationship, *Journal of Consulting Psychology* 8 (winter 1961), 279.
19. Wayne E. Oates, *Protestant Pastoral Counseling* (Phliladelphia: Westminster, 1962), 107.

4장

1. Charles William Stewart, *The Minister as Marriage Counselor* revised edition (New York: Abingdon, 1970), 37.
2. Ibid., 35.
3. C. W. Brister, *Pastoral Care in the Church*, third edition (New York: Harper and Row, 1992), 201.
4. Wayne E. Oates, *The Christian Pastor* (Philadelphia: Westminster, 1964), 69-91.
5. Don Browning, *The Moral Context of Pastoral Care* (Philadelphia: Westminster, 1976).
6. Seward Hiltner, *Pastoral Counseling* (Nashville: Abingdon, 1949), 150.
7. Brister, *Pastoral Care in the Church*, third edition (New York: Harper and Row, 1992), 97.
8. Wayne E. Oates, *Protestant Pastoral Counseling* (Philadelphia: Westminster, 1962), 143.
9. Rollo May, *The Art of Counseling*, revised edition (New York:

Gardner Press, 1989), 128-129.
10. John Levy, Relationship therapy, *American Journal of Orthopsychiatry* 8 (January 1938), 65.
11. Heinz L. Ansbacher and Rowena R. Ansbacher, *The Individual Psychology of Alfred Adler* (New York: Basic Books, 1956), 339.
12. Harry Stack Sullivan, *The Psychiatric Interview*, edited by Helen Swick Perry and Mary Ladd Gawel (New York: W. W. Norton, 1954), 28.

5장

1. Carroll A. Wise, *Pastoral Counseling: Its Theory and Practice* (New York: Harper Brothers, 1951), 40.
2. Lawrence M. Brammer and Everett L. Shostrom, *Therapeutic Psychology* (Englewood Cliffs, NJ: Prentice-Hall, Inc., 1968), 94.
3. Arthur H. Becker, "The Function of Relationship in Pastoral Counseling" (PhD Diss., Boston University, 1954), 389.
4. Ibid., 373-374.
5. C. B. Truax & Robert R. Carkhuff, *Towards Effective Counseling and Psychotherapy: Training and Practice* (Chicago: Adeline 1967).
6. Leona E. Tyler, *The Work of the Counselor* (New York: Appleton-Century-Crofts, 1953), 289.
7. Bernard G. Berenson and Robert R. Carkhuff, *Sources of Gain in Counseling and Psychotherapy* (New York: Holt, Rinehart and Winston, 1967); Robert R. *Carkhuff, Helping and Human Relations: A Primer for Lay and Professional Helpers*, volume 1, *Selection and Training*, and volume 2, *Practice and Research* (New York: Holt, Rinehart and Winston, 1969); Robert R. Carkhuff and Bernard G. Berenson, *Beyond Counseling and Therapy* (New York: Holt,

Rinehart and Winston, 1967); and Truax & Carkhuff, *Towards Effective Counseling and Psychotherapy: Training and Practice* (Chicago: Adeline 1967).
8. C. H. Patterson, *Relationship Counseling and Psychotherapy* (New York: Harper & Row, 1974), 49-96.
9. Eugene W. Kelly, Jr., *Relationship-Centered Counseling* (New York: Springer, 1994), 180.
10. Carl R. Rogers, *On Becoming a Person* (Boston: Houghton Mifflin, 1961), 18.
11. Robert Dean Quinn, "Psychotherapists' Expressions as an Index to the Quality of Early Therapeutic Relationships Established by Representatives of the Nondirective, Adlerian and Psychoanalytic Schools" (PhD Diss., University of Chicago).
12. Paul E. Johnson, *Person and Counselor* (Nashville: Abingdon, 1967), 175-176.
13. James E. Dittes, Galvanic Skin Response as a Measure of Patient's Reaction to Therapist's Permissiveness, *Journal of Abnormal Psychology* 55 (November 1957), 302-303.
14. Carkhuff and Berenson, *Beyond Counseling and Therapy*, 29.
15. Ibid., 30.
16. William U. Snyder and June B. Snyder, *The Psychotherapy Relationship* (New York: Macmillan, 1961), 351.
17. Eugene W. Kelly, Jr., *Relationship-Centered Counseling* (New York: Springer, 1994), 191.
18. Jessie Taft, *The Dynamics of Therapy in a Controlled Relationship* (New York: Macmillan, 1933), 118.
19. David Augsburger, *Caring Enough to Confront* (Ventura, CA: Regal, 1980).

20. Carkhuff, *Helping and Human Relations* 1:191.
21. Ibid., 2:93.
22. Ralph L. Underwood, *Empathy and Confrontation in Pastoral Care* (Philladelphia: Fortress, 1985), 112, 113.
23. Ibid., 1:208-209.
24. Snyder and Snyder, *The Psychotherapy Relationship*, 257.
25. Caryl T. Moy, "Touch in the Therapeutic Relationship: An Exploratory Study with Therapists Who Touch" (PhD Diss., Southern Illinois University, 1980), and J. M. Wilson, The Value of Touch in Psychotherapy, *American Journal of Orthopsychiatry* 52(1)(1982); Zachary Thomas, *Healing Touch: The Church's Forgotten Language* (Louisville: Westminster of John Knox, 1994).
26. Patterson, *Relationship Counseling and Psychotherapy*, 83-89.
27. Snyder and Snyder, *The Psychotherapy Relationship*, 345.
28. Carkhuff, *Helping and Human Relations* 1:212.
29. Snyder and Snyder, *The Psychotherapy Relationship*, 291-350.
30. Lewis R. Wolberg, *The Technique of Psychotherapy* (New York: Grune and Stratton, 1954), 499-503.
31. Rogers, *On Becoming a Person*, 16-17.
32. Mudd and Krich, *Man and Wife*, 236-41.
33. Jerome D. Frank, *Persuasion and Healing: A Comparative Study of Psychotherapy*, revised edition (Baltimore: Johns Hopkins Press, 1973), 168.
34. Carroll A. Wise, *Pastoral Psychotherapy* (New York: Jason Aronson, 1983), 197.

6장

1. Peter Blanck, *Nonverbal Communication in the Clinical Context*

(University Park: Pennsylvania State UniversityPress, 1986); Peter Bull, *Body Movement and Interpersonal Communication* (New York: John Wiley and Sons, 1983); Loretta Malandro, *Nonverbal Communication* (New York: Random House, 1988).
2. Rollo May, *The Art of Counseling*, revised edition (New York: Gardner Press, 1989), 84.
3. Ibid., 107.
4. Thedore Reik, *Listening With the Third Ear* (New York: Grove, 1948), 157-158.
5. Wayne E. Oates, *The Christian Pastor* (Philadelphia: Westminster, 1964), 241-245.
6. Gaylord Noyce, *The Art of Pastoral Counseling* (Atlanta: John Knox, 1981), 43, 50.
7. Oates, *The Christian Pastor*, 245.

7장

1. Carl R. Rogers, *On Becoming a Person* (Boston: Houghton Mifflin, 1961), 345.
2. Arthur H. Becker, "The Function of Relationship in Pastoral Counseling" (PhD Diss., Boston University, 1958), 264.
3. Wayne E. Oates, *Protestant Pastoral Counseling* (Philadelphia: Westminster, 1962), 175-177.
4. Lawrence M. Brammer and Everett L. Shostrom, *Therapeutic Psychology* (Englewood Cliffs, NJ: Prentice-Hall, Inc., 1968), 175.
5. C. W. Brister, *Pastoral Care in the Church*, third edition (New York: Harper and Row, 1992), 194.

8장

1. Robert Jean Campbell, *Psychiatric Dictionary*, fifth edition (New York: Oxford University Press, 1981), 518.
2. Carl R. Rogers, *Counseling and Psychotherapy* (Boston: Houghton Mifflin, 1942), 241.
3. Sigmund Freud, *The Standard Edition of the Complete Psychological Works of Sigmund Freud*, translated and edited by James Strachey, 24 volumes (London: Hogarth, 1955-1961), 12:104.
4. Ibid., 12:105.
5. E. Wesley Hiler, An Analysis of Patient-Therapist Compatibility, *Journal of Consulting Psychology* 23 (October 1958), 346.
6. Kenneth Heller and Arnold P. Goldstein, Clinical Dependency and Therapist Expectancy as Relationship Maintaining Variables in Psychotherapy, *Journal of Consulting Psychology* 25 (October 1961), 374-375.
7. Norton Stoler, Client Likability: A Variable in the Study of Psychotherapy, *Journal of Consulting Psychology* 27 (April 1963), 178.
8. Leslie D. Weatherhead, *Psychology, Religion, and Healing* (London: Hodder and Stoughton, 1952), 258.
9. Freud, *Standard Edition of the Complete Psychological Works of Sigmund Freud*, 12:162-163.
10. Ibid., 12:166-167.

9장

1. Lester H. Bellwood, "Transference Phenomena in Pastoral Work" (PhD Diss., Boston University, 1962), 7.
2. James N. Kvale and Richard Dayringer, The Transference

Phenomenon in the Care of the Elderly Patient, *Family Medicine* 19(2) (March-April 1987), 141-143.
3. Ronald R. Lee, *Clergy and Clients: The Practice of Pastoral Psychotherapy* (New York: Seabury, 1980), 89.
4. Edgar Draper, *Psychiatry and Pastoral Care* (Englewood Cliffs, NJ: Prentice-Hall, 1965), 79.
5. Carl R. Rogers, *Client-Centered Therapy* (Boston: Houghton Mifflin, 1951), 201.
6. Robert A. Harper, *Psychoanalysis and Psychotherapy: 36 Systems* (New York: Jason Aronson, 1974), 90-91.
7. Bellwood, "Transference Phenomena in Pastoral Work," 193-194.
8. Ibid., 7.
9. Heinrich Racker, The Meanings and Uses of Countertransference, *Psychoanalytic Quarterly* 25 (July 1957), 315.
10. William U. Snyder and June B. Snyder, *The Psychotherapy Relationship* (New York: Macmillan, 1961), 342.
11. Judd Marmer, Doctor-Patient Relationship in Therapy, *American Journal of Psychoanalysis* 15(1) (1955), 8.
12. Snyder and Snyder, *The Psychotherapy Relationship*, 254-255.

10장

1. Ross Snyder, A Ministry of Meanings and Relationship, *Pastoral Psychology* 2 (December 1960), 171에서 인용.
2. Wayne E. Oates, *The Christian Pastor* (Philadelphia: Westminster, 1964), 211-212.
3. Leslie D. Weatherhead, *Psychology, Religion, and Healing* (London: Hodder and Stoughton, 1952), 339-341.
4. Carroll A. Wise, *Pastoral Counseling: Its Theory and Practice* (New

York: Harper Brothers, 1951), 155.
5. Edward E. Thornton, *Theology and Pastoral Counseling* (Englewood Cliffs, NJ: Prentice-Hall, Inc., 1964), 34-35.
6. Wayne E. Oates, *An Introduction to Pastoral Counseling* (Nashville: Broadman, 1959), 211.
7. Wayne E. Oates, *The Bible in Pastoral Care* (Philadelphia: Westminster, 1964), 113-114, 118-119.
8. Ibid.
9. Donald Capps, *Biblical Approaches to Pastoral Counseling* (Philadelphia: Westminster, 1981), 17-46.
10. Seward Hiltner, *Pastoral Counseling* (Nashville: Abingdon, 1949), 202.
11. William E. Hulme, *Counseling and Theology* (Philadelphia: Muhlenberg, 1956), 223-224.

11장

1. L. L. Weed, *Medical Records, Medical Education and Patient Care* (Cleveland, OH: The Press of Case Western Reserve University, 1969); A. Feinstein, The Problems of "Problem-Oriented Medical Record," *Annals International Medicine* 1973, 78 (1973), 751-762.
2. R. L. Grant and B. M. Maletzki, Application of the Weed System to Psychiatric Records, *Psychiatry Medicine* 3 (1972), 119-129; P. D. McLean and J. E. Miles, Evaluation and Problem-Oriented Record in Psychiatry, *Archives of Genenral Psychiatry* 31 (1974), 622-625; R. Ryback, *The Problem-Oriented Record in Psychiatry and Mental Health* (New York: Grune and Stratton, 1974), 4.
3. R. Ryback and J Gardner, Problem Definition: The Problem-Oriented Record, *American Journal of Psychiatry* 130(1973), 312-316; R. F.

Buchan, The Problem-Oriented Record, *New England Journal of Medicine* 288(1973), 1133; M. Calder, A. Landon, M. L. Miller, and S. Volkes, How We Won the Health Team's Support for P.O.M.R., *Nursing* 11(4)(April 1981), 137-142.
4. Pearl S. Berman, *Case Conceptualization and Treament Planning* (Thousand Oaks, CA: Sage, 1997).
5. Weed, op. cit., p. 25.
6. Ibid., p.25.
7. Grant and Maletzki, op. cit.

12장

1. Harry Stack Sullivan, *The Psychiatric Interview*, edited by Helen Swick Perry and Mary Ladd Gawel (New York: W. W. Norton, 1954), 223.
2. Ibid., 41.
3. Otto Rank, *Will Therapy and Truth and Reality*, translated by Jessie Taft (New York: Alfred A. Knopf, 1945), 178-179.
4. Jerome D. Frank, The Dynamics of Psychotherapeutic Relationship, *Psychiatry* 22 (February 1959), 23에서 인용.
5. Ronald R. Lee, *Clergy and Clients: The Practice of Pastoral Psychotherapy* (New York: Seabury, 1980), 140.
6. Lawrence M. Brammer and Everett L. Shostrom, *Therapeutic Psychology* (Englewood Cliffs, NJ: Prentice-Hall, Inc., 1968), 204-205.
7. Irving B. Weiner, *Principles of Psychotherapy* (New York: John Wiley, 1975), 288.
8. Karl Menninger and Philip S. Holzman, *Theory of Psychoanalytic Technique*, second edition (New York: Basic Books, 1973), 178.
9. C. W. Brister, *Pastoral Care in the Church*, (New York: Harper,

1964)third edition (New York: Harper and Row, 1992), 202.
10. Charles Gerkin, *The Living Human Document: Revisioning Pastoral Counseling in Hermeneutical Mode* (Nashville: Abingdon, 1984), 190.

제 3 부

1. Paul E. Johnson, *Psychology of Pastoral Care* (Nashville: Abingdon, 1953), 69-102.

13장

1. Leslie E. Moser, *Counseling: A Modern Emphasis in Religion* (Englewood Cliffs, NJ: Prentice-Hall, Inc., 1962), 229-230.
2. Sigmund Freud, *The Standard Edition of the Complete Psychological Works of Sigmund Freud*, translated and edited by James Strachey, 24 volumes (London: Hogarth, 1955-1961), 11:51.
3. Seward Hiltner, *The Counselor in Counseling* (Nashville: Abingdon, 1952), 10.
4. C. W. Brister, *Pastoral Care in the Church*, third edition (New York: Harper and Row, 1992), 171-172.
5. Donald M. Tylor, Changes in the Self Concept Without Psychotherapy, *Journal of Consulting Psychology* 19 (June 1955), 208.
6. Freud, *Standard Edition of the Complete Psychological Works*, 12:125.
7. Thedore Reik, *Listening With the Third Ear* (New York: Grove, 1948), 128.

8. Henry E. Kagan, lecture notes, postgraduate course on medicine and religion (University of Kansas, School of Medicine, 1965, mimeographed).
9. Hiltner, *The Counselor in Counseling*, 147-148.
10. Irving B. Weiner, *Principles of Psychotherapy* (New York: John Wiley, 1975), 56.
11. Valerian J. Derlega, Susan S. Hendick, Barbara A. Winstead, and John H. Berg, *Psychotherapy as a Personal Relationship* (New York: Guilford, 1991), 4.
12. Carl R. Rogers, *Client-Centered Therapy* (Boston: Houghton Mifflin, 1951), 199-200.
13. E. H. Porter, Jr., *An Introduction to Therapeutic Counseling* (New York: Houghton Mifflin, 1950), 162-163.
14. I. Haug and C. Alexander, "Dual Relationship Issues Among Clergy Therapist," in G. W. Brock, ed., *Ethics Casebook* (New York: AAMFT, 1994).
15. William U. Snyder and June B. Snyder, *The Psychotherapy Relationship* (New York: Macmillan, 1961), 225.
16. Seward Hiltner and Lowell G. Colston, *The Context of Pastoral Counseling* (Nashville: Abingdon, 1961), 38-39.
17. Karl Menninger and Philip S. Holzman, *Theory of Psychoanalytic Technique*, second edition (New York: Basic Books, 1973), 33.
18. Hiltner and Colston, *The Context of Pastoral Counseling*, 39-40.
19. Jules H. Masserman, *The Practice of Dynamic Psychiatry* (Philadelphia: W. B. Saunders, 1955), 567.
20. William R. Miller and Kathleen A. Jackson, *Practical Psychology for Pastors* (Englewood Cliffs, NJ: Prentice-Hall, Inc., 1985), 375.

14장

1. Thomas W. Klink, *Depth Perspective in Pastoral Work* (Englewood Cliffs, NJ: Prentice-Hall, 1965), 37-38, 66.
2. Carroll A. Wise, *Pastoral Counseling: Its Theory and Practice* (New York: Harper Brothers, 1951), 63.
3. Rollo May, *The Art of Counseling, revised edition* (New York: Gardner Press, 1989), 120.
4. Carl R. Rogers, A Physician-Patient or Therapist-Client Relationship? in *Psychology, Psychiatry, and Public Interest*, edited by Maurice H. Krent (Minneapolis: University of Minnesota Press, 1956), 40.
5. F. E. Fiedler, The Concept of an Ideal Therapeutic Relationship, *Journal of Consulting Psychology* 14 (August 1950), 244.
6. Edgar Draper, *Psychiatry and Pastoral Care* (Englewood Cliffs, NJ: Prentice-Hall, 1965), 61-63.
7. Paul E. Johnson, *Psychology of Pastoral Care* (Nashville: Abingdon, 1953), 34.
8. Arnold Buchheimer and Sarah Carter Balogh, *The Counseling Relationship: A Case Book* (Chicago: Science Research Associates, 1961), 9-10.
9. Heine Faber and Ebel van der Schoot, *The Art of Pastoral Conversation* (Nashville: Abingdon, 1965), 175.
10. C. W. Brister, *Pastoral Care in the Church,* (New York: Harper, 1964)third edition (New York: Harper and Row, 1992), 73.
11. Ibid., 187.
12. Russell L. Dicks, *Pastoral Work and Personal Counseling* (New York: Macmillan, 1957), 30.
13. Wayne E. Oates, *The Christian Pastor* (Philadelphia: Westminster, 1964), 148-149.

14. Richard Dayringer, Problems in Communicating the Gospel, *Quarterly Review* 25 (April 1965), 42.
15. Charles Duell Kean, *Christian Faith and Pastoral Care* (Greenwich, CT: Seabury, 1961), 29-30.
16. Brister, *Pastoral Care in the Church*, third edition (New York: Harper and Row, 1992), 160.
17. Wise, *Pastoral Counseling: Its Theory and Practice*, 169.

참고문헌

Allen, F. H. *Psychotherapy with Children*. New York: W. W. Norton, 1942.

American Association of Pastoral Counselors. *Handbook*. Fairfax, VA: American Association of Pastoral Counselors, 1972.

American Psychiatric Association. *Diagnostic and Statistical of Manual Mental Disorders*, fourth edition. Washinton, DC: American Psychiatric Association, 1994.

Anderson, H. *The Family and Pastoral Care*. Philadelphia: Fortress, 1984.

Ansbacher, H. L. and Ansbacher, R. R. *The Individual Psychology of Alfred Adler*. New York: Basic Books, 1956.

Augsburger, D. *Caring Enough to Confront*. Ventura, CA: Regal, 1980.

Bardill, Donald R. *The Relational Systems Model for Family Therapy*. New York: The Haworth Press, 1997.

Barnard, E. You and Your Relationship. *Church Administration* 9 (November 1967), 12-14.

Becker, A. H. "The Function of Relationship in Pastoral Counseling." PhD Diss., Boston University, 1958.

Bellwood, L. H. "Transference Phenomena in Pastoral Work." PhD Diss., Boston University, 1962.

Berenson, B. G. and Carkhuff, R. R. *Sources of Gain in Counseling and Psychotherapy*. New York: Holt, Rinehart and Winston, 1967.

Berman, Pearl S. *Case Conceptualization and Treament Planning*. Thousand Oaks, CA: Sage, 1997.

Black, J. D. Common Factors of the Patient-Therapist Relationship in

Diverse Psychotherapies. *Journal of Clinical Psychology* 8 (July 1952), 302-306.

Bown, O. H. "An Investigation of Therapeutic Relationships in Client-Centered Psychotherapy." PhD Diss., University of Chicago, 1954.

Brammer, L. M. and Shostrom, E. L. *Therapeutic Psychology*. Englewood Cliffs, NJ: Prentice-Hall, 1968.

Brister, C. W. *Pastoral Care in the Church*. New York: Harper, 1964, revised edition, 1977; third edition, 1992.

Browning, D. S. *Atonement and Psychotherapy*. Philadelphia: Westminster, 1966.

_____. *The Moral Context of Pastoral Care*. Philadelphia: Westminster, 1976.

Buber, M. *I and Thou*. translated by Walter Kaufman and G. S. Smith. New York: Scribner's, 1970.

Buchheimer, A. and Balogh, S. C. *The Counseling Relationship: A Case Book*. Chicago: Science Research Associates, 1961.

Campbell, R. J. *Psychiatric Dictionary*, fifth edition. New York: Oxford University Press, 1981.

Capps, D. *Biblical Approaches to Pastoral Counseling*. Philadelphia: Westminster, 1981.

Carkhuff, R. R. *Helping and Human Relations: A Primer for Lay and Professional Helpers,* volume 1, *Selection and Training*, and volume 2, *Practice and Research*. New York: Holt, Rinehart and Winston, 1969.

Carkhuff, R. R. and Berenson, B. G. *Beyond Counseling and Therapy*. New York: Holt, Rinehart and Winston, 1967.

Cashdan, S. *Object Relations Therapy: Using the Relationship*. New York: W. W. Norton, 1988.

Clinebell, H. *Basic Types of Pastoral Care and Counseling*, revised edition. Nashville: Abingdon Press, 1984.

Coleman, I. V. Patient-Physician Relationship in Psychotherapy. *American Journal of Psychiatry* 104 (April 1948), 638-641.

Dayringer, R. A. A Learning Theory Approach to Pastoral Counseling. *Pastoral Psychology* 20 (March 1969), 39-43.

_____. ed. *Dealing with Depression: Five Pastoral Interventions*. Binghamton, NY: The Haworth Press, 1995.

_____. ed. The Problem-Oriented Record in Pastoral Counseling, *Religion and Health* 17(1)(1978), 39-47.

_____. ed. Problems in Communicating the Gospel. *Quarterly Review* 25 (April 1965), 35-45, 78.

_____. ed. Relationship-The Chaplain's Basic Tool. *American Protestant Hospital Association Bulletin* 30 (January 1967), 11, 23-25.

_____. ed. "A Study on the Relationship in Pastoral Counseling." ThD Diss., New Orleans Baptist Theological Seminary, 1958.

Derlega, V. J., Hendick, S. S., Winstead, B. A. and Berg, J. H. *Psychotherapy as a Personal Relationship*. New York: Guilford, 1991.

Dicks, R. L. *Pastoral Work and Personal Counseling*. New York: Macmillan, 1957.

Dittes, J. E. Galvanic Skin Response as a Measure of Patient's Reaction to Therapist's Permissiveness. *Journal of Abnormal Psychology* 55 (November 1957), 295-303.

Doherty, W. J. *Soul Searching: Why Psychotherapy Must Promote Moral Responsibility*. New York: Basic Books, 1995.

Draper, E. *Psychiatry and Pastoral Care*. Englewood Cliffs, NJ: Prentice-

Hall, 1965.

Durkin, H. M. Dr. John Levy's Relationship Therapy as Applied to a Play Group. *American Journal of Orthopsychiatry* 9 (July 1939), 583-597.

Eaton, J. W. The Client-Practitioner Relationship as a Variable in the Evaluation of Treatment Outcome. *Psychiatry* 22 (May 1959), 189-195.

Elinson, I., Padilla, E. and Perkins, M. *Public Image of Mental Health Services*. New York: Mental Health Materials Center, 1967.

Ellens, J. H. *God's Grace and Human Health*. Nashville: Abingdon, 1982.

Estadt, B. K., ed. *Pastoral Counseling*. Englewood Cliffs, NJ: Prentice-Hall, 1983.

Estes, S. G. Concerning the Therapeutic Relationship in the Dynamics of Cure. *Journal of Consulting Psychology* 12 (March 1948), 76-81.

Faber, H. and van der Schoot, E. *The Art of Pastoral Conversation*. Nashville: Abingdon, 1965.

Farson, R. E. Introjection in the Psychotherapeutic Relationship. *Journal of Consulting Psychology* 8 (winter 1961), 337-343.

Feltham, C. ed. *Which Psychotherapy?* Thousand Oaks, CA: Sage, 1997.

Fiedler, F. "Comparative Investigation of Early Therapeutic Relationships." PhD Diss., University of Chicago, 1949.

_____. A Comparison of Therapeutic Relationship in Psychoanalytic, Nondirective, and Adlerian Therapy. *Journal of Consulting Psychology* 14 (December 1950), 436-445.

_____. The Concept of an Ideal Therapeutic Relationship. *Journal of Consulting Psychology* 14 (August 1950), 239-245.

Frank, J. D. The Demoralized Mind. *Psychology Today* 6 (April 1973),

22, 26, 28, 31, 100-101.

_____. The Dynamics of Psychotherapeutic Relationship. *Psychiatry* 22 (February 1959), 17-29.

_____. *Persuasion and Healing: A Comparative Study of Psychotherapy.* revised edition. Baltimore: Johns Hopkins Press, 1973.

Freud, S. *The Standard Edition of the Complete Psychological Works of Sigmund Freud.* translated and edited by James Strachey, 24 volumes (London: Hogarth, 1955-1961.

Fromm-Reichmann, F. *Principles of Intensive Psychotherapy.* Chicago: University of Chicago Press, 1950.

Garfield, S. L. and Bergin, A. E. eds., *Handbook of Psychotherapy and Behavior Change*, third edition. New York: Wiley, 1986.

Gelso, C. J. and Carter, J. A. The Relationship in Counseling and Psychotherapy: Components, Consequences, and Theoretical Antecedents. *The Counseling Psychologist*, 13 (1985), 155-243.

Gerkin, C. V. *The Living Human Document: Revisioning Pastoral Counseling in Hermeneutical Mode.* Nashville: Abingdon, 1984.

Gurney, B. G., Jr. *Relationship Enhancement.* Washington: Jossy-Bass, 1977.

Gurman, A. S. and Kniskern, D. P., eds. *Handbook of Family Therapy.* New York: Brunner/Mazel, 1991.

Harper, R. A. *Psychoanalysis and Psychotherapy: 36 Systems.* New York: Jason Aronson, 1974.

Haug, I. and Alexander, C. *Ethics Casebook.* New York: AAMFT, 1994.

Heine, R. W. "An Investigation of the Relationships Between Change and the Responsible Factors as Seen by Psychotherapists of the Psychoanalytic, Adlerian, and Nondirective Schools." PhD Diss.,

University of Chicago, 1950.

Heller, K and Goldstein, A. P. Clinical Dependency and Therapist Expectancy as Relationship Maintaining Variables in Psychotherapy. *Journal of Consulting Psychology* 25 (October 1961), 371-375.

Herink, R. ed. *The Psychology Handbook*. New York: New American Library, 1980.

Hiler, E. W. An Analysis of Patient-Therapist Compatibility. *Journal of Consulting Psychology* 23 (October 1958), 341-346.

Hiltner, S. *The Counselor in Counseling*. Nashville: Abingdon, 1952.

_____. *Pastoral Counseling*. Nashville: Abingdon, 1949.

_____. *Theological Dynamics*. Nashville: Abingdon, 1972.

Hiltner, S. and Colston, L. G. *The Context of Pastoral Counseling*. Nashville: Abingdon, 1961.

Holifield, E. B. *A History of Pastoral Care in America*. Nashville: Abingdon Press, 1983.

Holy Bible, New Revised Standard Version. Division of Christian Education of National Council of Churches of Christ in the U.S.A., 1989.

Hulme, William E. *Counseling and Theology*. Philadelphia: Muhlenberg, 1956.

Jackson, E. *The Pastor and His People*. Manhasset, NY: Channel, 1963.

Johnson, P. E. *Person and Counselor*. Nashville: Abingdon, 1967.

_____. *Psychology of Pastoral Care*. Nashville: Abingdon, 1953.

_____. *Psychology of Religion*. Nashville: Abingdon, 1959.

Joint Commission of Mental Illness and Health, *Action for Mental Health*. New York: Basic Books, 1961.

Jung, C. G. *The Practice of Psychotherapy*. Edited by H. Read, M. Fordham, and G. Adler, 16 vols. New York: Pantheon, 1953-1961.

Kagan, H. E. "Lecture Notes." Postgraduate Course on Medicine and Religion. University of Kansas, School of Medicine, 1965, Mimeograph.

Kahn, M. *Between Therapist and Client: The New Relationship.* New York: Freeman, 1991; revised edition, 1997.

Kean, C. D. *Christian Faith and Pastoral Care.* Greenwich, CT: Seabury, 1961.

Kelly, E. W., Jr. *Relationship-Centered Counseling.* New York: Springer, 1994.

Klink, T. W. *Depth Perspective in Pastoral Work.* Englewood Cliffs, NJ: Prentice-Hall, 1965.

Kohut, H. *How Does Analysis Cure?* Chicago: University of Chicago, 1984.

Kvale, J. N. and Dayringer, R. The Transference Phenomenon in the Care of the Elderly Patient. *Family Medicine* 19(2), (March-April 1987), 141-143.

Larson, R. F. The Clergyman's Role in the Therapeutic Process: Disagreement Between Clergyman and Psychiatrists. *Psychiatry* 31 (1968), 250-263.

Lee, R. R. *Clergy and Clients: The Practice of Pastoral Psychotherapy.* New York: Seabury, 1980.

Levy, J. Relationship therapy. *American Journal of Orthopsychiatry* 8 (January 1938), 64-69.

Marmer, J. Doctor-Patient Relationship in Therapy. *American Journal of Psychoanalysis* 15(1) (1955), 7-9.

Masserman, J. H. *The Practice of Dynamic Psychiatry.* Philadelphia: W. B. Saunders, 1955.

May, R. *The Art of Counseling.* New York: Abingdon-Cokesbury, 1939;

revised edition. New York: Gardner Press, 1989.

May, W. F. Code, Covenant, Contract, or Philanthropy. *Hastings Center Report* 5 (December 1975), 29-38.

McHolland, J. *The Future of Pastoral Counseling*. Fairfax, VA: AAPC, 1993.

McNeill, J. T. *A History of the Cure of Souls*. New York: Harper Brothers, 1951.

Menninger, K. and Holzman, P. S. *Theory of Psychoanalytic Technique*, second edition. New York: Basic Books, 1973.

Miller, W. R. and Jackson, K. A. *Practical Psychology for Pastors*. Englewood Cliffs, NJ: Prentice-Hall, 1985.

Moser, L. E. *Counseling: A Modern Emphasis in Religion*. Englewood Cliffs, NJ: Prentice-Hall, 1962.

Moustakas, Clark. *Relationship Play Therapy*. New York: Aronson, 1997.

Moy, C. T. "Touch in the Therapeutic Relationship: An Exploratory Study with Therapists Who Touch." PhD Diss., Southern Illinois University, 1980.

Mudd, E. H. and Krich, A., eds. *Man and Wife*. New York: W. W. Norton, 1957.

Norcross, J. C. ed. *Handbook of Eclectic Psychotherapy*. New York: Brunner/Manzel, 1986.

Noyce, G. *The Art of Pastoral Counseling*. Atlanta: John Knox, 1981.

Oates, W. E. *The Bible in Pastoral Care*. Philadelphia: Westminster, 1953.

_____. *The Christian Pastor*. Philadelphia: Westminster, 1964.

_____. *An Introduction to Pastoral Counseling*. Nashville: Broadman, 1959.

_____. *Protestant Pastoral Counseling*. Philadelphia: Westminster, 1962.

Oates, W. E., ed. The Findings of the Commission on the Ministry. *Annals of the New York Academy of Sciences* 63 (November 1955), 415-417.

Oglesby, W. B., Jr. *Biblical Themes for Pastoral Care*. Nashville: Abingdon, 1980.

Parloff, M. B. "Some Factors Affecting the Quality of Therapeutic Relationships." Journal of Abnormal and Social Psychology 52 (January 1956), 5-10.

Patterson, C. H. *Relationship Counseling and Psychotherapy*. New York: Harper & Row, 1974.

Patterson, C. H. and Hildare, S. C. *The Therapeutic Relationship: Foundations for an Eclectic Psychotherapy*. Monterey, CA: Brooks/Cole, 1986.

Patton, J. *Pastoral Counseling: A Ministry of the Church*. Nashville: Abingdon, 1983.

Perlman, H. H. *Relationship: The Heart of Helping People*. Chicago: University of Chicago Press, 1979.

Perls, F. *Gestalt Therapy Verbatim*. New York: Bantam, 1969.

Pfister, O. *Christianity and Fear*. London: George Allen and Unwin, 1948.

Porter, E. H., Jr. *An Introduction to Therapeutic Counseling*. New York: Houghton Mifflin, 1950.

Pruyser, P. *The Minister as diagnostician: Personal Problems in Pastoral Perspective*. Philadelphia: Westminster Press, 1976.

Quinn, R. D. "Psychotherapists' Expressions as an Index to the Quality of Early Therapeutic Relationships Established by Representatives of the Nondirective, Adlerian and Psychoanalytic Schools." PhD Diss., University of Chicago.

Racker, H. The Meanings and Uses of Countertransference. *Psychoanalytic Quarterly* 25 (July 1957), 302-357.

_____. *Transference and Countertransference*. New York: International Universities Press, 1968.

Ramsey, G. V. The Initial Counseling Interview, *Pastoral Psychology* 17 (November 1966), 27-34.

Rank, O. *Will Therapy and Truth and Reality*. translated by Jessie Taft. New York: Alfred A. Knopf, 1945.

Reik, T. *Listening With the Third Ear*. New York: Grove, 1948.

Rogers, C. R. A Physician-Patient or Therapist-Client Relationship? in *Psychology, Psychiatry, and Public Interest*, edited by Maurice H. Krent. Minneapolis: University of Minnesota Press, 1956.

_____. *Client-Centered Therapy*. Boston: Houghton Mifflin, 1951.

_____. *The Clinical Treatment of the Problem Child*. New York: Houghton Mifflin, 1939.

_____. *Counseling and Psychotherapy*. Boston: Houghton Mifflin, 1942.

_____. *On Becoming a Person*. Boston: Houghton Mifflin, 1961.

Rogers, C. R., ed. *The Therapeutic Relationship and Its Impact*. Westport, CT: Greenwood, 1967.

Rubenstein, E. A. and Parloff, M. B., eds. *Research in Psychotherapy*. Washington: American Psychological Association, 1959.

Schonfield, W. *Psychotherapy: The Purchase of Friendship*. Englewood Cliffs, NJ: Prentice-Hall, 1964.

Smith, D. Trends in Counseling and Psychotherapy. *American Psychologist* 37 (1982),802-809.

Snyder, R. A. Ministry of Meanings and Relationship. *Pastoral Psychology* 2 (December 1960), 18-24.

Snyder, W. U. and Snyder, J. B. *The Psychotherapy Relationship*. New York: Macmillan, 1961.

Standal, S. W. and Corsini, R. J., eds. *Critical Incidents in Psychotherapy*. Englewood Cliffs, NJ: Prentice-Hall, 1959.

Steinzor, B. *The Healing Partnership*. New York: Harper and Row, 1967.

Stewart, C. Relationship Counseling. *Journal of Pastoral Care* 13 (Winter 1959), 209-220.

Stewart, C. W. *The Minister as Marriage Counselor*, revised edition. New York: Abingdon, 1970.

Stoler, N. Client Likability: A Variable in the Study of Psychotherapy. *Journal of Consulting Psychology* 27 (April 1963), 175-178.

Stone, H. W. *Using Behavioral Methods in Pastoral Counseling*. Philadelphia: Fortress, 1980.

Sullivan, H. S. *The Psychiatric Interview*, edited by Helen Swick Perry and Mary Ladd Gawel. New York: W. W. Norton, 1954.

_____. *The Interpersonal Theory of Psychiatry*. New York: W. W. Norton, 1953.

Sundland, D. M. and Barker, E. N. The Orientation of Psychotherapist. *Journal of Consulting Psychology* 4 (April 1962), 201-212.

Taft, J. *The Dynamics of Therapy in a Controlled Relationship*. New York: Macmillan, 1933.

Tylor, D. M. Changes in the Self Concept Without Psychotherapy. *Journal of Consulting Psychology* 19 (June 1955), 205-209.

Thomas, Zachary. *Healing Touch: The Church's Forgotten Language*. Louisville: Westminster of John Knox, 1994.

Thorne, F. C. *Principles of Personality Counseling*. Brandon, VT: Journal of Clinical Psychology, 1950.

Thornton, E. E. *Theology and Pastoral Counseling*. Englewood Cliffs, NJ: Prentice-Hall, 1964.

Truax, C. B. and Carkhuff, R. R. *Towards Effective Counseling and Psychotherapy: Training and Practice*. Chicago: Adeline 1967.

Tyler, L. E. *The Work of the Counselor*. New York: Appleton-Century-Crofts, 1953.

Valerian, J. D., Hendrick, S. S., Winstead, B. A., and Berg, J. H. *Psychotherapy as a Personal Relationship*. New York: Guilford, 1991.

Van Deusen, D. G. *Redemptive Counseling*. Richmond, VA: John Knox Press, 1960.

Veroff, J., Kulka, R. S., and Douvan, E. *Mental Health in America: Patterns of Seeking Help from 1957 to 1976*. New York: Basic Books, 1981.

Vorhaus, M. G. T*he Changing Patient-Doctor Relationship*. New York: Horizon, 1957.

Wallis, J. H. *Personal Counseling: An Introduction to Relationship Therapy*. London: Allen and Unwin, 1973.

Waskow, I. E. Counselor Attitudes and Client Behavior. Journal of Consulting Psychology 27 (October 1963), 405-412.

Weatherhead, L. D. *Psychology, Religion, and Healing*. London: Hodder and Stoughton, 1952.

Weiner, I. B. *Principles of Psychotherapy*. New York: John Wiley, 1975.

Whitehorn, J. C. and Betz, B. J. A Comparison of Psychotherapeutic Relationships Between Physicians and Schizophrenic Patients When Insulin Is Combined With Psychotherapy and When

Psychotherapy Is Used Alone. *American Journal of Psychiatry* 113 (April 1957), 901-910.

Wicks, R. J. and Parsons, R. D. and Capps, D., eds. *Clinical Handbook of Pastoral Counseling*, volume 1, expaded edition. New York: Paulist, 1985.

Wicks, R. J. and Parsons, R. D. and Capps, D., eds. *Clinical Handbook of Pastoral Counseling*, volume 1. Mahwah, NJ: Paulist, 1993.

Wilson, J. M. The Value of Touch in Psychotherapy, *American Journal of Orthopsychiatry* 52(1)(1982), 65-72.

Wise, C. A. *Pastoral Counseling: Its Theory and Practice*. New York: Harper Brothers, 1951.

_____. *Pastoral Psychotherapy*. New York: Jason Aronson, 1983.

Wolberg, L. R. *The Technique of Psychotherapy*. New York: Grune and Stratton, 1954.

Wolstein, B. *Transference*. New York: Grune and Stratton, 1964.

Wynn, H. C. *Family Therapy in Pastoral Ministry*. New York: Basic Books, 1982.

Yalom, I. D. *Existential Psychotherapy*. New York: Basic Books, 1980.

Yoder, W. H. The Place of Relationship in Leaning How to Pray. *Pastoral Psychology* 12 (April 1961), 39-42.